改訂新版

コーヒーと日本人の文化誌

世界最高のコーヒーが生まれる場所

メリー・ホワイト 著　有泉芙美代 訳

創元社

COFFEE LIFE IN JAPAN

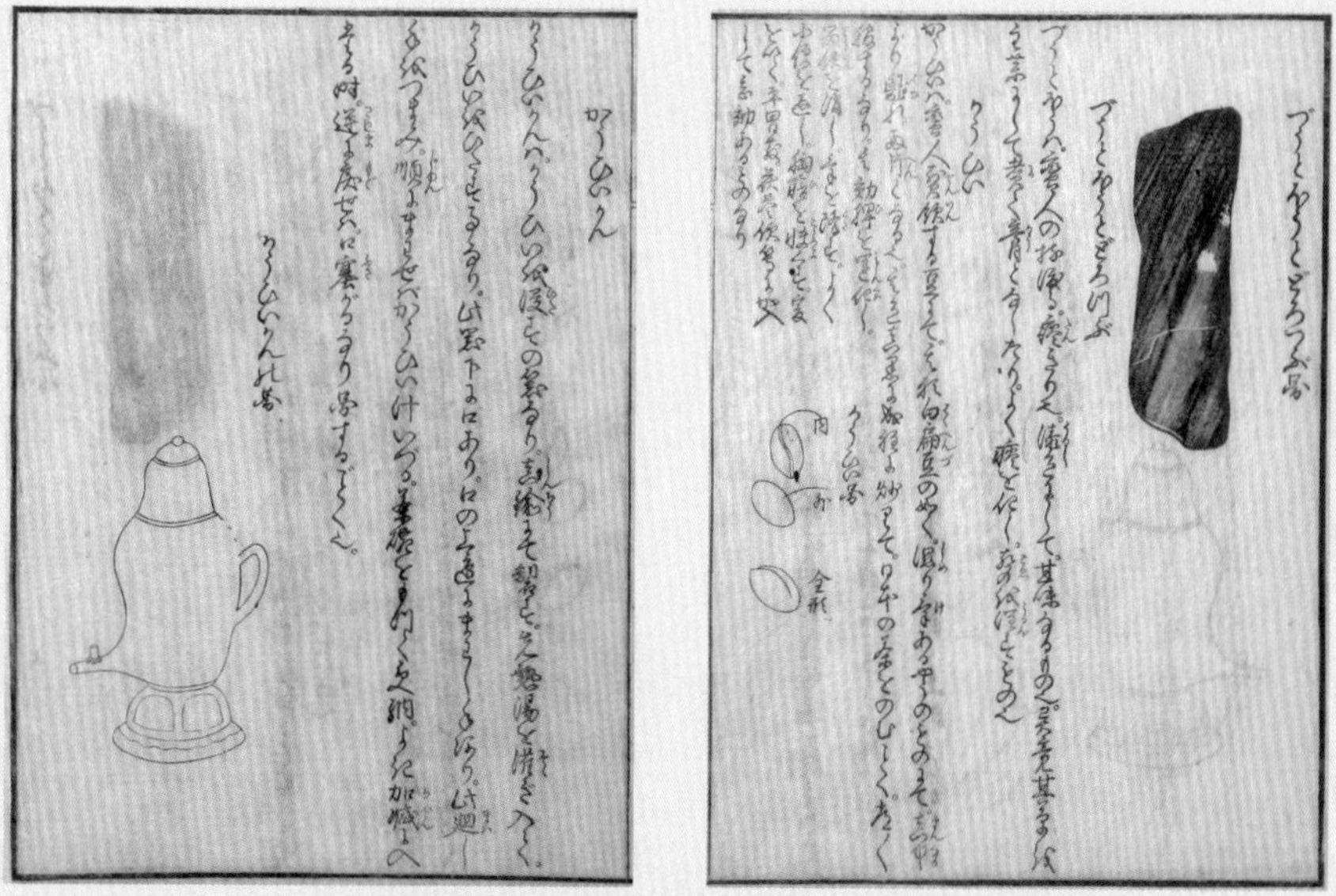

京都の医者が1790年代に6年間長崎に滞在し残した記録。オランダのさまざまな事物を取り上げるなかで、コーヒー豆とドリッパー一体型ポットを紹介している（『長崎聞見録』1818年）

日本最古のコーヒー販売店とされる神戸・放香堂（『豪商神兵湊の魁』1882年）

1888年に創業した日本最初の喫茶店
「可否茶館」跡地碑
（東京・オリックス上野一丁目ビル前）

可否茶館の店内を描いた挿絵（『文庫』第19号、1889年）

洋画家の松山省三らが1911年に創業した銀座「カフェープランタン」。
コーヒーだけでなくワインや食事も提供した（『資生堂百年史』）

1924年創業の銀座「カフェータイガー」。
永井荷風、菊池寛ら作家も通い詰めた
(『銀座』松崎天民著、1927年)

1911年創業の銀座「カフェーライオン」。エプロンを着けた女性給仕が客に酒を酌するなど、プロのウェイトレスが登場した

戦前のミルクホールにて、マスターとウェイトレス。学生相手に安価な飲み物や菓子を提供することから始まったミルクホールは、コーヒー文化の普及に貢献した(『日本コーヒー史　上巻』)

1911年創業の「カフェーパウリスタ」銀座店

卸売り、小売りも手掛けた「カフェーパウリスタ」の配送車。トラックでの配達は非常に珍しい時代であった

左：ブラジル移民事業の創始者にして「カフェーパウリスタ」の創業者、水野龍（『ブラジルを直視して』1929年）
真中：ブラジル移民、笠戸丸にて出発の光景（『殖民世界』1巻2号、1908年）
下：コーヒーを収穫するブラジル移民（『ブラジル情景写真帖』国立国会図書館蔵）

ブラジル移民募集のポスター

神戸港移民船乗船記念碑
(メリケンパーク)

1930年、大阪・梅田新道に開店した「カフェーブラジレイロ」(『近代建築画譜』1936年)

Contents

もくじ

Contents

改訂新版　コーヒーと日本人の文化誌　世界最高のコーヒーが生まれる場所

〈本文写真撮影〉
近藤實、メリー・ホワイト、中村貴子、有泉芙美代

〈装丁・組版〉
長井究衡

はじめに

Preface

私が初めて東京を訪れたのは、ちょうど日本が戦後の復興期から高度経済成長期に差しかかって間もない頃だった。当時の私はまだ若く、初めて取得したパスポートを手に日本へ向かった。一九六〇年代は、今では超近代的とされる都市部の地域にも、未舗装の道や大根畑などをまだ目にできた時代である。平屋建て家屋の戸は開けっ放しで、路地裏を歩いていても、車やオートバイに危険を感じることはなかった。早朝には雨戸が開けられ、隣人同士は気軽に見守り合い、静かな小道では、子どもたちが遊び、お年寄りたちは日向ぼっこをしたり、縫い物や豆のさや取りをしたりして過ごしていた。しかし、こうした前近代的な村さながらの場所にも、徐々に車が往来するようになり、馴染みのない物や人が入ってくるようになった。一九六四年のオリンピックを契機に、鉄道と高速道路が新設、あるいは延伸され、公共のスポーツ競技場や空調完備の豪華なホテルも建設された。とどまることを知らない経済的な活力が買い物や散策、そして消費の場である公共空間に人びとを惹きつけるにつれて、都市は郊外へと広がりはじめた。そのような公共空間の一つであった喫茶店は、戦後、新旧の交流形態が入り交じるなかで社交場としての役割を取り戻し、五〇年以上前には、すでに人びとにとって馴染み深い場所になっていた。（スターバックスなどに代表される）シアトル系のカフェが日本に登場したのは、少なくともそれから四〇年後である。

当時から、私が日本にいる間の主な居場所になっていたのは喫茶店だった。そこは一息ついたり、エネルギーを補給したりできる場所で、これから見ていくように、ほかにも多くの機能を備えた場所だった。金線細工の施されたテーブル席に座り、モーツァルトが流れるなかでウィンナーコーヒーを味わえる、ウィーンの豪華絢爛な劇場を思わせるようなカフェもあれば、タバコだけでなく足のにおいも立ち込めていそうな、あたかも男性的な交流の場を感じさせる近隣住民向けの喫茶店もあった。しかし、当時の喫茶店の思い出のなかでも今なお私の心を突き動かすのは、ある喫茶店での深夜の前衛的な光景である。

　私の若い頃は、油煙を吹き出す占領下時代の一九四八年製ポンティアックに乗って、タイヤを軋《きし》ませながら暗い街路を疾走するだけでも、かなり刺激的な体験と言えた。ところが、やがてたどり着いた洞窟のような半地下のその喫茶店では、なんとすべての服を脱いで裸になるよう求められたのだ。そして、大きくて柔らかいブラシで体を鮮やかな青色に塗られ、店内の壁に吊るされた白い紙に体を押し付けるよう促された。コーヒーの味など覚えているはずもなく、「ここはミネソタではないみたい……」(『オズの魔法使い』でドロシーがオズの世界を初めて見て述べた台詞の引用。慣れ親しんだ場所とは別世界に来た状況を指す際に、アメリカでよく使われる表現。ミネソタは原著者の出身地)と考えていたことだけを覚えている。すべてがどことなく魅惑的に感じられ、私の知る限り東京は、西洋あるいはアメリカ中西部よりも、はるかに先を行っているように思えた。

　それから何十年か後の二〇〇七年、私はパリで開催されていた、芸術家イヴ・クラインの一九四〇～一九五〇年代の作品の回顧展を訪れた。そしてそこで、まさに東京で体験したあのパフォーマンスの古い映像を見つけたのである。ただし青く塗られていたのは、パリのエレガントなモデルのものだったけれど。その回顧展を担当していた学芸員の助けによって、何十年も前に私が東京で目の当たりにしたパフォーマンスは、イヴ・クラインの東京滞在を回顧し称えるためのイベントであったことがわかった。したがって、私にとっては前衛的と感じられた喫

Preface

茶店での突飛な体験は、高齢で博識な人にとっては実は懐古的で後衛的であったのかもしれない。今日でさえ、日本の喫茶店に足を運べば多くの目新しいものを発見できるけれども、そのほとんどは海外由来のものではなく日本で生み出されたものである。日本の喫茶店とは、例外的なものを除いて、そうした目新しさを備えながらも、日常において心地よく過ごせる場所なのだ。さらに日本の喫茶店とコーヒーは、新しい社会と個人の関係性や独自性を試す機会となり、古い価値観や社会的地位、階級などとは無縁の空間をつくり出してきた。そしてコーヒーは、これから見ていくように、過去一三〇年以上にわたって育まれてきた、日本の近代化と民主化を象徴する飲み物なのである。

　私の生活は、マサチューセッツ州ケンブリッジにあるビートニク時代の暗いコーヒーハウス（そこは、私が初めて参加した朗読会の会場でもあった）から、明るい日差しの当たるテラス席のある今風のオープンカフェに至るまで、コーヒーとカフェであふれている。一九六〇年代当時、私は年頃の女性らしく黒いタートルネックをきちんと着こなし、高ぶる気持ちを抑えて平静を装いながら、喫茶店でクールジャズと濃いコーヒーを味わっていた。私のまわりにいた客たちは、目を半分閉じ、きついゴロワーズの紫煙をくゆらせながら、敬意を込めて流れてくる音楽に耳を傾けていた。日本での経験は、新たな挑戦ばかりだった。私にわかっていたのはただ、喫茶店に行けばコーヒーが飲めるということくらいだった。

　この本で取り上げている喫茶店に対する私の見解には、間違いなく私自身の個人的な経験が影響している。長い時間をかけて思い出というフィルターを通した私の経験に基づく記録は、科学的であろうとする人類学者にとっては、疑わしいものとなっているかもしれない。また、私の喫茶店に関する記述は、喫茶店を思い出の場所と見なしている年配客たちの感じる郷愁と共通する部分もあるだろう。

当初私は日本の文化について、几帳面で、サービス精神が旺盛で、大勢順応主義といった、典型的な従来の解釈通りに捉えていた。しかし、すぐにそれではいけないと気づき、日本における西洋の影響よりも、都市生活全般に共通するような日本ならではの特性について理解を深めるようになっていった。言うまでもなく、日本の喫茶店の果たしてきた役割は、日本全体、あるいは東京など特定の地域や利用客に特有の、文化的で社会的な要求と関係している。日本人の客と私との喫茶店体験の相違点は、私たちの間にある何かしらの共通点に気がついたからこそ見出せたのである。

　私の喫茶店体験は、この本を書くための準備期間よりも、はるかに前から始まっていた。ほかの調査で滞在していた頃に通っていた喫茶店については、この本のために意図して集めた記録ではなく、私自身の記憶の中に残されていたものもある。そのなかには後になって喫茶店の全体像を捉えた時点で、ようやくその重要性がわかるものもあるだろう。私は喫茶店で、あたかも野生生物を観察するかのように、姿を隠して調査だけに勤しんでいたわけではない。日本人の客と同じように振る舞い、どうしても無理な場合を除いて、その場でメモを取るようにした。

　人類学者とは、言わば解釈者または水先案内人であり、自身の経験を通して過去に周知された物事に再検討を迫っていく。私はこういったことを指摘する初めての人物ではないし、こうした見方は今日的視点というわけでもない。ホーテンス・パウダーメイカーやロザリー・ワックスといった過去の人類学者たちは、フィールドワークを行う際には自分たちの心身の状態も調査対象としていたが、民族誌に含まれることはほとんどなかった。私たち人類学者が記憶と経験とをどのように扱うかによって、解釈の仕方に違いが生じてくる。そしてこの違いこそが重要となる場合が、往々にしてあるのだ。

Preface

この本に登場するような、喫茶店を愛してやまない人たちはどこにでもいる。実際、私自身もその一人にほかならない。日本で喫茶店の椅子に座っていた時間を思えば、私は喫茶店に住みついていたと言っても過言ではないだろう。人類学者にとって、観察、経験、記憶は、「研究キット」の中でも特に重要なツールである。この本は、これらのツールを駆使して、コーヒーにまつわる都市ならではの現象と日本の喫茶店を、過去四〇年以上にわたって観察した結果をまとめたものである。つまり、単なる回顧録として過去の話を取り上げて懐かしむものでも、忠実な喫茶店の擁護者として名乗りを上げるものでもなければ、過去を語ることで現在との違いを嘆こうとするものでもない。また、今なお存続している歴史的な喫茶店は、時には新たな店のスタイルに影響を及ぼすことはあっても模範となっているわけではない。日本の喫茶店について最もはっきりしている事実は、喫茶店に行けば、活力を取り戻したり、いつもと違う自分になれたり、交流の時間や自分だけの時間を持つことができたり、時には普段の役割や責任から解放されるひとときが得られたりする、ということである。また、喫茶店に求められる機能は、長い時間をかけて変化してきただけでなく、個々の利用客や一日のうちの特定の時間帯によっても違いを見せる。つまり喫茶店とは、都市生活を知る機会にも、新しい文化的な現象の推進力にもなりうる場所であり、同時に、社会の変化や個人の好みに合わせて積極的に変わりつづける場所なのである。

論文執筆のためのフィールドワークで東京にいた間も、その後日本に滞在した際も、エネルギーの回復やインタビューの整理、ミーティングの合間の時間調整、そして社会生活、私生活、および公共生活の観察を行うために私が足を運ぶのは、いつも喫茶店だった。やがて喫茶店そのものやそこにいる人たちに注目することも喫茶店に行く目的となり、ついにはこれらについて書こうと考えるようになったのだ。計画的に行った日本の喫茶店でのフィールドワークは、日本（および日系ブラジル）のコーヒー業界の関係者やコーヒーの歴史家、そして多くの喫茶店オーナーやマスター、および顧客とのインタビューへと拡がっていった。さらに二〇〇二年から二〇〇九年にかけては、コーヒー業界と喫茶店の歴史的資料や、アジア、ヨーロッパ、アメリカが倣った日本スタイルのカフェの資料を収集するのと併行して、海外における日本のコーヒーエキスパートにもインタビューを行った。

　日本の喫茶店は、個人的にも社会的にもさまざまな形で利用されてきた。そういったなかで、いったいどのようにして、サービスや味、空間に対する日本人の考え方や、個人の役割とアイデンティティ、創作活動と自己表現などと結びついて、喫茶店は、多岐にわたって利用される場になっていったのだろうか。その答えは、喫茶店とそこで受け入れられたコーヒーの物語のうちに見つかるはずだ。なぜなら日本の「コーヒーのある空間」には、今日、世界のほとんどの国がそれぞれ独自の方法で社会的・文化的・歴史的背景に照らして築き上げてきた空間とは違う何かがあるからだ。日本では、喫茶店とコーヒーは身近なものであって、なんら特別なものではない。私はそんな日本の喫茶店とコーヒーに感じられる親しみやすさに惹きつけられ、それらの持つ何ものにも代えがたい魅力に、すっかり心を奪われてしまったのである。

第1章

都市空間の中のコーヒー

日本の都市に見る喫茶店の姿

ある土曜日の朝六時三〇分。東京のオフィス街と繁華街が混在するエリアの地下鉄駅近くのカフェには、前日のフライトで到着して、時差ぼけの状態で早朝の散歩をしてきた観光客の姿がある。通勤電車に揺られた後の眠たそうな出勤途中の人たちや、ライブハウスで夜を明かして家路につく前の気だるそうな若者たちの姿もあり、皆その日一杯目のコーヒーを飲んでいる。カフェは夜の住民と昼の住民がほんの少しの間交わる場所でもあり、そうしたわずかな時間の中にさえ、日本の都市生活に欠かせないコーヒーのある空間のさまざまな使い方を垣間見ることができる。都市部にあるカフェでは、夜から朝にかけての利用客に、とりわけ顕著にそれが表れている。

夜から昼へと入れ替わる街の住民の動きからは、カフェの必要性がよくわかる場面が少なくとも一つは見て取れる。地下鉄もバスも夜通しは運行しておらず、タクシーの運賃は深夜一一時を過ぎると極端に高くなるため、夕方から遊びに出かけて夜遅くなると、そのまま外で過ごす人たちもいる。彼らの居場所の一つとなるのがライブハウスで、たいてい午前五時頃まで営業しているので、午前三時を過ぎてからようやくトリを務めるメインバンドが登場することがよくある。熱心なファンも、お目当てのバンドの出番後も居つづけて朝を迎え、帰り際に早朝のカフェに立ち寄るのだ。そして、自分たちとは真逆の生活をする朝の通勤者たちと出くわし、ちょっとした文化摩擦を味わうことになる。

都市の喫茶店とスケジュール管理

喫茶店は、日々の生活の中で多用される場所である。特に都市で暮らす人たちは、実に多くの場面で喫茶店を活用する。そこは気楽に一息ついたり元気を取り戻したりできるだけでなく、気分転換や自分らしく過ごせる空間を提供してくれる場所なのだ。喫茶店はその歴史の中で、日本の都市生活者が望んだり必要としたりする用途に合わせて役割を変えてきた。かつて喫茶店と言えば、コーヒーを提供する店という印象が強かったが、周辺地域や常連客、さまざまな社会の変化を受け入れることで、多様な特徴を持つ場へと発展してきたのである。

京都の鴨川べりにある現代風のカフェでは、学生たちがコーヒーが冷めるのもそっちのけで、必死に課題に取り組んでいる。今日の日本でよく見かけるこの光景は、カフェの代表的な使い方と言えるだろう。東京の新橋にあるダークウッド調に設えられた半地下の喫茶店では、男性客がコーヒーカップを厳かに口へと運んでいる。彼が飲んでいるのは、九〇歳代半ばの威厳を備えた店主が、一九九二年収穫のイエメン・モカで淹《い》れたオールドコーヒーである。東京の高級住宅街にある名門私立女子短期大学近くの蔦《つた》に覆われた喫茶店では、二人の上品な女性が透け感のあるドイツ製の磁器カップでコーヒーを飲みながら、同窓の思い出を語り合っている。京都の「スターバックス」のテラス席では、若い女性がデート相手を待つ間に、口紅を崩さないよう少しずつデカフェのキャラメルマキアートを飲んでいる。そして、名古屋の喫茶店では、定年退職を迎えた建設作業員らが一九六〇年代を思わせるセピア調のテーブル席で、長かった勤労生活にともに思いを馳せている。

喫茶店には、「個人」と「社会」を区別する明確な境界がない。そのため、公共の空間でありながらも個人の匿名性を保ったまま思い思いに過ごせる自由があるのだ。

喫茶店は一九世紀後半に日本に登場して以来、日常的にも非日常的にも、人びとに交流の場を提供してき

京都のカフェ「エフィッシュ」

た。そして外国の飲み物であったはずのコーヒーが、二〇世紀初頭までには喫茶店文化を代表する飲み物として定着し、緑茶が日本の代表的な飲み物だと当たり前のように考えていた人たちを驚かせた。思いがけない事実はこれだけではない。今日、日本は世界第三位のコーヒー大量消費国となっている。この事実は、日本でのコーヒーの人気の高さだけでなく、日本のコーヒー業界の構造的な強さも物語っている。この本は、日本のコーヒーと喫茶店の歴史や民族学的な複雑さを解き明かすと同時に、それらをめぐる社会的・文化的変化の背景と流れを読み解くものでもある。喫茶店は日本に初めて登場した頃から、単に一杯のコーヒーを飲みに行くためだけの場所ではなかった。足を運ぶたびにいつも、コーヒー以外の何かしらを手に入れられるような場所だったのである。

日本で最初の喫茶店として知られる「可《か》否《ひ》茶《さ》館《かん》」は、開店当初は、羽目板張りの洋館で社交クラブのような雰囲気を備えていた。それが今日の親しみを感じさせる喫茶店へと変わってゆく道のりは、決して平坦なものではなかった。喫茶店は人びとの嗜好や社会的風潮などの変化に合わせて、最初とは異なるタイプの店やコーヒーを飲む以外の目的で足を運ぶ空間を生み出してきた。そうしてあらゆる時代のさまざまな個人的、社会的、空間的な要求に柔軟に対応しながら存続してきたのだ。そのため、きわめて「日本ならでは」の場所でありながら、ひときわ「日本らしさ」を感じさせる存在にはならなかった。また、日本が独自に近代化を始めた一九世紀後半に、それまで日本で同一視されていた「西洋」と「近代」という概念に区別がもたらされたのも喫茶店においてであった。西洋的で近代的な場所として出発した喫茶店は、またたく間に「日本的に」近代化された場所となったのである。

日本では、コーヒーなくして喫茶店はなく、喫茶店なくしてコーヒーはない。これら二つは密接に絡み合っている。もちろん、コーヒーは今日、オフィスや自宅、自動販売機など、喫茶店以外でも目にするが、肝心な点は、この飲み物と場所との関係性である。コーヒーは喫茶店を築き上げるのに一役買ったけれど、茶屋（茶店《ちゃみせ》）には入り込まなかった。

日本の喫茶店は、コミュニティの中心地として、仲間との交流のみならず新しい人間関係を構築する社交場であった。そして、新旧の都市文化や政治、個人の生活が良くも悪くも変化するのを目の当たりにできる現場でもあったのだ。一九世紀後半の喫茶店は、ヨーロッパの影響を受けた国内外の芸術、文学、思想を発信する拠点となっていた。上海やヨーロッパなど、海外の文化的中心地に滞在していた日本人政治活動家や芸術家、作家、音楽家も、帰国すると喫茶店に足を運んだ。しかし、当初はこうした海外の思想や芸術を厚遇していながら、やがては西洋文化的な特質は薄れ、日本特有の場所へと変わっていった。というのも、喫茶店には変化を受け入れる柔軟性が備わっていたため、人びとの欲求や必要性に応じて、喫茶店自体が変貌を遂げることができたからである。喫茶店は、細部にまで行き届いたサービスを提供する老舗旅館ほどではないにしろ、同じくらい文化的に当然と見なされてきた要求に応える場所であると同時に、そうした要求から距離を置ける、あるいは要求そのものを受けつけない場所へと変化してきた。そしてその過程で、一杯のコーヒー代さえあれば、誰もが受け入れられる場所となったのである。

この本では、主に都市の喫茶店が担う公共空間としての役割について多く語っている。長い時間をかけて多様化してきた喫茶店の変化は、小さな町よりも都市部の喫茶店において特に顕著に見られる現象だからである。この本に登場する喫茶店は多種多様であるが、それらすべてが「アーバンビレッジ」や、既存の社会規範にとらわれないコミュニティを目指した社交場、あるいは閉鎖的な村社会から逃れるための場所というわけではない。むしろ喫茶店には、新しい振る舞いや美的感覚を生み出しそれらを積極的に発信することで、多少なりとも客に自己変革を促す力があった。一九世紀後半以降には、新しい思想のみならず、公共の場における新たな表現方法や文化の発信が喫茶店から始まっていた。こうした活動は必ずしも社会では歓迎されていなかったが、斬新なものを生み出す力が備わっていたからこそ、喫茶店は型破りな行動様式を生み出せる場となっていったと考えられる。ある評論家は、警察記録に頻繁に登場する喫茶店では、間違いなく何か興味深い出来事が起きているとさえ言い切っていた。

　こうした新しい空間を特徴づけていたはずのコーヒーは、喫茶店と同じように異国らしい性質を失いながら、みるみるうちに「普通の」飲み物となっていった。ところでコーヒーには、ある日本の嗜好品文化研究家が「乾いた酩酊」と呼ぶ状態をもたらす作用があり、公共の場で一息つく際に、慰めや温かみを得られる飲み物として、他の何よりも飲まれるようになっていた。コーヒーの引き起こすアルコール飲料とは違った陶酔状態は、心地よい孤独と相性がよかったようである。

　日本では、茶は社会的なつながりのための飲み物であり、茶屋（茶店）は主として知り合い同士が集まる場所だった。そもそも茶屋は、道端で一服するための茶を売る店として登場した。日本に喫茶店が誕生したのは、近代的な交通機関が商業や娯楽の中継点をつくり出した時代であり、旅行者にしてみれば、かつての茶屋と似たような存在であったかもしれない。しかし喫茶店は、単に茶屋の役割をそのまま引き継いだわけではなかった。喫茶店はコーヒーだけでなく、目新しい文化や社会の形態を紹介する場でもあり、ドナルド・リチーの言葉を借りて言えば、「世界を知る窓」だった。それればかりか、喫茶店は、古い社会規範によって与えられたアイデンティティによる縛りのない、民主的な場所だとさえ言われている。

　西洋からやって来た商品や流行のなかには、普段の生活の一部となってからも、依然として外国らしい香りを保ちつづけたものもあった。例えばダイニングテーブルや燕尾服は、戦後まで「舶来品」として扱われた。

しかし、コーヒーはすぐに日本の飲み物になった。この素早い日本化には、コーヒーの生産・輸入・消費をめぐる、日本と海外との複雑で矛盾を孕んだ関係性が窺える。コーヒー栽培のために、日本人を初めて農民としてブラジルに入植させる事業が展開されると、日本の起業家や企業は、コーヒーを日常生活の一部に溶け込ませるために、都市部の消費者に向けた宣伝活動を繰り広げた。この背景には、一九世紀後半に、ブラジルの農業政策立案者たちが、ポルトガル人によって持ち込まれ植民地の農作物となったコーヒーを海外展開するために、最初の市場として日本に狙いを定めたこともあった。そして、一九〇〇年代のはじめ頃には、コーヒーは日本で毎日のように飲まれるありふれた飲み物になっていた。世界的なコーヒー事業の拡大は、その初期の段階において、日本でコーヒーの需要が高まる時期と密接に関連している。さらに、ブラジルの日本人コーヒー事業者たちが、ブラジルのコーヒー業界と連携したことは、日本をコーヒー豆の品質と風味に関して世界から目標とされる国に押し上げたのだった。

この本では、日本におけるコーヒーの歴史を、それが果たした役割を通して読み解いていく。一七〇〇年代の長崎では、出島に出入りしていた商人や役人は治療薬として、遊女は眠気覚ましの興奮剤としてコーヒーを利用していた。その時から日常・非日常を問わずあらゆる場面で飲まれるようになったコーヒーは、今日に至るまで実に幅広い役割を担ってきた。日本のコーヒーが別格とされるゆえんは、日本のスペシャルティコーヒーの輸入業者や製造加工業者の姿勢にある。彼らのコーヒーに向き合う姿は、この上なく真剣そのもので、西洋のほとんどの同業者を凌いでいる。そもそも「日本のコーヒー」とは、焙煎業者や店のマスター自身が選定して加工技術を施し、徹底的に管理するコーヒーのことを言う。日本のコーヒーは、アジア、ヨーロッパ、そしてアメリカの東海岸や西海岸で今日人気となっている日本スタイルのカフェとともに、各地へと広まっていったのである。

日本には、「ドトール」のような安価なチェーン店から、経営者であるマスター自身が一杯ずつ丁寧に淹れる専門店に至るまで、さまざまなタイプのコーヒー店がある。例えば、京都にあるさっちゃんの経営するカフェ（第二章に詳述）では、豆を選び、挽いたコーヒー粉を布フィルターに入れ、ゆっくりとお湯を注いで抽出するといった作業のすべてを、彼女自身が行っている。これら両極端の店の間には、来店客のほとんどが顔見知りのような近所の喫茶店や、地元で活躍する芸術家の作品が展示されているギャラリーカフェ、コーヒーより娯楽を売りにしている漫画喫茶などさまざまなタイプの店がある。さらには、水に浸した素足を肉食性の小さな魚（ドクターフィッシュ）に「治療」されながらコーヒーを飲むといった、一風変わったサービスを提供する店まである。

世界初のコーヒーチェーン店である「パウリスタ」グループは、一九一一年に東京で開業し、ブラジル風装飾とフランス式サービスも魅力となって、西洋に傾倒する若者を惹きつけていた。しかし今日、日本のコーヒー愛飲家たちは、シアトルに本店を構えるような大きなチェーン店であっても、チェーン展開されている店より近所にある個人経営の店を好む。ある個人経営の店の常連客は、「「タリーズコーヒー」には個性がない」と言う。また、海外に滞在中の日本の喫茶店常連客は、シカゴやローマでありきたりなコーヒーチェーン店の椅子に座っていると、日本での行きつけの喫茶店が恋しくなるそうである。

ごく最近までシアトル系カフェに通っていたような若い年代の客たちも、今では地域密着型のコーヒー店に魅力を感じている。二〇〇三年までにはシアトル系カフェは減少傾向にあり、おしゃれであってもどこも似たような雰囲気の店より、オーナー独自の感性を活かした店を選ぶ客が増えたことを示している。東京の消費アナリスト、鮫島誠一郎は、「スターバックス」の新規オープン店舗数の縮小に注目して、「日本の「スターバックス」ブームは過ぎ去った」と発言した。今日、若い女性たちは、一度しか行けないような高級感の漂う店や流行りの店をファッション誌などで見つけて訪れている。一方、若い男性たちは、そうした女性たちの好みに合わせるか、口コミや愛好家を頼りに、自身の個性を磨いたり発揮したりできる店を見つけ出しているようだ。ある二〇歳代後半の男性は、学生の頃には、勉強用とデート用にそれぞれ行きつけのカフェがあったと話してくれた。それが今では、かつては興味のなかったコーヒーそのものを味わうための店も含めて、ざっと一五〜二〇軒ほどの店が頭にはいっており、さまざまな目的で利用しているそうである。また高齢者たちも、自分に合った行きつけの店を持っている。彼らも特色のないチェーン店にはめったに行かず、ほとんどの場合、味や社会的ニーズ、そのときの懐具合で選んだ個人経営の喫茶店に通っている。

　都市と社会の変化にともなって、日本では喫茶店の重要性がますます高まっていった。今日、総人口の約四分の一を占める高齢者たちにとっては、戦後復興期の彼らがまだ若かりし頃には、喫茶店はコーヒーというささやかな贅沢を味わいに行く場所でもあった。それが今では、同世代の人たちとの「集いの場」となっていて、まるでその店に住んでいるかのように毎日入り浸る人もいるくらいだ。フリーランスの若者にとっては、喫茶店はワークスペースやオフィスであり、サラリーマンである彼らの父親世代とは異なる形で活用している。一方、失業者にとっては、職場への応募書類を書いたり、ただ単にぼんやり座って過ごしたり、持て余した時間をつぶしたりする場にもなっている。喫茶店とは、公共空間でありながらも、一人きりになれる時間や場所が欲しい時に、誰でも安心して過ごせる場所なのである。

　喫茶店は、新しい生き方や身のこなし方、考え方を学ぶ空間でもある。一九一〇年代後半や一九二〇年代前半には、人びとは喫茶店で「モガ（モダンガール）」の斬新なファッションスタイルを目にして、おしゃれの手本にしていた。最近では、音楽、オーガニックフード、芸術作品などの最新情報を、カフェや喫茶店で知ることがある。日本の喫茶店でのソーシャルメディアの利用は、機器の小型化もあって気づきにくく、とりわけ個人経営の店では、ノートパソコンを利用している人はめったに見かけない。ワイファイの利用エリアには制限があるものの、たいていの客はスマートフォンを使って喫茶店という場所の制限を超え、オンライン上で誰かと情報を共有している。店で流れる音楽は、静かに過ごせる環境を好む客が多いこともあって、ほぼどこでもほどよい大きさに調《ととの》えられている。

　この本では、喫茶店の社会史、都市空間における喫茶店の民族誌、貿易産業としてのコーヒーの発展、コーヒーそのものの文化という四つの視点から、日本のコーヒーと喫茶店の実態に迫ろうとしている。コーヒーそのものの文化には、仕事や鑑識眼、職人技の実践の対象としてのコーヒーも含まれる。それと同時に、一七世紀に宣教師や貿易商によって初めて日本に持ち込まれたコーヒーと、一八八〇年代に登場した日本で最初の喫茶店に始まる、コーヒーと喫茶店の物語の流れもたどりたい。こうした物語には、筆者自身とインタビュー回答者や同僚など、かなり個人的なものも含まれているが、実際の経験や観察、記憶、歴史的な記録などが結びついたことで、コーヒーの物語は世界的な広がりを見せ、学術的な重要性はより高まったと言える。これから紹介する日本で最初の喫茶店の物語は、今日までに日本のコーヒーと喫茶店がたどってきた道を照らすものでもある。明治時代に限らずあらゆる時代において、喫茶店は都市生活の関心事や要求を鏡のように映し出す空間でもあったのだ。

日本で最初の喫茶店

三洋電機東京本社ビル（現在のオリックス上野一丁目ビル）の敷地内には、コーヒーカップをかたどった記念碑が設置されている。二〇一六年に建て替えられる前は、煉瓦積みの台に大きな白いコーヒーカップを乗せたデザインだった。この記念碑は、日本で最初と記録されている喫茶店が、一八八八年に開業した日から、ちょうど一二〇年後にあたる二〇〇八年四月一三日に店の跡地に建てられた。西村鶴吉という名でも知られる鄭永慶《ていえいけい》は、日本で最初の喫茶店として有名な「可否茶館《かひさかん》」の創設者でありマスターでもある。コーヒーそのものは、これよりかなり前に日本に伝わっていたが、コーヒーを近代的な都市の生活スタイルや環境と結びつけて特別なものに押し上げたのは、自身もコーヒーを好み、文化のよりどころにしていた鄭永慶だった。「可否茶館」の跡地に建てられた記念碑は、日本初の喫茶店を称えているだけでなく、日本のコーヒーの勢いをも表しているようだった。

鄭永慶の物語は彼を理想化し、日本で最初の喫茶店のマスターとして偶像視しているようにも思える。鄭永慶は、鄭朝輔《ともすけ》の子として一八五九年に長崎で生まれた。しかし永慶という名前をつけたのは、彼を養子にした鄭永寧（永寧は朝輔の養子で、家族関係は複雑だった）で、中国語をはじめ日本語、英語に堪能な台湾人外務省書記官であった。鄭永慶は、まだ幼かった一八六五年頃に北京で中国語を学び、一八七二年には京都でフランス語を学んだ。さらに英語も幼い頃から学んでいたため、一四歳になる頃には四か国語を習得していた。彼の父親は、息子が家柄や養子関係によって成功の機会を逃さないようにと、彼が一六歳の時にアメリカのイェール大学に進学させた。当時は「近代的」イコール「西洋的」で、またそれが望ましいとされていた時代でもあったため、留学はおおむね賢明な選択とされた。鄭永慶は病気がち（いくつかの記録には腎臓病とある）で、あるいは遊び好き（伝記によると、娯楽を求めてニューヨーク市のコーヒーハウスまで旅をした）でもあったため、一八七九年に、学業を終えずにイェール大学を去った。中退は彼の安定した将来にとっては不幸な出来事であったかもしれないが、日本のコーヒー史にとっては幸運であったと言える。

鄭永慶はアメリカにいる間にコーヒーの味覚を磨き、ヨーロッパを通るのんびりとした帰国の旅の途中で、フェンチャーチストリートの「ランボーンコーヒーハウス」や、ピカデリーの「カフェロイヤル」など、ロンドンで人気のコーヒーハウスを訪れた。当時のロンドンでは、イギリスの植民地との紅茶貿易によって紅茶の消費が拡大しており、紅茶が国民的な飲み物となっていた。鄭永慶は、かつての宗主国であるイギリスの代表的飲み物となった紅茶よりも、コーヒーを多く飲むアメリカでコーヒーの味を覚え、紅茶好きの多いイギリスでコーヒーのある空間に愛着を覚えたのである。

鄭永慶は日本に帰国してからは、岡山師範学校（現在の岡山大学）で教員として数年間を過ごし、その後、東京に出て大蔵省に勤務した。一八八三年に菅寿子と結婚したが、彼女は三年後に彼と息子を残して結核で亡くなった。彼の悲運はこれだけでは終わらず、一八八七年には、大蔵省の職を失ったばかりか、火事で家をも失った。一八八八年、鄭永慶は菅寿子の妹の徳子と再婚し、二階建ての洋館を建てて「可否茶館」を開店した。この時、彼は三〇歳であった。イギリスで訪ねたコーヒーハウスのスタイルとサービスを念頭に、彼は男性にとって文化的な魅力のある場所をつくり出そうとしたのである。

当時の日本は文明開化の時代であり、西洋的だというだけで特別な価値を置かれていた。鹿鳴館《ろくめいかん》は、西洋式のマナーを取り入れ、シルクハットや燕尾服といったファッションが披露されるエリート層の社交場であった。一八八三年竣工のこの建物は、ジョサイア・コンドルによってデザインされ、仰々しい舞踏会や娯楽のための場だった。鄭永慶の友人、寺下辰夫によると、鄭永慶は「鹿鳴館のようなうわべだけが西洋的な場所ではなく……一般大衆や学生や若者の集う社交サロンとなる喫茶店を開いて、知識を共有する場とし、若い世代の人たちのために何かしよう」と決心していたそうである。彼は、鹿鳴館で催される舞踏会以上の文化統合を目指していたのだ。

鄭永慶の喫茶店構想は、経営者の視点ではなく、気ままに振る舞う客の立場から描かれていたため、現実的な経営面のことは考慮されていなかった。彼は自分自身が客として喫茶店の椅子に座っているつもりで、快適に過ごせる贅沢品を思い描いていた。新聞、革張りの椅子、ビリヤード台、書き物机と筆記用具、浴室、仮眠室などのすべてを、コーヒー一杯分の一銭五厘、またはミルク入りコーヒー一杯分の二銭といったわずかな値段で提供した。近代的（西洋的）な喫煙道具一式も置いてあった。タバコとコーヒーが大衆にとっては共通するものだと認識されるようになったのはこの頃であり、さらにタバコ（もともとは一六〇一年に、ポルトガル人によって葉巻として日本に持ち込まれた）は、男性的な社交の場になくてはならないものになった。客たちは店内で手紙を書いたり、おしゃべりや昼寝をしたり、時には商取引を行ったりして、丸一日を過ごすことができた。当時はすでに徳川時代の身分制度による制限や特権はなくなっており、「可否茶館」は商人階級出身の国際人を目指す人たちや、すでに国際人の仲間入りを果たした武士階級出身の若者たちの間で人気を博した。しかし贅沢な設備への投資と資金不足から、「可否茶館」は一八九三年に閉店した。開店からわずか五年後のことだった。

鄭永慶の二番目の妻も、彼女の姉と同じ結核で一八九〇年に亡くなった。彼は落胆し、客足の伸び悩みもあって、相場に手を出してしまった。相場は喫茶店の経営以上に彼には向いていなかったようで、借金で首

「可否茶館」の跡地に建てられた記念碑
（移築前の写真）

が回らなくなり、ついには自殺を図った。幸い鄭永慶と一緒に上京していた秋山定輔（鄭家の書生）が彼の遺書を見つけたため、どうにか自殺を思いとどまらせることができた。秋山は彼のために、西村鶴吉という名でアメリカへ渡る乗船券を手に入れて、新しい生活を始める手はずを整えた。シアトルで新生活を始めた鄭永慶は、小さな店（衣料品やコーヒーを売る店と言われている）を経営しようとしたけれども、結局はレストランの皿洗い係となり、一八九五年七月一七日に三六歳で亡くなった。レイクビュー墓地にある彼の墓には「T. NISHIMURA」と刻まれており、今なお日本のコーヒー愛好家やコーヒー業界の指導者たちが訪れている。ロンドンで学んだコーヒーハウスをモデルに、日本で最初の大衆的な喫茶店を開業したものの、鄭永慶は成功を手にすることはできなかった。改めて考えてみると、鄭永慶の物語は多くの皮肉めいた出来事を感じさせる。彼は紅茶愛飲国で知られるイギリスでコーヒーのある空間について学び、茶の国だと思われていた日本でコーヒーを最も人気のある飲み物として浸透させ、のちにスペシャルティコーヒー企業の中心地となるアメリカで最期を迎えた。「可否茶館」跡地に建つ記念碑に掲げられている鄭永慶の肖像写真からは、見事な髭をたくわえてはいても、どこか病弱そうな顔立ちをした温かみのある若者という印象を受ける。彼の夢は、個人としては叶えられなかったけれども、後世の人びとによって実現されたと言えるだろう。

新しい都市生活者のための新しい喫茶店

明治時代後半から大正時代前半にかけて、喫茶店は公の場で個人的に利用できる空間を求める人たちにとって必要な場所であった。当時の喫茶店のなかには、一八九〇年に東京の上野公園で開催された第三回内国勧業博覧会で設営されていた店のように、近代的な品物の展示や西洋文化の紹介を目的としたものもあったが、大半は普段利用するための場所だった。人びとの生活の場における役割や働き方、家庭の外で受ける社会的・心理的な影響が変わりゆくなかで、労働生活や家庭生活は変化を見せるようになった。農家や自営業以外の家庭では、以前にはなかった不和も生じた。会社勤めをする家庭持ちの男性は、会社からの期待や要求に応えようとして、父親や夫としてよりもサラリーマンとしての立場を優先させてしまい、しばしば家庭内で孤立するようになった。そしてイギリスの工員やフランスの官僚と同様に、日本のサラリーマンにとっても、疲れを癒せるのは家庭よりも喫茶店（あるいは飲み屋）になっていった。

農村や地方から出てきた人たちが職を得て都市で暮らすようになり、都市の商業地域や交通機関が開発されると、都市空間の利用にも変化が現れた。喫茶店は、出身地も興味も違う人びとの要求を満たす公共の場となった。一九〇〇年代のはじめ頃までには、江戸時代に「盛り場」だった地域にも喫茶店は登場し、地方から出てきたばかりの出稼ぎ労働者にとっては、故郷の方言を聞いたり都市生活の秘訣を学んだりできる場所になっていた。

しだいに、仕事は職場以外でもできるようになり、家事の負担は軽くなり、人びとがより自由に動けるようになると、「第三の居場所」となっていた喫茶店は、こうした変化にも柔軟に対応していった。利用目的のはっきりしている銭湯や教室、職場あるいは寺社などとは異なり、喫茶店の利用のされ方は変化に富んでいた。喫茶店では客の居場所は常に確保されるため、客が自分の立ち位置を守ろうとして定期的に顔を出したり、スタッフや常連客たちと個人的なつながりを持ったりする必要はない。喫茶店は、フーコーの言う「異他なる空間」（＝差異化された社会的空間）のような場所で、定職に就かずぶらぶらしている人にとっての居場所になっているだけでなく、社会の枠組みにがんじがらめになっている日本の都市生活者に対して、気ままに過ごせる環境を提供してもいる。

日本の喫茶店の魅力は、何をおいてもその持続性と新奇性にある。こうした魅力を持つ場所が変わらず持続できるのは、休息や気分転換、または普段の生活とは違う交流の場にふさわしいコーヒーのある空間だからだと言える。新奇性は、喫茶店が受け入れてきた社会的風潮や役割の中にあると言えるだろう。例えば、戦後の日本で民主化に向けた活動の舞台となったのは、東京の永田町付近にある喫茶店だった。一九六〇年代後半から一九七〇年代にかけては、前衛芸術（前述した青い塗料を使ったイベントなど）、自然保護活動、安保条約反対の抗議デモ、実験音楽、急進的フェミニズム運動、性革命など、あらゆる方面の新しい試みを喫茶店で目にすることができた。さらに一九六〇年代後半には、東京大学周辺の喫茶店は、学生運動家たちが組織を立て直したり、警察との対戦に備えたりする拠点となっていた。今も変わらず営業しているそうした喫茶店のいくつかは、運動の古参兵たちのノスタルジックな再会の場となっている。

喫茶店は、必ずしも社会や文化に抗うための拠点となるわけではない。一息つける安らぎの場を提供することで、人びとは活力を取り戻して働きつづけることができるので、組織の体制を覆すのではなく、むしろ維持する助けになっている。生産性の低下や抑圧的な労働条件の改善運動を引き起こさずにいられるのも、喫茶店で休息を取ってストレスを発散できているからかもしれない。一方で雇い主には、喫茶店の利用は好ましくないという考えもあるかもしれない。というのも、残業手当に魅力を感じる従業員のなかには、職場から離れた喫茶店で時間を潰し、退社時刻の少し前に職場に戻るような者もいたからである。ともあれ日本の喫茶店は、さまざまな時代において多くの役割を果たしてきた。次の節では、喫茶店が社交的な利用から個人的な利用へと移り変わってゆく長い道のりを見ていくことにしよう。

道端の茶屋から喫茶店へ

酒場を前身とするヨーロッパのコーヒーハウスとは違い、日本の喫茶店は、かつて道端にあり旅人が利用していた茶屋と深いつながりがある。茶屋は、もともとは水（湯）だけを提供する休憩所だったが、茶が一般的になると茶が飲める店と認識されるようになった。江戸時代半ばになると、神社の境内や寺の前で茶を行商する「担《にな》い茶屋」や、休憩場所や茶だけでなく団子も提供する「腰掛け茶屋」など、さまざまな種類の茶屋が登場した。ドナルド・シャイブリの記述によれば、一七世紀の茶屋のなかには「踊り子などを呼んで飲食を楽しむ豪奢な店」もあったという。「色茶屋」は、茶屋女との性的な遊びも提供していて、いわゆる水商売の前身と言える。ほかにも、色街で案内役を請け負う「引手茶屋」（案内茶屋）や、芝居の見物客から注文を受けて食べ物や飲み物を手配する「芝居茶屋」（劇場茶店）などがあった。なかでも「相撲茶屋」は、当時の伝統が今でも残っている唯一の茶屋で、日本相撲協会の販売する入場券とあわせて、軽食と土産物（記念品）の世話をしている。こうした地域のコミュニティを拠点として馴染み客を中心にサービスを提供する茶屋は、その地域に古くからあった社交や娯楽の場（盛り場）の影響を受けている。

そうした盛り場のなかには、見世物や笑いを安価に提供する「大衆演劇」（大衆劇場）もあった。さらに、麺屋台や立ち飲み小屋、小さな飲食店などもあり、時には大道芸も披露された。盛り場は流行に敏感と言うよりむしろ保守的な場所で、新しいタイプの見世物を行うと、客寄せにはなっても地元の住民には訝しがられた。道端の茶屋や、のちにミルクコーヒーを提供する店として登場する「ミルクホール」は、一般大衆や盛り場をぶらついていた若者にとって手軽に楽しめる場所になっていた。

こうして道端の茶屋は、しだいに都市のさまざまな娯楽施設として定着していった。常連となっていたのはほぼ男性で、皆が知り合い同士のような場所であり、トルコの「カーヴェハーネ」（コーヒーハウス）のように、店の主人と近しい関係を築くこともできた。当時の茶屋は、家族の話や近所の噂話をしたり、喧嘩や仲直りをしたりする場所でもあった。こうした馴染み客が集まる場所では、仲間に呼び名やあだ名を付けて楽しまれた。店で付け合った呼び名は、時には名字の代わりになった。さらに、顔のパーツ（大きな鼻）や癖のある話し方（お国なまり）といった個人的な特徴に基づくあだ名は、その店の一員であるという証にもなった。店の中ではお互いの言動に対する許容範囲が広がり、口にした内容はその場限りの話とされた。現代の日本では、飲み屋の中にこの架空の自由があり、そこではサラリーマンが、同僚や上司とざっくばらんなやり取りをしている。アルコールが提供されない喫茶店では、めったにこのようなやり取りは行われない。

道端の茶屋が喫茶店へと姿を変えていった理由は、飲み物だけでなく都市の変化や近代化とも関係している。一九世紀半ばまでに、身分制度の最下位に置かれていた商人階級は、公的に与えられた低い地位とは不釣り合いな経済的な力を持ち、文化的な水準も高かった。消費者としての商人は、飲食や娯楽のサービスを享受できる立場にあり、しだいに芸術品を嗜むようになっていった。奢侈《しゃし》禁止令は力を持つ商人を取り締まる命令で、特定の食べ物や公共の場での絹の着用を武士と特権階級に制限するなど、商人の経済力誇示を禁じた。この禁止令は一七世紀から続く身分制度を守るための手段ではあったが、一九世紀前半までには、社会的にも経済的にもますます現実とかけ離れたものになってしまっていた。

結局のところ、明治時代を待たずにこうした規制は維持できなくなり、身分制度から解放された商人は経済力を誇示するだけでなく、顕著に行使しはじめた。そして彼らは京都や江戸で、贅沢な生活様式や嗜好の文化を築き上げる牽引役となっていった。特権階級だけが経験できていた物事が減り、もはや都市の文化は限られた階級だけのものではなくなった。商人は公然と娯楽や道楽の世界に関与するようになり、わざわざ平服に着替えて水商売の店に通う武士と違い、商人は店そのものの「所有者」となったのである。

財力をさらにつけることで台頭してきた中間層は、新たな消費の場へとどんどん進出していった。この時代の「新しい男性」たちは、古臭くて保守的な都市の茶屋（茶店）ではなく、自分らしさを発揮でき、情報のやり取りもできる公共の場を探し求めていた。やがて、「新しい女性」もそうした場所探しに加わった。こうして一九世紀末までに、近代的な公共の場所は、茶ではなくコーヒーという新たな飲み物のある空間となり、それが都市景観の一部となっていったのである。

日本で最初の喫茶店である「可否茶館」が登場したのは、政治、社会、都市が変貌した時代であった。江戸は東京と改称されて「都」と定められ、国の象徴（天皇）と国家権力（官僚、軍、その他の機関）の中央集権化は、新たな体制を強めた。一九世紀後半には、東京は政治と経済の中心地となり、ほかの地域は中心地から離れた地方と見なされるようになった。明治時代以前は、海外の商品や思想が最初に到着したのは長崎など貿易船の入港地であったが、一八七〇年代以降は、それらが東京に集まるようになり、東京は日本のグローバル化の担い手となっていった。

都市に暮らす人びとにとって、喫茶店は、西洋からやって来た食べ物や、テーブルと椅子の利用、ウェイターやウェイトレスによる配膳など、目新しい体験ができる場所だった。入口近くの受付でコーヒーチケットを購入してカウンターにいるスタッフに手渡すといった、以前には常識であった注文方法は、もはや残っていなかった。古い行動様式から解放された公共の場所で、客たちは新しい振る舞い方を模索していた。かつての武士は、自分よりも低い身分であった商人と交流を持ち、新たな状況に同じように関わるようになっていた。もしかしたら裕福な商人と貧しい旧武士は、喫茶店の中でお互いの立場に違和感を覚えていたかもしれない。

一九世紀後半の産業化で、親族のつてや職業紹介業者を通して、地方からかなりの人数の産業労働者が東京にやって来た。エズラ・ヴォーゲルの記述によると、日本の産業化による人の移動は親族を頼りに行われ、直系家族によって支援された。日本では、直系家族の相続と家系の維持は跡取りである長男が担うものとされており、その長子相続の慣習から、長男より下の子が新天地で仕事を見つけて分家を築く際には支援を受けることができた。若い女性が短期間の出稼ぎ労働者として上京した場合は、故郷での結婚に備えて都会に染まることがないよう、住まいは寄宿舎に制限された。

産業化の時代に喫茶店に安らぎを求めた労働者は、たいてい男性だった。彼らにとって、二〇世紀へと時代が移りゆく頃の喫茶店は、都市について知るために開かれた窓でもあった。コーヒー自体は、「珈琲糖」と呼ばれるコーヒーの混ざった砂糖の玉をお湯で溶かして飲用するお菓子として、一八六〇年代には地方にも伝わっていたが、コーヒーを飲むための場所は、地方出身者にとっては新しい存在だったのである。喫茶店は、慣れない都会暮らしに落ち着かない労働者の心に安らぎを与えてくれた。ある人は、都市にやって来たばかりの頃を思い出し、「喫茶店は、コーヒーを飲むと言うより、大都市を手早く理解するための手がかりを求めて行く場所だった」と語っていた。喫茶店のなかには、特定の地域の出身者が集まってくる店もあった。例えば、新しく都市にやって来た者たちは、先に移住していた同郷人の行きつけとなっている喫茶店を好んで足を運んだ。そうして築いたネットワークを通じて、都市で生き残り成功するための情報を得たのである。

一八八八年に開業した「可否茶館」は、日本に新しいスタイルの公共空間を確立する上で一翼を担う存在であった。そこは従来の茶屋（茶店）にはない新しさや外国の雰囲気を感じさせる空間であり、提供されるサービスや飲み物、そして客の多様性もそれまでとはかなり異なっていた。皆が知り合い同士の村社会に似た茶屋とは違い、「可否茶館」は、村とは別の自分を受け入れてくれる柔軟性を備えていた。続いて現れたのは、時代の先端をいくおしゃれなコーヒー店や、「情熱工場」と銘打たれたキャバレータイプのカフェーなどで、そこでは近代化や公共空間を再定義する動きが見てとれる。そして、こうした新しい公共空間に、自らの存在価値を築き上げようとした人びと、特に「新しい女性」たちが登場してきた。

日本のコーヒーは、一六世紀や一七世紀のポルトガルやオランダとの貿易や、二〇世紀前半の西洋の都市生活を思い起こさせる。しかしコーヒー自体は、ヨーロッパ経由で間接的に輸入された商品ではない。そして、ブラジルと日本との直接貿易の確立やコーヒー愛好家人口の創出、さらには日本の喫茶店で感じられる驚くほどの地域性も、単に海外の影響を受けて生じたものではないのだ。一方、日本の都市にある喫茶店は、ウィーンのハプスブルク帝国を思わせる豊かなカフェの景観、パリのオスマン大通り沿いのカフェ、あるいは一八世紀のロンドンにおける商人階級のたまり場を原点とする。京都にあるカフェ「築地」の赤いベルベットの椅子は、今なおウィーンのグラン・エポックを彷彿とさせるものの、二〇世紀前半には、すでにコーヒーと喫茶店はすっかり日本のものとなり独自性を築いていた。結局のところ、喫茶店が備える順応性の高さこそが、コーヒーと喫茶店を持続させる一番の要因だろう。

喫茶店の長い時間をかけた変化と影響力について改めて考えてみると、「日本の喫茶店」に決まった形など存在しない。日本における喫茶店とは、コーヒーと空間に重きを置く場所、日常生活の中で抱えている責任や単調さに少しだけ気晴らしや息抜きをもたらす場所、または、制度的な家にはない何かを見つけられる場所を指すのかもしれない。あるいは、あるビジネスマンが口にしたように、何もしないことを目的に行く場所なのかもしれない。多くの人にとって、喫茶店の利用は都市生活における処世術の一つであり、暮らしに変化をもたらしたい時や、生活の中にできた隙間を埋めたい時に足を運びたくなる場所なのである。

絶え間なく変化する社会においてのみならず、経済的にも歴史的にも大きな変化が訪れた時代においても、変化に順応するだけでなく自ら変貌を遂げてきた喫茶店に、人びとは価値を見出してきた。無職でいる恥ずかしさと向き合うための居場所を必要としている男性、事務所を持たずにフリーランスで働く女性、狭苦しく賑やかな自宅では勉強できない学生は、喫茶店へと引き寄せられる。喫茶店は、社会的にも個人的にも利用可能な場所であり、芸術的な創作活動だけでなく、自発的で自由なイベントが催される場所でもある。第3章で詳述することとなる男女の関わり合いと近代化の歴史も、水商売の前身であった茶屋に始まり、一九二〇年代後半のキャバレータイプのカフェーや、日本にしかない個室タイプのインターネットカフェへと至る、喫茶店の歴史の中でたどることができる。喫茶店の長期にわたる存続は、時代に合わせて変化を続けてきたがゆえに実現したのであり、そういった存在だからこそ、喫茶店には歴史が感じられるのである。連綿とした喫茶店の歴史は、今なお紡がれつづけている。

第2章

日本の喫茶店と歴史

先入観を覆すコーヒー文化

独自に進化した日本のコーヒー

日本の喫茶店に対する理解を深めると、日本の近代化やグローバル化について常識とされてきた事実を、新たな視点から眺められるようになる。そして、喫茶店がどのように利用されてきたかを詳しく知ると、日本の喫茶店と他の国のカフェでは、人びとの交流のしかたやグローバル化の動きに、共通する点もあれば相反する点もあることが見えてくる。それどころか、日本の市民生活と飲み物の消費に対して抱いているイメージと現実の間にある差異が、浮き彫りになるはずである。日本人とコーヒーとの関係には、四つの驚くべき事実を挙げることができる。まず、日本はコーヒー愛飲社会だという事実である。日本人がコーヒーをよく飲むことは、日本の主要な飲み物は（緑）茶であると信じている人には衝撃だろう。二つ目は、今や日本は世界で三番目にコーヒー豆を大量に輸入する国だという事実、そして三つ目は、一九世紀後半の日本は、今日コーヒー豆の最大生産国となっているブラジルから、コーヒー産業を活性化させる国と見なされていた事実である。これは、日本のコーヒーブームは西洋に便乗しただけだと考えている人たちには思いもよらないことだろう。最後は、日本の喫茶店は、近年のコーヒーブームの火つけ役とされるシアトル系カフェの登場よりはるか前から人びとに広く受け入れられていたという事実であり、最近になって日本を訪れた人は特に驚かされるだろう。一九世紀後半には、喫茶店はすでに目新しさ、コミュニティ、そして公共の場におけるモダンでプライベートな空間を生み出し活性化させる場所として、日本社会にとって重要な場所となっていた。喫茶店の社会史を研究対象としていたはずのこの本が、都市の公共空間とコーヒーそのものの発展史の研究へと至ったのも、さらには現代の日本文化の中にある日常を「非日常」へと変化させる存在を探るきっかけとなったのも、こうした日本とコーヒーの関係にまつわる意外性であった。

京大北門前にある「進々堂」

　コーヒーと喫茶店について詳しく知ることは、日本の都市史に見られる変化のパターンを把握することにもなる。加えて、今では石油に次いで世界的貿易商品の第二位であるコーヒーを、ここまでグローバル化させた日本の功績を解き明かすことにもなるだろう。日本のコーヒー業者は、早いうちからブラジルの生産地に赴き、ブラジルからはもちろんコーヒー栽培の盛んな他の国からの輸出も拡大させた。そして日本の喫茶店は、当初手本としていた西洋スタイルから日本人の嗜好や習慣に合わせてまたたく間に多様化し、世界中のどの国よりも高い基準へとコーヒーを発展させた。今日ではアメリカでも、日本スタイルのコーヒーがしっかりと根付いている。

　日本の都市で暮らす人たちのコーヒーの飲み方や飲む場所には、日本の都市ならではの特性がある。人口密度が高く、さまざまな目的地や役割、娯楽などであふれる日本の都市では、喫茶店は、孤立した環境には交流の機会を、人付き合いの多すぎる環境には適度な孤独をもたらしてくれる。社会性のある公共空間でありながら匿名性が確保された空間を提供する特異性こそ、喫茶店が広く利用される最大の理由だと言える。いずれにしても、日本では気楽に一人きりになれる場所は重宝されるのだ。

なぜほとんどの昔ながらの喫茶店では、ノートパソコンを利用するのは憚られるのか。なぜ日本では、デカフェ（カフェインレス）コーヒーを探すのに、長い時間と労力がかかるのか。なぜ日本のコーヒー職人はエスプレッソマシンを使おうとせず、一杯ずつ手作業で淹れるハンドドリップを好むのか。これらの疑問に対する答えを、喫茶店文化で見られる多種多様な地域性のなかでもとりわけ珍しいもの、あるいは伝統的な日本人らしい習性として、簡単に結論づけることはできない。むしろ、発展しつづけるコーヒー文化や絶えず変化する社会や経済状況から生じた傾向として受け止めることで説明がつくはずである。文化における変化とは、単に古い文化体系をより新しくて重要度の高いものに置き換えることではない。日本の文化に関しても、変化が刻まれる一方で、固有の文化体系は保たれていた。それまであまり知られていなかったコーヒーと喫茶店も、一九世紀後半までには見事に日本の文化に溶け込み、新たな文化の発信源となって一時的な流行のように消え去ることはなかった。ジェイコブ・ノーバーグは、喫茶店を存続させる主な要因は、未完成で曖昧な喫茶店の形態にあると指摘している。喫茶店は、目新しさを表現したり生み出したりする一方で、都市に暮らす人びとの変わりやすい要求や欲望を受け入れながら、曖昧さのある独自の文化を築き上げてきたのである。

周知のように、日本の茶は儀式的な文化と見なされている。しかしながら、日本人のコーヒーの飲み方の根本に、日本茶や茶道の習わしがあるわけではない。日本の「コーヒー道」は、抹茶を繊細に取り扱う茶道に似ていると思われがちだが、茶道とはまったく別物である。淹れ方はもちろん、コーヒーづくりに対する考え方や取り組み方も異なる、伝統と斬新さを合わせ持つ完全に独自の文化なのである。

コーヒーの居場所

コーヒーは、大衆向けの飲み物として飲まれるようになって以来、社会的な交流に欠かせない飲み物となった。一五〇〇年代前半の中東では、コーヒーを飲むことはすでに大衆的な娯楽となっていて、コーヒースタンドは、公共の場にコーヒーと交流の機会を提供する場として位置づけられていた。アラビアのコーヒーハウスは、腰掛けを置いただけのテント小屋で、たいてい市場の中にあった。アビシニアから商人がコーヒー豆を持ち込んだとされる一〇〇〇年頃から社交的な施設として、「眠りを妨げる飲み物」と呼ばれるコーヒー豆を煮出して淹れた「カフワ（قهوة、quahwa）」を提供していた。世界で最初のコーヒーハウスとして知られる「カーヴェハーネ」は、一五五四年にトルコのコンスタンティノープルで開業したと言われている。

トルコのコーヒーハウスは、最初は保守的な場所で、主として男性が社会的な地位を確立したり強化したりするために利用する場であった。コンスタンティノープルのコーヒーハウスは、指導者の集まる社交場となっており、若い男性は、彼らから支援を受けたり政治手腕を学んだりした。しかしコーヒーハウスの「開かれた扉」は、政権の転覆を目論む人びとをも簡単に受け入れてしまったために、反乱やあらゆる政治的・宗教的議論を危惧する役人によってしばしば閉鎖された。実際、コーヒーハウスでは暗殺などの事件も起こっていた。偶発的に人が集まる大衆浴場や市場などが、情報や噂話の発信地となる一方で、コーヒーハウスはビジネスや市民活動に必要な活動拠点となった。また、村や地域の長の姿はたいていそうしたコーヒーハウスにあったので、相談事を持ち込む人が頻繁に面会にやって来る小さな「役場」のようにもなっていた。

オスマン帝国が終焉を迎え、近代化の時代になると、古くからあるトルコのカーヴェハーネは時代遅れの場所と見なされるようになり、かつての活気はなくなってカード遊びをして過ごす高齢者施設のようになった。その一方で、ヨーロッパスタイルを取り入れたコーヒーハウスは近代化を象徴する場所と見なされ、目新しさを歓迎する人たちを惹きつけた。そして古い「カーヴェハーネ」は、政治的指導者が積極的に権力基盤を築いたり固めたりする場所と言うより、人員補充などの政治活動が消極的に行われる場所となっていった。新しいコーヒーハウスでは、新たな政治思想が生み出されただけでなく、ドリップやサイフォン、のちにはエスプレッソといったヨーロッパスタイルの淹れ方による、旧来のトルココーヒーとは違う種類のコーヒーがつくり出された。「ハマム（公衆浴場）」や、裕福で伝統的な家庭におけるガーデンパーティーなど、昔ながらのコーヒーを飲む空間は残っていたものの、新たなコーヒーハウスには、少なくともある程度の社会的慣習からの解放が見受けられた。そこは、モスクとは違ってさまざまな楽しみ方を見出せる非宗教的空間であり、伝統的なカーヴェハーネほど階層的な縛りはなく、ホスピタリティにあふれた場所だった。

一六一五年、コーヒーはヨーロッパ最古の港湾都市の一つとされるベネチアに、アラブの商人によってもたらされた。一六四五年にはヨーロッパで最も古いコーヒーハウスがベネチアに誕生し、一六八三年にはウィーンにも登場した。ウィーンにコーヒーを持ち込んだのは、オスマン・トルコ軍である。トルコ軍によるウィーン包囲の際、トルコに精通していたフランツ・ゲオルグ・コルシツキーという人物が、包囲網をくぐり抜けてポーランド王国軍に援軍要請の連絡を取った。それが功を奏して包囲は失敗に終わり、トルコ軍はラクダや蜂蜜、そして大量のコーヒー豆を残して撤退した。ウィーンの人びとは、初めて目にしたコーヒー豆をラクダの餌と勘違いしたけれども、コルシツキーはその価値をよく知っていた。彼はすべての豆を褒美としてもらい受け、トルコ軍に勝利した一六八三年に、ウィーンで最初のコーヒーハウス「青い瓶」を、ドームガッセに開いたのである。

コーヒーそのものは、ベネチアに伝来するより前にパリからイギリスへと伝わっていた。イギリスで初めてコーヒーを口にした人物は、クレタ島出身でオックスフォード大学の給費生であったナサニエル・コノピウスだと言われている。イギリスで最初のコーヒーハウスは、一六五〇年にユダヤ人のジェイコブによってオックスフォードで開かれたもので、オックスフォード大学ベリオール・カレッジの学生の行きつけとなっていたようである。ロンドンで最初のコーヒーハウス（現在のジャマイカ・ワイン・ハウス）は、スミュルナ（現在のトルコ・イズミル）出身のパスカ・ロゼによって開業され、ロンドン市街にあるセント・ミカエル・コーンヒル教会のすぐ側の路地にあった。

イギリスでコーヒーハウス（当時は依然としてかなり男性的な場所であった）の人気が高まった理由は、まだ珍しかったコーヒーを提供していたからだけでなく、コーヒー代さえ払えれば、階級や地位にとらわれることなく、自由に社会的な交流ができたからである。またコーヒーハウスではさまざまな情報を入手しやすかったため、商取引、貿易、金融に従事する人びとにとっては、すぐに欠かせない場所となった。サミュエル・ピープス（一六三三〜一七〇三年）は、コーヒーハウスを訪れるたびに、誰かしらと何かしらの議論をしたと日記に書き残している。ピープスは、コーヒーハウスを「ソサエティ」と呼び、週に三、四回は訪れていた。なかには、文字を読むのが苦手な人たちのために毎日新聞を読み上げるコーヒーハウスもあり、すべての人たちが白熱した議論を交わせるようになっていた。日々の仕事では交流できないような人びととの偶発的な出会いのあるコーヒーハウスは、ピープスにとって価値の高い場所であり、彼はそこを訪れるたびに新しい何かを学んでいたようである。

コーヒーハウスは、コーヒー代の一ペニーさえあれば重要な知識を得られたことから、「ペニー大学」として知られるようになった。ただ、権力者にしてみれば、あらゆる階級の人たちが自由に情報や意見の交換ができる状況はあまり好ましくはなく、コーヒーハウスは怪しげな施設として危険視された。例えばチャールズ二世は、危機感を募らせて一六七五年一二月二九日にすべてのコーヒーハウスを閉鎖した。しかし、王でさえコーヒーハウスという正体不明の場所がイギリス経済に及ぼす影響には屈せざるをえず、一〇日後の一月八日には再開している。チャールズ二世によって行われたコーヒーハウスの弾圧は、約一世紀後にプロセインで繰り返され、フリードリヒ大王は認可した施設以外でのコーヒーの飲用を禁じた。彼はコーヒー（とコーヒーハウス）を反政府活動を活気づけるエネルギー源と見なし、コーヒーを嗅ぎつけられるよう訓練したスパイ（Kaffee Schnüffler）を酒場に送り込んで、コーヒー提供の有無を探らせた。

コーヒーに対しては、ほかにも悪感情を抱かれる要因があった。一七世紀のイギリスでは、女性によって書かれたとされるコーヒーを批判した風刺的な抗議文書が発行されている。女性たちは、コーヒーの影響によって夫が野心を失い、そればかりか性的能力も失ったと主張した。コーヒーに向けられた反感には、異国からもたらされたことに関連するものもあった。コーヒーは、トルコ人、アラブ人、ユダヤ人と結びつきのあるレバント（東地中海沿岸）から持ち込まれていたため、「東洋人の飲み物」と見なされていたのである。このように、コーヒーの持つ異国的な性質に魅力を感じ惹きつけられる人がいた一方で、怪しげな飲み物と訝しがる人も大勢いた。ただし、コーヒーが醸し出すこうした異国的な雰囲気こそが、のちにコーヒーを進歩的で近代的な飲み物と特徴づける大きな要因にもなった。一七〇〇年までには、コーヒーハウスはすっかりイギリスに定着し、パリには六〇〇店ほどであったのに対して、ロンドンには三〇〇〇店ものコーヒーハウスがあった。

一七世紀のイギリスでは、いくつかのコーヒーハウスが、輸入業者や保険業者のために貨物船の到着や難破船に関する情報を貼り出すようになり、船舶の情報源としても不可欠な場所となっていた。有名な保険組合である「ロイズ」は、もともと一六八八年頃に、ロンドンの埠頭に近いタワーストリートに開業したコーヒーハウスであった。一七世紀後半はオランダとイギリスによる植民地貿易の盛んな時代であり、両国は植民地で生産した商品の輸送で覇権争いをしていた。貿易商にとって航路や輸送中の商品の種類と量の情報はかなり重要で、「ロイズコーヒーハウス」は、貿易で生計を立てる男性のためにコーヒーと船舶情報を提供した。「ロイズコーヒーハウス」の経営者は、来店した船長から集めた情報を記載した「ロイズリスト」を壁に張り出し、店のテーブルで取引を行えるように筆記用具も用意した。印刷技術の進歩により新聞の大量発行が始まるまでは、「ロイズ」のようなコーヒーハウスが取引を円滑に進めるための情報を収集する施設でもあったのだ。そして一六九一年までには、「ロイズ」は植民地任務やヨーロッパ内貿易向けの保険引受業者のための取引所として成立していた。こうして一七世紀にコーヒーハウスとして始まった「ロイズ」は、二度の移転を経て、現在のような保険引受業務を行う取引所「ロイズ・オブ・ロンドン」へと発展していったのである。

ユルゲン・ハーバーマスによると、コーヒーハウスは、当時のイギリスで開かれたコミュニケーションを提案する唯一の場所と言えた。そしてそれは、日本でも同様で、一九世紀後半から二〇世紀前半にかけて、商業的および社会的な交流が盛んに行われていた場所は喫茶店だった。しかし日本の場合、印刷技術や輸送手段の進歩によって、喫茶店がそのような場所である必要がなくなった後も、次々と生じる新たな要求を満たしたために、喫茶店がなくなることはなかった。社会情勢や新しい社会や都市生活の変化にも順応できるコーヒーハウスや喫茶店は、かくしてヨーロッパ、アメリカ、日本の都市文化においてなくてはならない場所となっていった。

コーヒーは比較的スムーズに、あらゆる都市文化に溶け込んだ。例えば、露天商が一般的だったパリでは、新しい食品が行商人によって頻繁に持ち込まれていた。パリで最初にコーヒーを販売したと言われているのは、パスカルと呼ばれていたアルメニアの商人で、注文を受けてからカップサービスを行えるよう、豆を挽いたり茹でたりするための道具一式を持ち運んでいた。イギリスのコーヒーハウスが商業や金融業にとって重要な場所であったのに対し、パリで最古として知られる「ル・プロコープ」（一六八六年にシチリア人のフランチェスコ・プロコピオ・デ・コルテッリによって創業された）などのフランスのカフェは、商業だけでなく文化創造にとって非常に大切な場所でもあった。さらにパリのカフェは、最先端の交流の場になっていたのと同時に、政治活動の拠点にもなっていた。フランス革命の震源地とされる「カフェ・ド・フォア」は、はじめは王党派に、そして、のちには反革命主義者を不安視する人びとによって、一八世紀後半まで監視が続けられていた。

新時代を先導していたフランスのカフェは、新しい国民がつくられていく上で、かなり重要な現場となった。都市文化の歴史家であるミシュレは、カフェの重要性を総じて、コーヒーの提供は「新たな習慣を生み出したのみならず、人間の気質さえ変えた重大な出来事」であったと指摘している。開かれた活動拠点から、重要な商取引情報をやり取りする施設、あるいは「ペニー大学」に至るまで、コーヒーハウスは市民社会の動向が顕著に表れる場所でもあった。

アメリカでは、ボストン茶会事件後の一八世紀後半には、紅茶はもはや道徳的に正しい飲み物ではなくなり、コーヒーとコーヒーハウスの人気が高まった。一方イギリスでは、早々に主要な飲み物がコーヒーから紅茶へと切り替わったことで、自国の植民地であるインド産や中国産紅茶の需要が膨らんだ。紅茶はイギリスで植民地の同調を示す飲み物となり、対するコーヒーは、アメリカで革命を象徴する飲み物と見なされるようになっていた。

ヨーロッパやアメリカの都市文化とコーヒーハウスが強く結びついた歴史は、公平で市民的な空間で旧制度を刷新するような変化と自由が勝ち取られた物語である。そして日本でも、喫茶店は新たな可能性の萌芽を意味し、個人の選択肢を広げただけでなく幅広い選択の自由をもたらした。

変化する社会と喫茶店

人びとの暮らしにおける喫茶店利用の物語は、社会変化の物語でもある。例えば、近代化の時代に起こった自給自足的な暮らしから賃金労働を主とする生活への変化は、家庭と職場の間に隙間をつくり、喫茶店がそれを埋める場所となった。家庭とも職場とも異なる喫茶店は、しばしば「第三の居場所」と呼ばれ、そこに行けば他の空間では得られない何かを得ることができた。喫茶店では、人びとは職場や家庭での責任から解放され、個人に与えられた役割はより曖昧なものとなった。職場では、個人のアイデンティティはすっかり組織に取り込まれてしまい、業績や忠誠心に対する重圧がのしかかり、家庭では、子どもの明るい将来のために、かなりの努力が必要とされた。こうしたなかで、喫茶店は、主だった居場所にはならなくても一息入れるための代替コミュニティとして活用でき、主な居場所で発揮する力を蓄えられる場所になっていった。

レイ・オルデンバーグは、カフェを代表的な「サードプレイス（第三の居場所）」に挙げ、「私生活において家庭以外の中心的な居場所」と定義している。さらにこの定義を用いて、市民生活の基盤となる「第一の居場所」である家庭や、最も多くの時間を過ごすことになる「第二の居場所」にあたる職場（や学校）についても説明している。オルデンバーグによると、サードプレイスには、次の四つの普遍的な特性が備わっているという。すなわち、(1)無料か低価格で利用できる、(2)食べ物と飲み物を入手できる、(3)訪問しやすい場所にある、(4)常連客だけでなく新しい客もいる。図書館、公園、ホテルのロビー、駅などもサードプレイスになりうるが、オルデンバーグは、多くの選択肢のなかで最も適した場所としてカフェを挙げている。また、オルデンバーグの定義には、サードプレイスはより近代的な市民社会を活性化し、さらなるコミュニティの意識と社会的責任を担う世代を育成する、という考えも含まれている。歴史的に見れば、日本の喫茶店も近代的な考えを発信する中心的な場だった。しかし近年は、政治的あるいは社会的な変化の発信源ではなくなり、あらゆる種類の責任から解放されて休息をとるための場所となっている。さらに喫茶店は、同じ考えを持った人たちの出会いの場となることで、新しい考えや物事をつくり出すのに役立っている。こうした喫茶店のさまざまな役割のなかでも、都市の雑踏からの避難場所という癒しの場となることが、今日では特に重要なものである。

コーヒーハウスやカフェは、文化や時代背景を反映していただけでなく、それぞれの時代ならではの役割も果たしていた。ヨーロッパやアメリカと比べると、時代も歴史的条件も異なる日本の喫茶店は、ハーバーマスの言う先駆的な政治的思想を生み出す中核となった民主主義的なコーヒーハウスとは、少し違っているかもしれない。ハーバーマスは、一八世紀のイギリスで、大衆の声が誕生した場所としてコーヒーハウスを挙げている。当時のイギリスでコーヒーハウスが（地位や階層などの）社会的な隔たりを実際に埋めていたかどうかはともかくとして、前述したように、イギリスのコーヒーハウスでは、特に貿易や経営に有益な情報が自由にやり取りされていた。つまり、マスメディアや公共交通機関が完成する前は、人と情報の交流は主としてコーヒーハウスで、コーヒーカップを通して行われていたのである。

近代的な情報伝達メディアの利用が当たり前になっても、喫茶店を時代遅れの場所と見なす人はいない。今日のヨーロッパやアメリカ、そして日本において、カフェや喫茶店は、新聞を読むためやノートパソコンを利用するためはもちろん、さまざまな目的で空間を共有するのに、非常に便利な場所である。いまなお喫茶店が社会にとって不可欠の場所となっているのは、こうした時間的・文化的・社会的に多様な役割を柔軟に担ってきたからだろう。

一九二〇年代の東京と大阪にあった喫茶店のなかには、独創的なアイディアや政治的な意見を交わす場になっていたものもあったが、ほとんどは、もっと個人的な表現や気分転換のためのものだった。現代の日本では、喫茶店は日々の生活の中で見つけにくい、気軽に一人きりで過ごせる空間となっていて、一人でいても何か問題を抱えていると受け取られる可能性は低い。一方で、喫茶店は、思いがけない交流が持てる場所でもあるため、めったにない交流と、一人きりになれる時空間とを同時に得られる場所でもある。日本では、数多くの場所の中でも喫茶店が、公共の場における個人的な居場所、コミュニティセンター、嗜好と消費の学び場、遊びの空間、画期的な創作活動の舞台になりうるのである。

日本の喫茶店は、新聞や交通機関が急成長を遂げ、まさに近代化と技術開発が飛躍した一九世紀後半に登場し、ロンドンのコーヒーハウスのように政治や経済情報を交換する場ではなく、新しい嗜好や振る舞い方、世間とのつながりを見つける場所であった。ドナルド・リチーは、喫茶店について次のように述べている。喫茶店は、「海外の文化を最初に体験できる場所である。音楽喫茶に行けばシェーンベルクを初めて聴くことができ、ギャラリー喫茶に行けばジャコメッティの作品を初めて鑑賞できた……喫茶店ではさまざまな異文化のかけらを見つけ出せる」。日本の喫茶店は、保守的な文化や役割などの責任に縛られない新たな考え方や嗜好、そして物質や社会的地位を超越した意見交換など、新しさに満ちた空間だった。この点はロンドンのコーヒーハウスに共通していたと言えるけれども、日本の喫茶店は、私的な活動が行える公的な空間であると同時に、そうした活動をまったく行わなくとも過ごせる空間でもある。喫茶店で一杯の飲み物を注文して席を確保することは、他の生活空間では得られない何かを得られた気分になる。その何かには、少なくとも喫茶店の空間そのものも含まれている。

日本では、空間に高い価値が置かれている。日本社会や文化を説明する際に日本人がよく使う「われわれの国は小さな島国で……」という表現には、それが顕著に表れていると言えよう。アメリカやヨーロッパの標準的なサイズに比べて、日本は居住空間も店舗やオフィスも狭い。都市では歩道を歩くだけで衝突を避ける訓練になり、道路上の危険をうまくかわすことで生存スキルが身につく。つまり、一人きりで過ごせる空間など、そう簡単には見つからないのである。

喫茶店という第三の居場所は、さまざまな社会規範の影響を受け、制度に縛られた多くの日本人に、何の変哲もない時間と場所を提供している。役割としては、アメリカやヨーロッパの都市にあるカフェと重なり合う点はあるけれども、日本の喫茶店のように、誰にも干渉されずにいられる空間には、ほかでは見られない魅力がある。

近年、日本では個人経営の喫茶店数が減ってきている。しかしそれは、個人経営店の利用客や新規開店数が減少しているということではなく、また「ドトール」や「スターバックス」といったチェーン店を利用する客の増加を示しているわけでもない（チェーン店の登場は、個人経営店から客足を遠のかせたりはせず、単純に新しい顧客基盤をつくったのだ）。これは、一九八〇年代後半のバブル経済期に、会社勤めを辞めて喫茶店を開いた経営者が引退しつつあることを示しているのである。経済的に不安定な今の時代は、一般的な会社勤めのほうが望ましいのかもしれない。しかし、自分たちの喫茶店を手放せないと考える次世代もいるようで、喫茶店経営の講座の受講を希望する人は大勢いる。

喫茶店は、オーナーの好みによってさまざまな装いを見せる。店内は言わばマスターの聖域であり、彼らは自分たちの領域の中で複雑な錬金術を用いて、味わい深いこだわりのコーヒーを抽出している。喫茶店には、地域差や、性別・年齢による利用の違いも反映される。一八八〇年代に上野で開業した「可否茶館」の男性的な空間から、一九二〇年代の男性と女性が客にも接客係にもなりえた空間に至るまで、喫茶店は社会の変化に合わせて、より開放的な場所へと移り変わっていった。

社会的な制限がほとんどなかった喫茶店は、民主的な社会の縮図のようであった。事務系の労働力が増加し、労働組合によって現場作業員の労働環境が整備されると、搾取的な労働時間は減少した。すると労働者たちは、仕事の休憩時間や職場と家庭における生活の合間にできた時間を喫茶店で過ごすようになった。そして、しだいに喫茶店は、仕事と余暇の両方で利用される場所になっていった。同僚との打ち合わせや、職場以外の場所で仕上げてしまいたい仕事は喫茶店で行われ、学生たちは、自習室やアイディアを吟味する場所として喫茶店を頻繁に利用した。家庭はますます社会的な関与の少ない私的な領域となり、喫茶店は思いがけない交流や意図的な集まりのための場となった。

さらに交通機関も、喫茶店の利用パターンをつくり上げるのに一役買った。駅は、電車の待ち時間を過ごしたり、誰かと待ち合わせしたりできる喫茶店を開くのに最適だった。日々の仕事や通勤のはけ口を必要とするサラリーマンにとって、駅にある喫茶店は主な立ち寄り先となった。飲み明かした帰り際に別れの挨拶をする場所として、あるいはカップルがデートする際のいつもの待ち合わせ場所として、駅の喫茶店は人びとの生活の中で大いに利用されるようになっていった。

時代とともに変化する喫茶店の役割

ブラジル政府がコーヒーの主な海外市場に日本を選んだこと、また、コーヒー栽培のためにブラジルへ渡った日本人や日系ブラジル人によって、ブラジルコーヒーの味や文化が日本に伝えられたことから、一九一一年以降は、ブラジルのコーヒースタイルが業界を牽引するようになった（第5章参照）。一方、喫茶店には、ウィーンやパリのカフェのようなヨーロッパスタイルが取り入れられた。大正時代になると喫茶店は多様化しはじめ、アルコールの提供と魅力的なウェイトレスを売りにするキャバレーのような特徴を持った「カフェー」が登場した。アルコールを扱わず艶やかなウェイトレスもいない静かな「純喫茶」に対して、陽気で賑やかなカフェーは、近代的な若い男女にはより魅力的に感じられたようだ。純喫茶には、芸術家、作家、知識人などがよく出入りした。彼らは、議論や芸術的表現の拠点として純喫茶を利用したが、時には陽気なカフェーにも赴いた。第二次世界大戦後、コーヒーだけを提供していた純喫茶は、カフェーよりも早く復活ができた。なぜなら、一九五〇年代半ばまで不足していたアルコールや食料品に比べると、コーヒーは手に入りやすかったからである。

今日、「喫茶店営業許可」（調理を必要とする食事の提供はできない）で営業している喫茶店やカフェでは、コーヒーが主力商品となっている。これに対して「飲食店営業許可」を取得している喫茶店やカフェは、カレーライス、サンドイッチ、パイ、タルトなども提供することができて、「モーニングセット」を出す店も多い。ほとんどのモーニングサービスの内容は、味噌汁・ご飯・漬物といった和風ではなく、トースト・卵・サラダなどの洋風である。モーニングサービスのある店は、たいてい早朝に開店して一一時まで提供しているので、年配の常連客のなかには、朝食と昼食を兼用して遅めの「モーニングセット」を食べに来る人もいる。

椅子やテーブルが置かれ、飾りつけのされた新しい公共空間と、コーヒーという社交の場にふさわしい新たな飲み物によって、喫茶店はなおも目新しい情報の発信源でありつづけた。はじめは西洋から文化的な新しさを取り入れただけだったが、やがて、新しさを生み出し広める場所となっていったのだ。日本に伝来した当時の喫茶店は、ちょうど形成されつつあった新しい市民感覚や都会感覚を披露したり試したりするのに、うってつけの場所だった。一九二三年の関東大震災以降、大阪や東京など都市の喫茶店の数はますます増えつづけた。特に東京は、建物や道路などの整備面でも先駆的な存在となっていたが、地震によって大部分が壊滅的な被害を受け、喫茶店やキャバレーの経営者は、一時的に東京を離れて大阪に移った。そしてその後、震災復興期に新しい喫茶店や公共空間が構築されたことで、東京は地理的により統合された都市へと変貌を遂げたのである。

近代的で都会的なコーヒーのある場所

一九二〇年代には、喫茶店は近代化の象徴やアイディアの生まれる場所としてすっかり社会に定着していた。その勢いは、当時のある評論家が「喫茶店は国会よりもずっと重要な場所である」と評したほどである。またその頃には、家庭の内でも外でも、多種多様な新しさを取り入れた近代的な生活が始まろうとしていた。明治初期の近代化では、国を挙げて経済改革や技術革新を目指し、社会制度や工業化に役立ちそうな側面を積極的に西洋から取り入れようとしながらも、その影響力は最小限に抑えようとした。しかし現実は、なかなか思惑通りにはいかなかった。そこで、日本人のアイデンティティに海外の影響が及ぶことを防ごうと、文化的結束の意味合いを込めた「和魂洋才」（日本の精神、西洋の技術）という言葉が用いられるようになった。実際に、西洋の近代化を成功に導いて発展させた要素のみを受け入れて、西洋的な価値観や行動様式からの侵食に抗ったことは、日本の伝統的な精神の保護に結びついていた。

しかしながら、西洋の文化をもっと学びたいという人びとの強い思いは、「日本人のアイデンティティ」という漠然としたものを守ろうとする気持ちをはるかに超えていた。一八八〇年代にヨーロッパを模倣した最初の喫茶店「可否茶館」が登場すると、目新しい場所の珍しい飲み物はすぐさま身近なものとなり、「近代的であっても西洋的であるべからず」といった板挟みのような状況は、意図せずとも効果的に解決されていった。喫茶店の目新しさと快適さは、都市生活において人びとが求めた要素そのものだったのだ。外国風の珍しい空間としてではなく、むしろ日常生活における実用的で魅力的な場所として、人びとは喫茶店に足を運んだ。いつしかコーヒーは日本でよく口にされる日本の飲み物となり、喫茶店はコーヒーを飲むための場所となっていた。コーヒー以外の飲食物や服装が、まだ「洋食」や「洋服」といった呼び方をされて、西洋のものと考えられていたのに比べると、コーヒーははるかに速いスピードで日本化され、一九〇〇年代のはじめ頃には、（「珈琲」という漢字や、外来語を示す片仮名で表記されるなどして）日本の飲み物としての市民権を獲得していたのである。

キャロル・グラックは、一九世紀のヨーロッパの近代性は、日本にとって「受け入れやすい近代性」であったと指摘している。とはいえ、実際に広く普及したのは、日本ならではの変化が加えられた近代性であった。そして、このグラックの言う「変化に適切に応じられる近代性」とは、明治から大正初期に至る劇的な変化に対応してきた喫茶店を見事に言い表した言葉であるように思う。エリス・ティプトンが指摘するように、私たちは、ある意味ではいまだに斬新さを生み出し、新たな経験を蓄積する近代化を続けており、喫茶店も臨機応変な対応を迫られた状態のままなのかもしれない。

一九世紀後半の日本にとって、近代化は海外の支配から自国を守る手段でもあった。海外の官僚、教育、軍隊、保健医療を取り入れて制度化を進めたのは、日本の将来的な安全保障を確保する目的があったからである。しかしすぐに、大衆的な近代化がより身近に起こることとなった。

大衆が目にした最初の近代化は、西洋から取り入れた商品や習慣である。依然として伝統的な状態のままの地方と違い、都市部では、近代化の勢いはかなり身近に感じられた。また、都市の喫茶店は、社会の人口移動を支えてもいた。一八六〇年代から一八九〇年代にかけての急速な産業化の時代、工場労働者として集められた多くの地方の住民たちが都市へとやって来た。都市に出てきたばかりの新参者にとって、喫茶店は、安価で珍しい飲み物を片手に、故郷とはまったく違う世界で生きていくための処世術を学んだり観察したりできる場所であった。

「カフェ」という呼称は、しだいにヨーロッパスタイルの店を指して使われるようになり、近所によくある近隣住民向けの店は「喫茶店」と呼ばれるようになった。特に目新しくて西洋的なデザインの内装を売りにしていた喫茶店は、客からモダンな店と見なされ、調度品もシンプルで機能的なつくりのテーブルと椅子

京都にある「フランソア喫茶室」

であればモダンと受けとめられたため、あえてモダンスタイルと銘打つ必要はなかった。戦後は、茶色い革張りの椅子、ダークブラウンの木製テーブル、鏡張りやこげ茶色の板張りの壁、金属製の灰皿、といったデザインが喫茶店に定着した。明るい色の木材、鮮やかな色彩、大きな窓、バウハウススタイルの家具で美的にデザインされた戦後の喫茶店は、一九六〇年代のはじめまで、斬新で前衛的な美術品の展示、演奏会、文学的イベントといった活動の舞台としても利用された。

　もし日本の近代化の始まりを告げたのが喫茶店だとしたら、終わりを告げるのも喫茶店なのだろうか。ティプトンらによれば、喫茶店とはまさに二〇世紀前半のモダンを象徴する存在そのものだった。そうした喫茶店は、今はもはや当時を懐かしみ、郷愁を感じさせるだけの場所になってしまったのだろうか。それとも、新たに人びとを惹きつけるような、何か別のものを象徴する存在になったのだろうか。西洋に追いつこうと躍起になっていた二〇世紀前半から一転して、日本文化は急速に変化し、多様化して近代化を果たした。日本の喫茶店は、そうした近代化の歴史的なカタログとも言える。禁酒法時代のアメリカにあったもぐり酒場を思わせるような喫茶店、日本で一般化している喫茶店文化の礎となったウィーンを彷彿とさせるカフェ、ヨーロッパの実存主義者の溜まり場であった喫茶店やアメリカのビートカフェ、そしてこれらに比べれば、まだおとなしく思える戦後の斬新なパフォーマンスアートカフェ、マスマーケットでの利用を見込んだ現代のチェーン店に至るまで、日本の喫茶店やカフェは、あらゆる近代性の側面を包み込んでいる。結局のところ、多くの日本人にとって喫茶店は、ヨーロッパでもアメリカでもなく、完全に日本のものなのである。

仕事、家庭、そして新しい価値基準

公共空間でのさまざまな交流や消費活動は、目新しさを生み出しただけでなく、社会のニーズや変化を浮き彫りにした。日本では、「モダン」や「近代化」は、教育や産業労働における時間の制度化や、生産単位ではなく消費単位という新しい家族像の出現をも意味していた。一八七〇年代になって始まった義務教育制度や産業化に伴って、職場や学校での活動が時間によって管理されるようになると、家庭生活もしだいに時間で管理されるようになった。すると家庭の内と外には、喫茶店などの公共空間なしには埋められそうにない隔たりが生じるようになったのである。

時間が職場の管理基準になると、それが従業員の評価基準にも適用されるようになり、人びとは、生活の中で時間を調整するための一時的な滞在場所として、喫茶店を利用するようになった。柴田徳衛は、産業都市の時間感覚を、午前中は都市の中心部へと向かい、夕方以降は元の場所へと向かう人の流れから考察している。職場と消費の場での時間感覚は、調和的な関係にあると言える。なぜなら、人びとは、交通機関の中心地とその周辺を移動しながら、職場の行き帰りに食事や買い物をしたり酒を飲みに行ったりしているからだ。だからこそ、電車やバスなどの乗り換え駅周辺には、気晴らしや休息となる買い物や娯楽のための施設がつくられているのである。日々の生活という視点から喫茶店について考えてみると、毎日のスケジュールの中で重要な役割を担っていることがよくわかる。喫茶店は、午前中は目覚めのコーヒーを素早く飲みに来る人や、家事の合間に一息つきにくる主婦、昼には昼食を食べにくる学生や会社員、昼過ぎから夕方にかけては社会とのつながりを求める年金暮らしの高齢者に利用され、夕方以降には仕事帰りの人たちがやって来る。喫茶店が利用される状況や時間帯は、地域や住民によって異なるのである。

近代化がもたらしたストレスの一つに、家庭と職場の区別がある。家庭は、労働の場とは切り離され、後の章で見ていくように、農業、手工業、個人商売といった生産の場から、家族が生活を営む場へと変わった。そして、女性が家事や育児に従事して家族をサポートする場所と見なされるようになっていった。他方、ほとんどの男性は、主なアイデンティティを職場から求められるようになった。家庭よりも職場からの要求が優先された戦後の日本では、性別による活動領域の分離が顕著となり、職場と家庭の要求がぶつかり合った際にはしばしばストレスを引き起こした。

今日の日本では、仕事の多くはもはや世襲的ではなくなった。例えば大工の息子は、より有益な他の仕事に就けそうであれば家業を引き継ぐ必要はない。また今日では、仕事は(身分ではなく)学歴に応じて得られるものになった。一方、企業は、従業員との間に家族のような結びつきや忠誠心、絆でもって結束を固めるなど、より観念的なやり方で従業員の道徳心や成果を引きだそうとした。しかし、この新たな関係性の考え方はそう簡単には浸透せず、代わりに定着したのは、会社員の身元は、企業によって保証されるという考え方であった。「三菱の渡辺です」といった典型的な自己紹介は、ただ単にその会社で働いて給与を受け取っているだけでは、アイデンティティとしては物足りないことを表しているようでもある。とはいえ現実には、従業員のアイデンティティに対する思いと、企業が目指した従業員との関係性が一致することはなかった。つまり企業の求めた(家族間にあるような)関係性は、オフィスや工場などの職場ではめったに見られなかったのである。従業員にとって、職場から離れて過ごせる自分のためだけの時間は、とても貴重なものとなった。有給休暇さえ完全に消化できない従業員には、喫茶店に行くこと自体が気晴らしになり、束の間の息抜きと自由を味わうには居酒屋よりも適していた。

喫茶店でコーヒーを飲みながら過ごす自由な時間は、長い通勤時間と狭い家庭の空間から開放される貴重な時間でもある。通勤距離が長くなるにつれて、人びとは休憩場所や気分転換のきっかけを得られそうな場所を求めるようになった。こうして駅にある喫茶店は輸送システムの一部として、スケジュールや時間の調整役も担うようになった。東京では、一般的に通勤するのに少なくとも一時間、場合によっては二時間かかることも珍しくはない。通勤や帰宅前後のちょっとした時間調整に、喫茶店が必要になるのである。

緊張を伴う仕事場面も、時間的な隙間を生じさせる一因かもしれない。あるビジネスマンは、「今の私たちの暮らし方では、喫茶店なしでは生きられないだろう」と話していた。そして彼は、ビジネス面では欠かせない喫茶店の特殊な使い方について語ってくれた。日本では、取引先との待ち合わせの際には、約束した時間の数分前には着いていなければならない。さらに落ち着いた状態で相手と会うためには、一五～二〇分くらいの余裕が必要だろう。彼によると、待ち合わせ時間よりも早めに着くためにできた隙間時間を埋め、しかも、遅れないようにしようとしてすり減った神経を癒せる場所こそ喫茶店なのである。至るところに喫茶店があるのは、日本のビジネスマナーに特有の時間厳守のためだと言えるかもしれない。日本の都市では、待ち時間を過ごす場所を提供するのも喫茶店というわけである。

喫茶店のなかには、自宅とは別の「わが家」のような存在となっている店もある。身近な友達と一緒にいたり、新聞を読んだりして過ごせる自宅さながらの喫茶店は、社会的かつ個人的な必要性から誕生したものである。この手の喫茶店を、家庭の要求からの避難場所にしている人たちもいる。主婦は、家庭の責任から解放されて静かな時間を過ごすため、友人と社交的な時間を持つため、買い物の合間に休憩を取るため、あるいは一人で家にいる寂しさから逃れるために、喫茶店を利用することがある。喫茶店という一時的に過ごせる場所があるお蔭で、家庭のプライバシーは守られ、孤独感が緩和されるのかもしれない。

気晴らしが必要だと感じた時に、気分転換となるものをあえて探す必要はない。一杯のコーヒーで、新聞や雑誌、漫画と同じくらい十分に時間を費やせるからである。これといった個性のない空間にただいるだけでも、特徴的な空間にいるのに負けないくらい楽しく過ごせる場合もある。クリスティン・ヤノによれば、喫茶店は、「公共の場所をあてもなくうろつくということの芸術的価値を知っている本物の都会人」のための場所である。特定のアイデンティティを求められない空間で過ごす時間は、ほかの空間で厳しい要求を受けている人にとっては、この上ない息抜きになるはずである。

ムラ社会のような密接な隣人関係で成り立っている空間から、公私の生活のはざまにできた個人的で社交的な空間に至るまで、日本の都市にある喫茶店には都市で起こった変化が刻み込まれている。それゆえ、古くからの住宅地にある喫茶店は、結びつきの強い共同体的人間関係の延長のような場所になりやすい。一方、近代的な都市部にある喫茶店は、そうした関わり合いとは切り離された場所になりうる。そして、新たな出会いと目新しい経験の機会がより多く得られ、日常的な暮らしの中で見聞を広められる場所になっていると言えよう。

寺や神社の境内も、かつては高齢者のための休憩所や小さな子どものための遊び場、そして母親のための歓談場所として利用される世俗的な公共空間だった。銭湯も都市におけるコミュニティ空間として機能してきたが、本来は入浴という明確な目的のための場所である。明治時代に登場した公共の公園や動物園、運動場、および電車の駅やデパートなども、社交場のような空間として利用された。ただし今日では、駅はとりわけ待ち合わせ場所として利用されていて、のんびりとコミュニケーションを取る場所とは見なされていない。

喫茶店ならではの近代性は、時間と空間の利用という点で新たな可能性を含んでいた。もともと個人的なつながりのない者同士が自己紹介もせずに並んで椅子に座り、誰かわからないまま時間と空間を共有している状況は、まさに喫茶店を近代的な空間だと感じさせるものだった。歴史的に見ても、一九二〇年代当時、喫茶店に女性が一人で訪れるのはきわめてモダンなことだった。畳や床ではなく椅子に座る行為もはじめは西洋的と見なされていたが、まもなくモダンと受け止められるようになった。そしてコーヒーを注文する人は、紛うことなきモダンな人だった。

第2章 日本の喫茶店と歴史

今日の日本で使われている「モダン」という言葉には、近代化を目指して文化を構築していた時代を懐かしむ趣も含まれている。この場合のモダンは、歴史の中でも特定の時代に見られたファッション、商品、アイディア、行動のスタイルを指している。ミリアム・シルヴァーバーグは、「エロ・グロ・ナンセンス」（エロティック・グロテスク・ナンセンス）という退廃的な思想は、大正時代に見られた近代性の混乱状態の表れであると捉えている。さらにモダンは、特に芸術家や作家などの間では、雑多な文化的要素に加えて、ヴェラ・マッキーが「近代化の恍惚状態」と呼ぶ精神状態をも表していた。モダンな店とされていた喫茶店のマッチ箱や調度品などには芸術的価値が置かれ、日本的なアール・デコとされた。戦後のモダンには、一九五〇年代と一九六〇年代に見られたバウハウスのミニマリストの機能美も含まれるようになり、今日、レトロを売りにする喫茶店のデザインに影響を与えているようだ。だが、実のところバウハウスのミニマリズムは、日本建築の影響を受けていたと考えられているのである。

ところで日本では、「アーバニティ（都会風）」という言葉は「モダニズム（近代性）」と同じくらい定義するのが難しい。西洋的な用法から理解するか、あるいは別の意味合いから解釈するか、いずれにせよモダンと同様に移ろいやすい言葉である。西洋では、アーバニティは、洗練された人の行動から見て取れる都会的な特性として知られる。アーバニティとは、社交的な場での正しい振る舞い方、外見、マナー、所持品のほかに、独自のセンスが光る知的要素、世間慣れ、国際性、懐の深さを意味する。またアーバニティには、ボードレールやヴァルター・ベンヤミンの語る都市遊歩者《フラヌール》のような、通りをわが物顔で歩く遊び人に通じる要素も見て取れる。

世界と日本の都市空間

社交性のある公共空間がどこにでも当たり前のように存在するわけではない。一九世紀後半以前の日本の都市には、現代社会で重視されているような、ほかの人に知られずに過ごせる場所や、自分の主たる居場所での責任から解放される空間はほぼなかった。今日でさえ、ベネチアのサンマルコ広場や、ダカールの独立広場、ニューヨークのセントラルパーク、北京の天安門広場のような公共空間は、日本の多くの都市には見当たらない。近代的な都市には、鉄道の駅やショッピングモール、ホテルの広々としたロビー、さらには寺や神社の境内や御所といった場所はあるものの、日本の都市には、その土地の中心的存在と言えるような公共空間はほとんど存在しない。日本の都市景観は密集した状態で発展してきたという歴史もあって、膝を突き合わせた対面でのやり取りにちょうどよい、小さな空間へと向かう傾向があったのである。

世界中のどこを見ても、都市の形態はその都市が担ってきた役割とその後の発展のしかたと深いつながりがあり、のちの公共空間としての機能にもある程度まで影響を及ぼしている。都市のなかには、地域の定期市がそのままコミュニティとして拡大し、発展を遂げているものもある。旅路や巡礼路に沿って建てられた施設から発達した都市や、中世都市や封建都市のように領地を支配している統治者の権力を示す形で成立した都市、さらには運河や海上輸送にとって重要な港をつくりそれを保護するために形成された都市もある。メッカやインドのヴァラナシなどの神聖な都市は、宗教的な中心地や巡礼の道をととのえる過程で、周辺地域の人口を増加させながら建設された。公共の場に人びとが集まったり、公的領域に個人が住んだりするといったことは、計画的にも偶発的にも、あるいは強制的にも非強制的にも起こりえた。都市が形成されていくなかで、自然にできた結びつきや自発的・偶発的に人が集まる場所として、公共空間がどんなふうに利用されてきたかを知れば、現代の日本における公共空間の利用についてもよりいっそう理解を深められるだろう。

日本では、かつての都市の名残を、現在の都市に垣間見ることができる。もともと江戸という城下町として誕生した東京は、皇居を中心に置いた同心円状のつくりになっていて、サービスと生産の流れも内から外へと広がっている。一方で、かつて朝廷のあった京都は、京都御所や道路、市場などが（金剛界曼荼羅《まんだら》のように）格子状に設計されている（第7章一六七頁以降も参照）。また、港町である神戸はウォーターフロント（港湾）に重点を置き、大阪は商業流通の要でもある運河や河川を重視した設計となっている。かつて参詣者が歩いた巡礼路や、参勤交代で地方から江戸へと向かう旅路に沿って多くの休憩所や飲食店が建てられたが、そうした場所はしだいに重要な商業都市へと発展していった。

都市は、計画的な建設と偶然の産物の組み合わせでできている。つまり都市とは、人工的な場所であると同時に自然発生的な場所なのである。ほとんどの日本の公共空間は、都市と同様に、計画的に生み出されたものと言うより、人びとに利用されることによって発展してきた。例えば、何世代にもわたって踏みならされた小道が歩道となり、やがて車道となったように。国民国家に必要とされる施設を西洋の中心都市から学んだのは明治時代だが、それ以前の日本には、計画的に建設された広場のような空間はほとんどなかった。公共の公園、動物園、西洋スタイルの美術館、広場、並木道などは、ヨーロッパやアメリカに渡り見識を深めた使節団によって、一八七〇年代に初めて日本にもたらされたものである。

明治神宮の正面入口から伸びる表参道は、一九二〇年にシャンゼリゼ通りを参考につくられた大通りである。東京タワーも、同じく西洋の建築物を参考に建てられた。一九〇六年に開園し、かつては皇室の御料地であり、現在は国民公園として利用されている新宿御苑は、フランスの幾何学式庭園やロンドンのリージェントパークを想起させるつくりとなっている。徳川時代の寺院の敷地に開設された上野公園は、一九世紀後半に開通した鉄道の影響もあって、一九二〇年代には、国立美術館、動物園、その他の西洋スタイルの都市施設を備えた公園へと発展を遂げた。

公共の公園や、明治神宮のように広い参道のある神社は、一九世紀から二〇世紀前半につくられた。寺の境内や市場などは、個人的な目的で利用されてきた伝統的な日本の公共空間であり、そうした日常的に利用される私的な場所は、しだいにそこかしこに見られるようになっていった。晴れた日の路地には縁台や丸椅子などが置かれ、近所の社交場として利用された。こうした最も自由で定着しやすい公共空間とは、たいてい小規模で自然につくり出されるものである。

本来あるべき姿を失った空間（参拝者がほとんどいない寺の境内など）があると、近隣住民が狭い自宅以外で一時的に過ごせる場所として利用する傾向にある。日本の一般的な都市の住居は手狭で、ますます私的な領域となっており、社交的な交流を持つには、晴れた日の商店街や公園、またはほこりっぽい寺の境内など、家庭の外に出かけなければならない。こうした場では、なかば自然発生的な集まりがあり、その場だけに限定された似た境遇の仲間との付き合いがある。一方で、より意図的な集まりには、会うのを目的として、次なる公共空間である喫茶店が選ばれるようになる。

サスキア・サッセンのグローバル都市に関する議論では、ニューヨーク、ロンドン、そして東京を、結合と変容のモデル都市として位置づけている。サッセンの見解によると、グローバル都市には次の四つの特性が見て取れる。(1)世界経済において重大な役割を果たしている、(2)金融サービスの分野で重要な位置を占めている、(3)イノベーションを生み出している、(4)そのイノベーションを受け入れる市場を持っている。グローバル都市には、こうした機能が共通して備わっているが、東京に関しては、ほかとはかなり異なる解釈を付け加えられるように思う。例えば、昔ながらの商店街を世界水準の商業施設へと変えたり、二階建ての店舗兼住宅を高級高層マンションへと変えたりするような経済変化に見舞われても、東京の旧市街地は、驚くべき忍耐力を見せた。こうした地域は、現代の物資的豊かさから放たれる魅力に抗うことで、あたかも地域的な衰退の危機に抵抗しているかのようだった。人口の流出は、地域を脅かすほどのものではなく、むしろ深刻なのは高齢化と出産率の低下である。しかし最も変化の激しい状況でも、高級住宅街へと姿を変えることはなく、活気ある地域として生き延びたのである。

日本の都市が他のモデル都市と異なる要因としては、日常の消費行動も挙げられる。日本には、かねてより徒歩や自転車で自宅近くの商店まで行って買い物をする習慣があり、ほとんどの主婦にとって、地元の商店街で買い物をすることはごく日常的なことだった。商店街は、近所の噂話や情報の中心でもあり、日々の買い物の習慣と顔なじみとの関係性で維持されていた。そして商店街という店舗の集合体のなかには、喫茶店もあった。地域と密接に結びついた消費の場である商店街も、その中にある喫茶店も、自宅周辺の地域に自然に生まれてきた場所なのである。

喫茶店は、衰えることを知らない。一九八〇年代後半のバブル経済が一九九〇年代に破綻した後も、喫茶店は安価な楽しみを得られる場所のままだった。そのほかの娯楽は控えたとしても、コーヒーを飲みに出かけるという楽しみは続けられた。多くの人にとって、喫茶店に行くことは節約よりも優先されたのである。先に記した喫茶店の店舗数の減少は、人びとの喫茶店に対する興味が薄れたことを示しているわけではない。今日では、理想の喫茶店を追求する新たな若い世代によって、これまでにはなかったタイプのオーガニックカフェやエスニックカフェ、ギャラリーカフェなどがあちこちにオープンし、ウェブサイトを開設して顧客層を拡大している。ブックカフェやベーカリーカフェ、猫カフェやドッグカフェといった新しいスタイルの店や、お気に入りのアニメのキャラクターに扮した店員を目当てにオタクの観光客が訪れるメイドカフェもある。さらには、コーヒーを片手に、滑らかでミネラル豊富なお湯に足を浸してゆっくり過ごせる足湯カフェや、終戦から間もない時代を想起させる雰囲気や音楽、飾りつけを取り入れた、若者に人気のレトロカフェもある。喫茶店から失われる要素など何もない。なぜなら喫茶店における新しい要素は、入れ替わるのではなく新たな可能性として付け加えられるからだ。喫茶店は、日本社会の現状を映し出す鏡という社会的な役割も担いつつ、社会の移り変わりとともに変化しつづける場所なのである。

第3章

モダンを追い求める「情熱工場」

二〇世紀に入った頃の日本では、喫茶店にいるだけでモダンな行動と見なされた。エリス・ティプトンによれば、喫茶店とはモダンを象徴する場所であったばかりか、まさにそれを生み出す現場そのものでもあった。喫茶店に行きさえすれば、モダンな人たちと同じ空間で過ごしたり、彼らを間近で眺めたりできた。出入りする客たちは皆、日頃背負っている肩の荷を下ろし、ありのままの自分をさらけ出して自由に過ごせる喫茶店を、新しい物事に触れることのできる遊びの空間として気軽に楽しんだ。

喫茶店は、目新しいことをするのにぴったりのステージで、頻繁に変わる雰囲気や印象は、客の体験に広がりをもたらした。喫茶店で義務や責任から解放されて素の自分になれることは、家庭や職場で期待される自分と、もっと柔軟な考え方で捉えたアイデンティティとの間の隔たりを埋めてくれた。特に、日本文化の中で正しいとされる行動様式に縛られてきた中間層の女性たちは、別の自分でいられる喫茶店にひときわ高い価値を置いたようである。

この頃までには、女性もすでにいくつかの公共領域に足を踏み入れていたこともあって、女性にも喫茶店にある自由を享受できる環境が整っていた。そして、給仕人としてではなく客として女性がいる喫茶店は、その店がモダンな場所かどうかを判断する材料の一つになっていた。一八九三年に東京の麻布に開業した「風月堂喫茶室」には、「よき家庭」で暮らす中間層の女性たちの姿が見られた。「風月堂喫茶室」の主な顧客は女性たちで、彼女たちは店で出されるケーキやアイスクリーム、コーヒーなどを楽しみ、すっかり甘い物好きになっていた。二〇世紀はじめに銀座に開店した「資生堂パーラー」は、エリート層の育ちのよい女性客で賑わい、東京の日本橋三越本店などのデパートに設けられた食堂では、フルーツパフェなどを提供して買い物に来た女性客によく利用された。

京都にある「喫茶ソワレ」

一八九七年に（日本で最初の）「ミルクホール」が誕生した頃には、女性も男性と同じように西洋由来の飲食物を味わうようになっていた。ミルクホールは、もともとは牛乳の販売と配達を行う牛乳販売所としてつくられたものだが、明治時代後半になってコーヒーの提供も始めた。一九一二年頃までは、貧乏学生や若者の溜まり場のようになっていて、女給による扇情的なサービスが行われた銀座の「カフェー」とはまったく異なる場所だった。ミルクホールと、ミルクホールから喫茶店へと営業形態を変えた店のいくつかは、「ミルクコーヒー」という近代的な飲み物を楽しめるモダンな店として、主に若い男性から高い人気を得ていた。

大正時代になると、コーヒーを提供する店は多様化しはじめ、前身となる店の系統に沿って変化していった。ミルクホールや、ロンドンスタイルを取り入れた鄭永慶の「可否茶館《かひさかん》」は、今日あらゆる所で目にするような一般的な喫茶店につながっている。一方、茶屋女を置いて客を呼び込んでいた前近代的な茶屋は、魅惑的でモダンな女給を売りに、騒々しい世界をコーヒーとともに提供したカフェーやキャバレーへと姿を変えていった。

電灯やネオンサインを用いた近代的な装飾は、あらゆる種類のカフェーや喫茶店に取り入れられた。近代的な喫茶店にはテーブルと椅子が置かれていて、畳の上に正座するのではなく、靴を履いたまま椅子に座って過ごす西洋スタイルの店であることが一目でわかった。それまで、靴を脱がずにくつろぐ習慣などなかった多くの日本人にとって、テーブルと椅子のある喫茶店は、新しいタイプの居心地のよい空間となった。最近では、古民家カフェのように、畳の上にちゃぶ台を置いて懐かしさを演出する店もあるが、そういう店が思いを馳せる時代の喫茶店には、実はテーブルと椅子が置かれていたのである。一九〇一年頃までは、東京に約一四五店舗あった西洋スタイルの喫茶店や飲食店は、六〇〇〇店舗以上あった（コーヒーの提供のない）昔ながらの飲食店と競合していた。しかし、一九二三年頃には、特に流行の最先端であった銀座では、ほとんどの店が西洋スタイルの店に姿を変えた。また、一八九九年に日本初のビアホールが銀座に開業すると、その界隈では一種の流行をめぐる白熱した競争が始まったが、喫茶店はすぐに最も人気の高い場所となり、街をぶらつく遊歩者《フラヌール》や芸術家、作家たちに重宝された。

当時の新しいトレンドのすべてが、社交的な生活や賑やかな歓楽街と結びついていたわけではない。なかには、〝一人きりで過ごす〟という新たな体験も含まれていた。この近代的孤独の体験は、キャバレータイプ以外の喫茶店で楽しむことができ、コーヒーは、この新しい孤独に味わいを添える飲み物だった。実のところ、喫茶店の持つ近代性とは、まさしく人前で他人に干渉されずに過ごせるという体験にあった。つまり、すべての「第三の居場所」が、居心地のよい交流の場やコミュニケーションを目的とした場所である必要はなかったのである。

コーヒーと同じく、はじめは西洋のスタイルを売りにしていた喫茶店も、しだいに日本独自の様相を帯びていった。近代的な喫茶店の創始者である鄭永慶は、外遊した欧米諸国のコーヒーハウスを自身の店に思い描いたもののの、日本のコーヒーや喫茶店に最も影響を及ぼしたのはまったく別の国のものだった。日本で初めて成功を収めたのは、ブラジルの雰囲気と味わいを取り入れた喫茶店である。一九一一年に開業したこのブラジルスタイルの喫茶店が、一九一三年までには日本各地と上海にも店を構えるようになり、世界初のグローバルなコーヒーチェーン店になっていたことはあまり知られていない。シアトル系のコーヒー店が台頭しはじめたのは、ブラジル系の店の成功から約八〇年後のことである。シアトル系が到来した当初は、日本の喫茶店を凌ぐと考えられていた。しかし結果的には、日本の喫茶店人気を凌駕するには至らなかった（シアトル系コーヒー店とは、シアトルを中心としたアメリカ西海岸から発展したスペシャルティコーヒーを提供する店である。シアトル系を代表する「スターバックス」は、一九九六年、北米地区以外で初となる店舗を東京・銀座にオープンした。おしゃれな内装とオープンテラスの併設、イタリア式のエスプレッソをベースにしたメニュー、店内全面禁煙といった新しいカフェのスタイルは、特に女性から人気を集めた。コーヒーのセカンドウェーブは、シアトル系の台頭をきっかけに始まったとされる）。

ブラジルに選ばれた日本

かつてブラジルに渡った日本人労働者たちは、のちにブラジル優勢のコーヒー産業を日本に確立する上で重要な役目を果たしただけでなく、ブラジルのコーヒー生産者と日本のコーヒー販売業者が関係を築く際の橋渡し役も務めた。ブラジルにおけるコーヒー生産に貢献して、日本で最初の「コーヒーの権威」となったのは水野龍《りょう》である。彼は、日本からサンパウロ周辺地域にあるコーヒー農園で働く移住労働者のための移民事業を立ち上げ、ブラジルコーヒーの発展と普及に尽力した人物である。一九一一年に東京で日本初のブラジルスタイルの喫茶店「カフェーパウリスタ」を開業し、一九一三年までに関東と関西に二〇店舗以上の支店を展開した。水野の「パウリスタ」と「カフェーブラジレイロ」というチェーン店は、ブラジルから輸入したコーヒーのショールームの役割も担っていた。「ブラジレイロ」は一九三〇年に大阪でオープンし、サンパウロ政府から提供されたブラジルコーヒーを宣伝普及させるため、東京、神戸、京都で店を構えた。

銀座の「パウリスタ」一号店は三階建て白亜の洋館で、きらびやかなシャンデリアやブラジル国旗、豪華な調度品で装飾され、コーヒーを運ぶボーイは、肩章と金の縁飾りの施されたブラジル海軍服に似せた制服を着ていた。壁は鏡張り、床は板張りで、下駄を履いている場合は脱がなければならず、洋靴の場合は履いたままでよかった。

「パウリスタ」は、またたく間に人びとの心をわしづかみにした。午前九時から午後一一時までという営業時間の長さも、魅力の一つになっていた。午前は仕事で利用する人、正午は休憩を取る人、そして午後と夕方は気晴らしに来る人といった具合に、時間帯ごとの常連客を獲得した。植草甚一によると、初めてコーヒーが日本に輸入された頃は、まだ一部の富裕層しか口にできないような飲み物だったが、二〇世紀初頭にブラジルから無償でコーヒー豆が提供されるようになると、コーヒーは社会的序列からの解放をもたらし、多くの人びとに親しまれる嗜好品となった。「パウリスタ」以前の喫茶店では、客は砂糖に追加料金を請求されたが、水野が無料で提供しはじめると、他の喫茶店もそれに倣った。「パウリスタ」のコーヒーは濃い深煎りで、水野は、自宅でも手軽にコーヒーを飲めるよう、インスタントコーヒーの原型とも言える瓶詰めの「コーヒーシロップ」を開発して販売した。ほかにも、軽食やブラジル風ドーナツの「マラサダ」（ポルトガル発祥の揚げパンのような菓子）も提供され、長時間滞在する客もいた。それでも、全体として回転率は高かったようである。また、割引券の発行や配達サービスも行われていた。

自動ピアノも設置していた「パウリスタ」は、近代的なものの展示室のようでもあった。店内の一角を借りて、結婚披露宴、出版パーティー、あるいは詩の朗読会を催す人もいた。作家の森鷗外は、「パウリスタ」銀座店の常連客だった。北原白秋や吉井勇など、パンの会（ギリシャ神話の牧神Panに由来。一九〇八年に発足した明治時代末期の文学者や美術家ら芸術家グループの懇談会）のメンバーであるスバル派の有名な詩人らも、「パウリスタ」に足繁く通っていた。伝票の裏面には、近代的なこの店を叙情的に表現した次のような短歌が印刷され、訪れる客が記念品として収集していたようである。

第3章　モダンを追い求める「情熱工場」

やはらかな誰が喫《の》みさしし珈琲ぞ紫の吐息ゆるくのぼれる　北原白秋
珈琲の香にむせびたる夕《ゆうべ》より夢みる人となりにけらしも　吉井勇

新奇性と娯楽性に富んでいた「パウリスタ」は、驚くべき集客力を誇った。銀座店の来店客数は、毎月七万人、一日あたり約二三〇〇人であった。大阪店には五万二〇〇〇人、神戸店には二万八〇〇〇人もの客が毎月来店し、世界初のコーヒーチェーン店として大きな成功を収めていた。

日本にブラジルコーヒーを普及させる過程では、水野の奮闘をはじめ、ブラジルの政府機関からの強い後押しもあり、さまざまな宣伝活動が積極的に行われた。例えば、「ブラジレイロ」のオーナーが経営していたニッポン・ブラジリアン・トレーディング・コンパニーは、一九三〇年に日本初のコーヒー業界誌『ブラジレイロ』を発行し、普及活動に力を注いだ。

「パウリスタ」と同時期にオープンした喫茶店は、新しくて多彩な文化を目の当たりにできる場所だった。画家の松山省三は、一九一一年に「カフェープランタン」を銀座に開業した。「プランタン」は、日本で最初に「カフェー」と名乗った喫茶店である。パリのカフェレストラン「ル・プロコープ」をモデルに、日本初のフランススタイルを取り入れたこの店では、コーヒーだけでなく食事も提供し、ワインも取り揃えていた。松山自身の絵などを壁に飾った店内は、後年のギャラリーカフェの先駆けであったようにも思われる。東京の日本橋に開店した「メイゾン鴻乃巣」は、異国情緒漂う魅力的な店だった。大阪で最初に「カフェー」の名称で登場した喫茶店は、一九一〇年頃に旧川口居留地で開業した「カフェーキサラギ」というヨーロッパスタイルの店である。銀座のカフェーのなかには、通りを歩く人たちに近代的な店の雰囲気や洗練された常連客を見せつけるために、わざと扉を開けたままにしている店もあった。また、一九三二年までには、パティオを備えたヨーロッパスタイルの店も登場していた。

「カフェーライオン」は、「プランタン」のすぐ後に開業し、「プランタン」と銀座の客を取り合った。「ライオン」には大きな機械式のライオン像が設置されており、一定量以上のビールが注文されると吠える仕掛けになっていた。一九二四年には「カフェータイガー」も銀座に開店し、当初はアルコールの提供は二の次で、美しい女給からサービスを受けられる店として知られていた。女給という接客のプロの誕生は、カフェーの利用目的やあり方を著しく変えた。つまり「ライオン」や「タイガー」のような店の登場は、女給を売りに客を呼び込むといった新たな側面をカフェーに加えたのである。作家の永井荷風は、女給を目当てに足繁く「タイガー」に通っていた客の一人で、馴染みの女給の一人から脅迫されて警察沙汰になったこともある。カフェーでの〝恍惚とした〟状況下では、しばしば性的な欲求や幻想が心の交流や知性を上まわった。永井は、『つゆのあとさき』の中で、カフェーの女給と客たちの不安定で道徳的に危うい関係性について描いている。ある評論家によると、永井自身はエリート社会に見られる尊大で偽善的な堅苦しさよりも、カフェーという社会の裏側のような空間で感じられる自由な雰囲気を好んでいたようである。その空間が後ろ暗い盛り場であったとしても、永井にとっては「現実の生活」、特に男性客をもてなして生計を立てている女性の実生活を垣間見られる場所にほかならなかった。

大正時代の女給とカフェー

大正時代は、期間こそ短かったものの、文化的な大躍進を遂げた時代である。この時代に起こったさまざまな変化は、「大正デモクラシー」と呼ばれている。当時の政治的民主化はしばしば新たな変化を受け入れた証とされ、明治期に導入された西洋文化は、日本化を加速して社会および政治改革の新たな機会をつくり出した。大正時代は、新しい芸術やデザイン、さらには私的にも公的にも、人びとが独自の生活スタイルの確立に熱心に取り組んだ時代であった。

当時、喫茶店でモダンを体現していたのは、モガや女給などの女性たちだった。ただし女給は、モダンを売りにするために雇われた存在だったため、モガほど自由には自らのスタイルを選んだり自分自身を表現したりはできなかった。日本のジャズエイジ世代のモダンガールとモダンボーイを指す「モガ」と「モボ」は、新聞記者によって生み出された言葉で、一般の人たちは彼らに魅力を感じたり逆に嫌悪感を抱いたりもした。西洋の流行りを取り入れて、短い丈のスカートを履いて映画館や喫茶店に通うモダンガールは、保守的な人たちの目には、自己陶酔して馬鹿げた言動をとり、社会規範を無責任に否定する代表者のように映った。髪を短く切り揃えたボブカットは、モダンガールを象徴する髪型となり、「毛断嬢《モダンガール》」と表記されることもあった。またモガは、それまで無作法とされていた口を大きく開けて歯を見せながら笑うことでも、新しい女性と見なされた。当時のモガの振る舞いは、モダンであると同時に衝撃的なものでもあった。

　モガは、エリート層や高学歴の中間層の女性、女店員や女工など、あらゆる女性からおしゃれの手本とされた。モガのなかには、フェミニストの理想を具現化したい人、都市生活の自由を謳歌して新しいスタイルを誇示したい人、噂話や家族の心配の種になるような若い男性との関係を楽しみたい人など、さまざまな人たちがいた。銀座五丁目の「プリンス」や銀座二丁目の「都茶房」に通ったり、あるいは銀座七丁目の「モナミ」で人気のケーキを食べたりして、彼女たちは意識的に人前に姿を見せては非難の的になり、保守的な人たちからは下品と言われ、マルクス主義者たちからは快楽主義で退廃的なブルジョア階級と揶揄された。彼女たちの男性版であるモボに比べて、モガはよりモダン批判の矢面に立たされたのである。

　社会形態だけでなく外見や言動の変化は、女性の間で最も衝撃的に目に見える形で起こった。喫茶店という公共の場にいるだけでモダンと見なされた彼女たちは、自ら夢中になって近代性を取り入れた。また、専ら男性客を惹きつける存在であったモダンなカフェーの女給には、公共の場での社交的な振る舞い方だけでなく、男性の慣習的言動にさえ変化をもたらすほどの影響力があった。

　女給たちは挑発的なサービスで妖艶に男性客を魅了し、客自身が主導権を握っているという幻想を一時的に抱かせた。そうして接客のプロとして遊びの恋を演出することで、できるだけ多くの客から高額なチップを手に入れようとした。しかし客が本当に恋に落ちた場合や、さらに悪いことに女給自身が客に恋してしまった場合には、彼女たちはもはや客をコントロールできるプロではなくなり、困難な状況に陥る可能性が高かった。女給はたいてい源氏名（仮の呼び名）を使っていて、本名と使い分けることで、カフェーで演じるキャラクターと私生活とを分けていたようである。彼女たちの存在は時には不適切な恋愛関係を連想させたため、人前に姿を見せると不快げな視線を向けられることもあった。遊び人に雇われて同伴する「ステッキガール」や「アームキャンディー」と呼ばれる女性たちと同じように、女給は、需要の高い取り換えのきく存在として扱われていたのである。

小説家や芸術家の卵にとっては、女給は想像をかき立てる存在でもあった。給仕はたいてい男性であるヨーロッパのカフェと違い、日本のカフェーの給仕はほとんどが女性で、「女給のいないカフェーなど想像もつかない」と言う人もいたほどである。カフェーを訪れた作家は、壁際の長椅子に座って遠く離れた席にいる女性客を眺めたり、女給と戯れ合ったりして過ごした。単純にお気に入りの女給のイメージを心に思い描いたり、空想にふけったりするのを好む者がいた一方で、より肉体的な触れ合いを欲する者もいた。いずれにせよ、女給との夢のような恋（見込みの薄さは恋愛感情を高めた）であれ、モダンガールである女性客との軽薄な出会いであれ、若い男性客の多くは恋物語を求めてカフェーに引き寄せられた。現実は、若い夢想家の客たちに女給の求めるような安定と経済力があるわけもなく、女給にとって貧しい芸術家との恋愛や肉体関係は、非現実的で危険を伴う行為でしかなかった。客と心を通わせていると思い込み、関係を信じきるような判断力に欠けた女給は、たいてい客と生活手段の両方を失うはめになった。

女給たちは、娯楽を提供する世界で自活せざるをえなくなって初めて、自分の力だけで生活する厳しさを知った。雇い主からは高価な着物を着るよう強いられるものの、低賃金のために客からのチップを当てにするしかなかった。男性客たちの間ではチップに関して、「普通は一円渡せばよく、五〇銭でも勘弁してもらえる。二円渡せば歓迎され、三円渡せば顔を覚えられる」という認識がまかり通っていた。しばしば雇い主は、花柳界における芸者の「旦那」のように、社会的に認められている裕福な（既婚の）パトロンを女給に持たせようとした。しかし、女給と客との関係が店の利益にならない個人的な恋愛関係だと見なすと、後押しは一切しなかった。女給にとっては、経済的な困窮ばかりか世間体を失うことも、場合によっては避けられないことだった。

　仕事上の出会いを（安定した結婚などの）人生の夢につなげたいという思いを持つ女給たちもいた。しかし同時に、仕事を通した幻想的な恋物語と現実の恋愛関係は別物であることも、彼女たちはわかっていた。客の遊び心に訴えかける営業行為は、道端の茶屋の時代から行われていたが、花柳界と日常生活とを区切ることのできた娼妓や芸者と違い、女給には後ろ盾がなかった。近代化と急激な社会変化は、社会的・経済的な垣根を超えた流動性をつくり出したが、性的な関係性に関してだけは、依然として地位の転落や情緒的な緊張状態を孕んだままだったのである。永井荷風は元芸者の言葉を借りて、次のように表現している。「女給というのは、少なくとも表面的にはまともな人間だ。彼女たちは何が起ころうとも、うまく切り抜けられそうな女性に見える」。永井の表現は、必ずしも女給についての現実を述べていたわけではない。悪い噂に左右される女給の立場は弱く、永井の言葉には、女給という新しい女性の不安定な立ち位置がそのまま表れているようでもある。

　一九二〇年代と一九三〇年代に著された日本の小説には、しばしば女給をモデルにした人物が登場する。谷崎潤一郎の小説『痴人の愛』は、慣習に囚われず、伝統的な階級文化や行動パターンを失ったカフェーの世界が舞台だ。そして、この作品の中で自由奔放に振る舞って生きる女給ナオミは、カフェーの女給を「まさに文学的に喚起」したような人物だった。

　女給のロマンスは、大衆の心を大いに摑んだ。広津和郎の、いかにも悲しげな哀調を帯びたプロレタリア小説『女給』は、一九三〇年に『婦人公論』で連載され、映画化もされた。その主題歌である「女給の唄」は、一九三一年の大ヒットソングとなった。武田麟太郎の著書『銀座八丁』も女給の登場する作品として有名で、小説家と暮らす女給が描かれている。小説の舞台となったカフェーのなかには、読者の間で話題になったことで有名になった店もある。カフェーという場所を借景のように設定に取り入れた小説は、独特な雰囲気や印象を持つ作品になっていたようである。

一九二〇年代前半に、小説家や詩人の作品の影響もあって女給に憧れを抱く人が増えてくると、彼女たちに対する大衆のイメージは変化を見せはじめ、勤め先のカフェーよりも名が知れるほど有名になる女給も出てきた。女給は、自立した女性として、女性の職業や美徳に対する伝統的な価値観や定義から抜け出した存在と見なされるようになった。エリス・ティプトンによると、彼女たちはモダンガールの一つのモデルになっていた。つまり女給も、ファッションや言動において、若い女性たちから見本とされる存在になっていたのである。とはいえ、昔ながらの婚姻関係や女性の役割に縛られない自由な恋愛というモダンガールの理想は、モガにも女給にもめったに実現はできなかった。

芸術家や作家にとって、カフェーにいる女性とは何とも表現しづらい感情を抱く相手でもあった。彼女たちのなかには、谷崎の作品に登場する危険をかえりみない女給ナオミのように、世間体と日陰の暮らしの狭間《はざま》にはまりこみ、社会的立場の安定しない女性もいた。一九二九年に、谷崎はカフェーについて次のように書き残している。「私は、カフェーに奇妙な嫌悪感を抱いている。なぜならカフェーとは飲食する場所であるはずなのに、実際には飲食は二の次で女性と過ごすための場所であり、それなのに女性は常にそばにいて言われるがままになるというわけではない。そんな彼女たちの怪しげで曖昧な立ち居振る舞いは、私には不愉快に感じられる……私の知るカフェーとはそういった場所である。カフェーは、女性と楽しく過ごすというより、彼女たちを追いかける場所なのである」。

谷崎の感じていた曖昧さを増幅させた要因は、女給が、中間層に属する女性たち、あるいは兄弟の就学やほかの中間層の仕事を支援するような女性たちだったことにある。彼女たちはたいてい教養があり、時には自ら筆を執り、モダンな女性のなかでもとりわけ大胆で進歩的だった。彼女たちが求めていたのは、家族や婚姻関係とは別に、男女の協力関係を築けるような新しい世界だったのかもしれない。それでも女給は、客とは、シルヴァーバーグが「お高くとまれるぎりぎりの距離」と呼ぶ距離を保ちつづけ、現実世界では、将来のより良い利害関係は、ロマンスよりもプロ意識によって得られることを知っていた。「外聞の悪い女性」と「結婚相手になりうる女性」との境目に漠然と位置づけられた女給たちは、近代化の抱える矛盾や陰影を体現する存在であったと言えよう。

つまるところ、女給のほとんどはれっきとした都会の女性であり、流行りの服を着こなすスーパーモデルとして、あるいは手が届くかどうかはともかく欲望の対象として、最先端のファッションと言動を象徴する女性たちである。女給を新しい都市文化の労働者階級と位置づける人たちもいたけれど、彼女たちの社会的な立場は不安定なものだった。ある評論家は、女給のいる場所は、情熱が継続的に生産される「情熱工場」であると述べている。女給とは、疎外された労働そのものだったのである。

ファッションという点から言えば、彼女たちの果たした役割は、社会的な立場よりもはるかに大きかった。それまでは、ファッションについては芸者が大きな影響力を持っていて、芸者の着物の着こなしやヘアスタイルが、おしゃれな女性たちから手本として参考にされた。しかし、しだいに近代的なデザインの着物やファッションに身を包む女給が流行の新たな担い手となり、芸者は伝統文化の象徴となっていった。

文化を保存する方法は、新しい娯楽形態が日本にもたらされた明治時代にはすでに確立していた。例えば歌舞伎などの日本の伝統芸能は様式化され、日本文化の保存のために柔軟性を失っていった。食べ物に関しても、同じような例が挙げられる。「日本料理」という概念は一九世紀後半まではなかったもので、外国の料理や調理法などが入り込んできて初めて、伝統的料理に分類されたのである。同様に芸者も、大正時代になって伝統的な存在と見なされるようになり、一方で新たな流行の担い手となった女給は、最新のアール・デコスタイルや胸元を下げた、より大胆なデコルタージュの洋服を着こなした。

女性の髪型も、しだいに西洋風に変化していった。ポンパドールやシニョンヘアなど髪を後ろになでつける結び方は、髪を短く切らずに西洋の流行りに合わせられる髪型として受け入れやすかった。ヘアアイロンを使ったモダンなスタイルもつくり出され、女性の髪型は大正時代にそれまでとは完全に異なるものに変化した。ボーイッシュなボブヘアは、女給の髪型によく見られた。彼女たちはウェーブやカールのかかった髪型をしていることもあり、そういう髪型でモダンな着物を着ている姿は、兜《かぶと》のような髪型で着物を着ている芸者とはかなり異なる印象を与えた。

一九二〇年代後半になると、カフェーなどの特殊な飲食店の取り締まりが強化され、いくつかのカフェーが閉鎖に追い込まれたが、大阪では、カフェーの黄金時代を迎えていた。この時代の女給には、自分たちの置かれている状況を真剣に把握しようとする姿勢が見られた。一九三〇年代までには、大阪だけでもカフェーは約八〇〇店舗あり、約一万人の女給が働いていた。そして、一九三三年には三万七〇〇〇人であった日本全国の女給の数は、一九三六年までに一一万一七〇〇人にまで膨れ上がった。ティプトンは、大阪で女給の組合、大阪女給同盟が結成されたことに言及している。大阪女給同盟は、主にカフェーの所有者に洗濯代の支給を求める運動を行っていて、一九二二年のメーデーには、労働組合のデモに加わってストライキを試みたりしたが、あまり長続きしなかったようである。いずれにしても、ティプトンによれば、女給は新しい女性の仕事の代表者として、労働者のための新たな要求手段を上手に活用していた。

多様化を続ける関東大震災後の都市の喫茶店

一九二三年九月一日に発生した関東大震災は、銀座や東京の下町にあった盛り場のほとんどを破壊した。そのため、商業やビジネスの中心は関西に移った。喫茶店の歴史の上で、関東大震災は大きな転換点となったのである。一部の娯楽施設の経営者は東京からビジネスの場を大阪へと移動させ、斬新さに沸きかえるモダンな場所となった大阪の歓楽街で、人びとは音楽、ダンス、大掛かりなショーに熱中した。キャバレースタイルのカフェーは東京よりも大阪で多く見られるようになり、東京のカフェーは全体的におとなしい場所になっていった。東京では、女給スキャンダルでひどい目に遭った永井荷風が、コーヒーだけを売りにし、作家や知識人が真面目に気分転換をはかれるような店を推奨していた。永井は、カフェーが女給から性的なサービスを受けるためのふしだらな場所になってしまったと述べ、「低俗で、淫らで、醜い」と激しく非難した。そして、一九二〇年代の終わり頃には、彼は銀座は田舎臭く洗練さを失ったと感じるようになり、一九三〇年代になると、コーヒーを求めて真面目な人びとだけがやって来る純粋な喫茶店、つまり「純喫茶」を好むようになった。

永井荷風の好んだ純喫茶とは、信頼や社交を中心としていて、知的交流に適し、実直な人びとを魅了する場所だった。純喫茶にはアルコールの提供も音楽の生演奏もなく、給仕はすべて男性によって行われた。このような空間は、女性の作家や芸術家にとっても魅力的で、自由な生き方を目指す新たな人たちが顧客となった。純喫茶のような店は、社交クラブのようになっていた銀座のカフェーとは違うタイプの交流を図れる社交場になり、仲間同士で集まる傾向が強く、たまたま居合わせた客が議論に加われることはほとんどなかった。こういうタイプの喫茶店は、文芸サークルに属する人たちによく知られていて、一九二〇年代の半ばから終わりにかけては、パリやウィーンから戻ってきた多くの画家や作家に、ヨーロッパで過ごしたカフェを思い起こさせる場所として利用された。一方でキャバレースタイルのカフェーは、相変わらず女給を売りにしていて、彼女たちは悲劇的な恋物語の題材を提供しつづけていた。

一九二〇年代は、女給を売りにしたカフェーやキャバレーと、コーヒーを売りにした喫茶店との分化の進んだ時代である。現代の、芸術家や作家のための芸術性の高いカフェや、サラリーマンのための静かな喫茶店などは、この時代の喫茶店のスタイルとの結びつきが強い。一般的となった喫茶店のタイプには、「隠れ家」や「穴場」と呼ばれ、ほかの人にあまり知られていない居心地のよい店も含まれた。「穴場」タイプの店では、コーヒーはたいていポットで保温されていて、時には客から焦げつきを指摘されることもあったようだ。ただし、そういった店の客が価値を置いていたのは、コーヒーの味よりもその店の常連客でいることだった。営業時間の長い喫茶店は、行き当たりばったりの客にも、コーヒーカップとともに一息つける空間やくつろげるひとときを提供した。私のインタビューに答えてくれたある年配者は、喫茶店は、たまたま店に来た客にとっては、誰が来たとか誰がいたとか気にすることなく利用できる、公共施設のような場所だったと語っていた。

一九二五年、（大震災後の）東京で高架化された山手線の環状運転が開始されると、高架下には、食事と休憩をとるための屋台が立ち並んだ。ほとんどは仮設の屋台だったが、利用客の増加に伴って、暑さや寒さを防ぐための壁やドアを設ける店も出てきた。有楽町駅の近くにあった屋台街には、第二次世界大戦後まで約一〇軒の屋台が一列に並んでいたそうである。また、プリンやカステラなどをコーヒーと一緒に提供する「ブラウンカフェ」（木製の内装と調度品を特徴とするノスタルジックな印象の店）なる店も登場した。

一九三〇年代を過ぎた頃には、喫茶店はさらに多様化しつづけていた。店のタイプによってそれぞれ異なる役割を担ってはいたものの、客層は必ずしも異なっていたわけではない。フランススタイルの菓子とコーヒーを提供する店の利用客は、その店を出て友人と銀座をぶらぶらしてから、ふらっとキャバレーに足を運んだかもしれない。そして深夜には、真面目な話をするためにキャバレーから純喫茶に移動することもあっただろう。まったくタイプの異なる店を、同じ客が利用している可能性は大いにあったと思われる。

第二次世界大戦後には、喫茶店のオーナーたちは、さらに多くの客、特に暗くてみすぼらしい雰囲気を好まない女性客を惹きつけようと、居心地をよくする工夫を凝らすようになった。そのため、喫茶店は全体として戦前よりも明るくなった。今日では、女性は喫茶店の重要な顧客基盤である。したがって、店側は女性客を満足させる努力を怠らないようにしている。また、客は喫茶店に対して、誰もが匿名で、より気楽に過ごせる場所であってほしいと望むようになった。なぜなら、喫茶店は誰でも利用できる場所であるはずなのに、仲間同士が集まる店や皆が知り合い同士のような店では、必ずしも見知らぬ人が歓迎されているようには思えないからだ。

国境を越えた美的価値の探求

二〇世紀の芸術家や作家たちにとっては、喫茶店は作品のアイディアを転換させたり、それを形にしたりするための美的感覚を養える空間でもあった。そこでは自分とは異なる文化や背景を持つ人たちと触れ合うことができ、まさに国境を越えた創作活動が行われる現場となっていた。

「カフェープランタン」や「メイゾン鴻乃巣」など、フランスの文化を取り入れた喫茶店の高い人気は、フランスこそ文化的に優れていると考える国民感情の表れでもあった。フランス文化に対する憧れは小説、芸術作品、さらには音楽にまで反映され、一九〇九年に発売禁止となった永井荷風の『ふらんす物語』のように、公の発禁処分を受ける対象にもなった。しかし喫茶店は、政府の自国文化至上主義への静かな抵抗の場でもあったため、相変わらずフランスをはじめとする海外文化の影響を受けつづけていた。

喫茶店は、西洋的な空間として登場した後、日本ならではの特異性を持つようになったとはいえ、しだいに日本とも西洋とも異なる柔軟性の高い空間となっていった。そのような空間であったからこそ、伝統的な表現法とは異なるアイディアや芸術スタイルを披瀝する場になれたとも言えるだろう。また喫茶店は、同じような芸術的試みに携わるネットワークへの入口の機能も果たしていた。海外に渡った日本人アーティストは、日本にいた時と同じように、カフェで他の芸術家たちと交流を図ったり彼らを観察したりした。ベルリンを舞台にした小説『舞姫』の著者である森鷗外は、一八八四年から一八八八年までドイツに留学した経験があった。彼の実体験をもとにしたと思われるこの作品は、おそらく行きつけとなっていたベルリンのカフェで、周りにいる名前も知らない利用客を眺めながら執筆されたに違いない。

海外在住の日本人アーティストにとって、カフェは慣れ親しんだ場所であり、新しい環境でうまくやっていく自信を与えてくれる場所にもなっていた。カフェは、東京から上海、ウィーン、ベルリン、そしてパリといった芸術家たちの向かう先々に存在する見覚えのある場所だったのだ。喫茶店や電車、博物館をよく利用する人たちは公共空間の利用のしかたを熟知しており、それは外国という環境でも同じで、彼らは、その方法をただ新しい状況に当てはめるだけでよかった。カフェという空間では、外国であっても、日本の喫茶店と同様にコーヒーを注文しさえすれば、しばらくの間テーブル席を自分の居場所として確保することができた。そのほかに重要なやり取りなどなく、他人の空間と自分自身が占めている空間に十分に配慮し、それぞれの店の持ち味を理解していさえすれば、好きなように過ごしていられたのである。

　芸術家たちもまた他の多くの人たちと同じように、新しい考えに触れたり、自分と同じような考えを持つ人たちや、敬意を払う人たちと空間を共有するために、喫茶店に足を運んでいた。そういう芸術家を受け入れてきた日本の喫茶店のなかには、印象派の画家が集まったり、ヘミングウェイなどの作家が通ったことで知られるようになったパリのカフェのように、芸術家の通う店として有名になった店もある。そしていくつかの喫茶店は、芸術家たちの作品を飾るギャラリーカフェになっていった。

　明治時代後半から大正時代前半にかけての喫茶店は、新たな可能性を広げながら多様化したが、どんなタイプの店でも、自宅とは別のもう一つの家、家庭でも職場でもない空間、一人きりになれる場所、そして友人との会合場所になりえた。ほかの飲食店と同様に、喫茶店も時間によって提供するサービスが決まっていたので、客は自分のタイミングで店に出入りした。早起きの人が午前八時にコーヒーを飲みにくる一方で、深夜まで働く人は午後二時にその日最初の一杯を飲みにくるなど、自由なライフスタイルを送る人たちにぴったりの場所となっていた。また、喫茶店に流れる時間は、なんとも捉えどころがなく、喫茶店の中と外では、時間の流れが異なるようだった。永井荷風は、そうした喫茶店に流れる時間について、示唆に富んだ表現をしている。「夏の夕方には、まだ外が明るいうちから喫茶店の中にはすでに夜の賑やかさがあった」。そして、「銀座のほとんどの喫茶店は……夜の一〇時を過ぎて閉店時間が近づくと、急にかなり混雑しはじめる。蓄音機から絶えず流れてくる割れたような音は、人びとの騒ぎ声によって断続的にかき消され、粉塵やタバコの煙が漂う中で、カチャカチャと鳴る食器の音と混ざり合っていた」。

大正時代の喫茶店には、西洋の品物や芸術作品を並べて展示するギャラリーになっていた店もあり、そこで作品が飾られた芸術家は、運がよければ、作品が売れたりパトロンが見つかったりした。芸術家や芸術作品のおかげで有名になった喫茶店もあれば、逆に、画家や彫刻家と結びつきの強い喫茶店のおかげで特定の流派とつながりを築けた芸術家もいた。

日本で人名事典に掲載されるほど十分な名声を得ている画家や彫刻家は、たいてい一九〇〇年代前半までに上海、パリ、ローマ、ウィーンなど、あちこちに渡航した経験を持っていた。明治時代後半の日本には、美術学校で教鞭を執る多くの西洋人教師がおり、アーネスト・フェノロサは東京美術学校で、アントニオ・フォンタネージとアッキレ・サンジョヴァンニは工部大学校で教えていた。日本で外国人教師と接した経験は、たくさんの美術学生をさらなる研究のためにヨーロッパへと向かわせるきっかけにもなった。西洋の美術と建築や、海外の主要都市のカフェに滞在した経験から受けた刺激は、彼らの作品にも大きな影響を及ぼした。

ヨーロッパに滞在する日本の芸術家が最も多かった時期は、一八八〇年代前半から一八九〇年代前半にかけてと、一九二一年から一九二九年にかけてであった。第一次世界大戦中は、ヨーロッパとの行き来はほとんどなかった。海老原喜之助は、一九二〇年代半ばから一九三〇半ばまでフランスに滞在し、日本人で最も初期の抽象表現派の一人であるレオナール・フジタと出会って、サロン・ドートンヌやアンデパンダン展への出展を支援してもらった。レオナール・フジタとは、一八八六年に日本で生まれた藤田嗣治のことである。フジタは一六年間フランスに滞在したのち、一九五五年にフランスに帰化し、一九六八年に亡くなるまでレオナール・フジタとして活動した。彼の作品にはパリのカフェの絵やスケッチもあり、最も有名な「カフェにて」という作品には、黒色のローブ・デコルテに身を包む金髪の女性が描かれている。その女性の乏しい表情は、沈んでいるようにも退屈しているようにも読み取れるが、フジタがこの絵で重視しているのは、彼女よりもインテリアのように感じられる。そして彼女を取り囲むように、ウェイターやダークウッドのテーブル、新聞ラックといったフランスのカフェによくある古典的な要素が散りばめられている。もしかしたらその女性には、憧れのフランスに渡って、カフェで革張りの長椅子に座ってみたいと切望する日本の芸術家たちの思いが、ひそかに投影されているのかもしれない。

パリ、ベルリン、ウィーン、ローマのカフェに通った日本人アーティストや作家のほとんどは自費で渡航しており、しばしば経済的に苦しい状況に置かれていた。カフェにかかる費用は、時には親しいフランス人アーティストに頼り、自分たちを支えてくれる現地の女性が負担する場合もあった。おそらく、フジタの作品のカフェにいるのも、そうした女性の一人であろう。日本人アーティストや作家たちのなかには、海外のカフェで積極的に政治的騒乱に関与する者や、早い時期からヨーロッパに滞在した後アメリカに渡った者もいた。アメリカには、日本人アーティストを惹きつけるニューヨークのアートシーンや、曖昧模糊とした魅力を持つグリニッジビレッジの自由奔放な世界があった。また、日本の喫茶店も、芸術家や作家たちが自身の創作力を発揮でき、表現力を試せる場所として、必要不可欠なものとなっていた。そうした芸術家に必要とされる喫茶店とは、イアン・コンドリーの研究にある日本のヒップホップの〝現場〟のように、まさにパフォーマンスが実際に行われる空間でもあった。

近代生活のサウンドトラックとしてのジャズ

日本の喫茶店は、西洋音楽を紹介する場所でもあった。西洋のクラシック音楽は、楽譜という形で明治時代にはすでに日本に持ち込まれていたが、大正時代になると、都市に暮らす普通の人びとにも西洋音楽を届けられるよう、録音技術が必要とされた。「カフェーライオン」や「カフェータイガー」といったキャバレースタイルの店では、たいてい評判のよいディキシーランドジャズなどの西洋音楽が生演奏されていたけれども、一九二〇年代になると、ジャズ喫茶でレコードがかけられるようになった。「ジャズ」と「喫茶店」を組み合わせた「ジャズ喫茶」のような店の呼び方は、店の特徴を最もわかりやすく表すことから一般的になっていた。のちにジャズ喫茶は、より難解な種類のジャズが聴けることで知られるようになり、音楽に合わせて踊り、しゃべり、酔っ払うキャバレーよりも、客は真剣に音楽と向き合っていた。新橋の有名なジャズ喫茶「デュエット」は、喫茶店でレコードがかけられはじめた頃の一九二九年に新橋・銀座エリアに開業し、のちにその界隈は、ジャズスポットとして位置づけられるようになる。

　コーヒーは近代化時代の香りと風味となり、ジャズは近代生活のサウンドトラックとなった。ジャズには、新しい社会的価値観や道徳観、ファッション、男女関係、そして消費者の関心が包み込まれていた。ジャズが流行した背景には、政治的・経済的な不安定さもあった。物質文化的な生活からモダン生活への転換は、中間層の人びとや文学的な知識人、そして美的センスの高い人が、知り合ったり、嗜好の幅を広げたり、隠れ家のように過ごしたりする多くのほかの場所と同じように、喫茶店においてもはっきりと見て取れた。ジャズは、魅力的な外国の文化として登場したが、都会的で目新しい服装や食べ物、コーヒーと同様に、短期間のうちに日本文化に取り込まれていった。

　くすぶった空気で喫茶店を満たしたジャズは、フィリピンのミュージシャンを雇った旅客船によって日本に持ち込まれた。彼らは、主要な国際旅客港である神戸や、東京へのアクセスがよい横浜のホテルやダンスホールでも演奏した。海外へ渡った日本のジャズミュージシャンたちも、船上でジャズに耳を傾けた。日本のジャズのパイオニアとして知られる井田一郎は、サンフランシスコでジャズを学んだ。彼は日本に帰国すると、宝塚少女歌劇団のオーケストラに加わり、幕間にジャズを導入しようとしたが、他のミュージシャンからは見向きもされなかった。その後、一九二三年にジャズバンド「ラフィング・スターズ」を結成したものの、残念ながら活動は長続きせず解散した。

　一九二〇年代の終わり頃になると、外国文化に対する不信感が高まり、ジャズやダンスミュージックは公衆道徳に悪影響を及ぼすものと見なされ、クラブやダンスホールは閉鎖に追い込まれた。一九二六年と一九二七年に大阪で閉鎖されたダンスホールのなかには、警察の警戒が甘くなる喫茶店に形態を変えたものもあった。一九二〇年代後半頃の東京では、法規制が一時的に解除されたため、大阪のダンスホールをモデルに似たような店が建てられた一方で、大阪では、ジャズ喫茶で輸入盤レコードのジャズをかけるようになり人気を博した。どうやらジャズに関しては、東京は一足遅れていたようである。戦後間もない頃には、ミュージシャンはレコードのジャズをかけていた喫茶店に音楽を勉強しに行っていた。一九五〇年代後半までには、日本のジャズがレコード化されて喫茶店で流されるようになっていたが、アメリカのジャズは引きつづき神聖な音楽として扱われた。今日では、大阪、神戸、横浜が当時の日本のジャズの中心地と見なされている。愛好家は今でも、各地で開催されるイベントや横浜の「ちぐさ」といった老舗のジャズ喫茶へ巡礼に出かけている。近年、「日本のジャズのホームタウン」としてブランド化された横浜では、毎年、国内外のジャズミュージシャンがパフォーマンスを行うイベント、「横濱ジャズプロムナード」が開催されている。

最近のジャズ喫茶では、コーヒーよりも音楽そのものが訪問の主な目的になっている。京都にあるジャズ喫茶「YAMATOYA（ヤマトヤ）」では、終日、マスターの選んだレコードがかけられている。ほとんどの客は一人で来ていて、大人数で来るような客はまずいない。一人または二人で来ている客の多くは、遠くでも近くでもないところをぼんやり眺めながら音楽に聴き入っている。私が初めて「YAMATOYA」を訪問した際は、同じく初めて訪れる若い日本人の友人と一緒だった。私たちは盛り上がって話をしてしまい、帰り際になって、ほかに客はいなかったにもかかわらず、私たちのやり取りをやや険しい顔で見ているマスターの視線に気がついた。耳を傾けるべき対象は、友人の話ではなくジャズだったのだ。

ジャズクラブやナイトクラブとは違ってジャズ喫茶では、一九七〇年代後半までアルコールはほとんど提供されなかった。知的な音楽と見なされてきたジャズは、コーヒーによってもたらされる「乾いた酩酊」状態で聞くのが最も心地よいとされた。一方で、ブルースやダンスミュージックには、アルコールに酔った「湿った酩酊」状態を伴いがちだ。

ジャズ喫茶のほかにも、音楽のための喫茶店は存在した。今日のカラオケバーの前身である戦後初期の

「うたごえ喫茶」は、ギターを弾きながら歌うミュージシャンに合わせて、客たちも一緒に歌う店だった。うたごえ喫茶の壁には、客が即興演奏に使えるよう楽器が掛けられていて、才能に関係なく音楽の披露は歓迎され、愛想よく受け入れるというのがマナーとなっていた。うたごえ喫茶はしばしば左翼運動と結びついていて、体制批判を込めた反戦歌も歌われた。東京には、新宿の「ともしび」やロシアの革命歌をテーマにしたカフェバーなど、皆で歌うタイプの店が今でもいくつか残っている。ジャンルにこだわらず生演奏やレコードで客を楽しませる「音楽喫茶」や、「ティーダンス」（アフタヌーンティーを楽しみながら催すダンスパーティー）のサロンに代わる「ダンス喫茶」もあった。さらには、あらゆる種類の音楽を伴う喫茶店からの息抜きの場として、静けさを売りにした音楽をかけない「無音楽喫茶」もあった。ジャズ喫茶やそのほかの音楽を楽しむ喫茶店は、「カフェーライオン」や「カフェータイガー」といった、女給のいるカフェーから派生した騒々しいキャバレーのカテゴリーには属さず、むしろ、楽しみと癒しを音楽に求めた空間になっていた。

一九二〇年代後半や一九三〇年代前半は、まだ多くの家庭に高品質のレコードプレイヤーなどない時代だった。当時から「名曲喫茶」（クラシックをかける音楽喫茶）は、クラシック音楽を聴くのにふさわしいコンサートホールに近い環境を備えていた。名曲喫茶は真剣に音楽を楽しむ場所で、長年にわたり営業を続けている店は、懐かしさと音楽への敬愛の場となっている。一九五〇年代になっても、家庭の中に娯楽を持っている人はほとんどおらず、名曲喫茶は、不自由の多い時代にささやかな贅沢をもたらしていた。客たちはコーヒーを片手に、ヨーロッパ、アメリカ、あるいは日本で録音された素晴らしいレコードに耳を傾けながら、立派な音響効果を備えた店で何時間も座って過ごした。

昔ながらの名曲喫茶である京都の「柳月堂」は、一九五〇年代から現在までほとんど変わっていない。「柳月堂」は出町柳駅の近くにある二階建ての店で、建物の脇にある狭い階段を上がると入口がある。同伴者がいる場合は、待合室でスタッフに出迎えられながら、「静かに過ごされますか。それともお話しされますか」と尋ねられる。せっかくなので、静かに過ごすというのが正しい返答になるだろう。ガラスや鏡張りの小さ

京都にある名曲喫茶「柳月堂」

な談話室にはダークウッドの調度品が置かれ、その部屋にいる人たちは社交的で礼儀正しい。しかしおしゃべりをしに来たわけではないので、静かにもう一つの部屋に案内される。そこは小規模なダンスホールほどの大きさで、天井はアーチ状になっていて、革張りの椅子とソファ席はすべて、大型スピーカーの置かれた前方のオープンスペースに向かって並べられている。音楽で満たされたこの部屋の設備はコンサートホールさながらに整えられていて、厳格な雰囲気でありながらも居心地はよい。ソファか椅子か座る場所を選んでから指で合図をすると、靴底にフェルトを貼った靴を履いたウェイトレスが、カーペットの敷かれた床の上を静かに歩いて注文を取りにくる。注文するために、わざわざ声を上げる人などいない。階下のパン屋でパンを買った場合は、〝コンサート〟の最中に包み紙の音をガサガサと鳴らさなくて済むように、待合室であらかじめ取り除いておく必要がある。「書き物禁止」と注意書きのされたテーブルや、喫煙できるテーブルもある。「柳月堂」では、コーヒーを飲むにも静けさが求められる。コーヒーはソーサーではなく柔らかい皮のコースターの上に置かれ、かき混ぜる時にカチャカチャと音を立てることがないよう、柔らかい木製のスプーンが添えられている。

曲をリクエストしたい場合は、ランプの置かれたテーブルの上にあるリクエスト用ノートに、自分の選択

「柳月堂」の動物のぬいぐるみ

した曲をそっと記入する。私は店のコレクションが掲載された分厚い台帳を参考にして、静かに曲を選んだ。〝リクエスト席〟に座って、かけてほしい曲をささやくように聞きに来るスタッフを待っていてもよい。店の壁には、八〇〇〇枚以上のLP盤レコードを収めたケースが並べられている。リクエストを受けると、スタッフはケースからアルバムを探し出してその曲をかけてくれる。椅子の上には、より完璧な音響環境をつくり出すためのテディベアやホッキョクグマ、ウサギ、犬などの大きな動物のぬいぐるみも用意されている。ぬいぐるみを手にするのは主に年配の男性客で、適度に音をやわらげ聞こえをよくするために自分の席に持って行き、横に座らせたり膝に乗せたりしている。

一九五四年に開業した「柳月堂」の現オーナーである陳壮一は、父親の陳芳福から店の経営を引き継いだ。陳芳福は健在で、階下のパン屋でたまにバイオリンを演奏している。彼は七〇歳代で目が見えなくなりはじめ、視力が失われた時のために他の感覚を強化しようと、バイオリンの演奏を学んだ。二階のコンサートホールのような店をつくり上げた時と同じように、彼はこだわりやひたむきさを持ってバイオリンの練習に取り組んでいた。

拡大する公共空間の抑圧

コーヒーは、音楽や美的感覚によってもたらされる刺激とは違った刺激も与えてくれる。感覚を鈍らせるアルコールとは違い、コーヒーには、時に、政治的な衝動を高める働きもあったようである。そのため喫茶店は、権威を脅かすような動きがあるという疑いの目を向けられる対象になった。というのも、マルクス主義者とトロツキスト、無政府主義者やその他の破壊分子は、喫茶店を活動本部として利用し、日本のフェミニストたちも、婦人参政権から女性解放に至るまで、主に喫茶店を拠点に活動したからである。

　フェミニズム運動の初期の指導者たちは、たいてい国際的な経歴を持つ中間層以上の教育を受けた女性たちだった。彼女たちは、コーヒーと洋菓子を提供しているような、女性に人気の高い西洋スタイルの喫茶店によく集まった。そのような店は、日中に集合するのに適した場所を必要としていた人たちにとって、安全な溜まり場となっていた。一八九〇年に公布された「集会及政社法」は、女性の公的な政治集会への参加を禁じた。しかし一九二二年には、完全な廃止には至らないまでも、法改正によって女性の参加権はいくらか緩和された。また、国体の批判を固く禁じた治安維持法が制定されたのは、ちょうど喫茶店でさまざまな新しい動きが顕著に見られた一九二五年だった（最終的な廃止は一九四五年）。当時、海外の影響を受けていた賢明な芸術家や作家たちは、取り締まりを警戒して、通う喫茶店を頻繁に変えるようにしていた。女性解放運動の指導的立場にいた女性たちは、前述のような銀座の喫茶店に少人数で集まった。なぜなら、もし彼女たちの自宅に集まると、自分たちの急進的な活動と家庭が結びつけられてしまう可能性があったからである。最も熱心に改革を求める女性でさえ、家族を危険にさらしたくはなかったのだ。

　あらゆる弾圧を受けていたにもかかわらず、一九三〇年代の日本の帝国主義的拡大は、喫茶店と大衆文化の多様性を著しく高めることになった。この頃には、植民地の異国的な性質を取り入れた衣装を、ウェイトレスやウェイターの制服として用いる店も登場した。今日では、巻きスカートを履いた店員のいる、インドネシアをテーマにしたカフェで同じような趣を感じる。現在のエスニックカフェには、当時の東洋趣味的な喫茶店の演出がいくらか反映されている。

一九三〇年代の半ばまでに、喫茶店での政治活動は事実上禁止された。そして、治安維持法による取り締まりが、ますます厳しさを増していった。緊縮財政の遵守を強く求められた時代には、コーヒーというちょっとした贅沢を味わえる喫茶店も容赦なく取り締まりが強化された。

コーヒーはしだいに不足しはじめ、一九三八年には、輸入が完全に停止された。終戦間際にはコーヒーはまったく手に入らなくなり、喫茶店はナッツ類や大豆、穀物、植物の葉などを焙煎して淹れた焦げ茶色の飲み物を「代用コーヒー」として提供していた。そして、敗戦へと向かう窮乏の日々には、避難所として、単に顔を出す場所として、寒い日には家よりも暖まる場所として人びとを迎え入れた。さらに食料が乏しくなった最も苦しい時代には、何かしら温かい飲み物が手に入る場所として、人びとは喫茶店に足を運んだ。栄養価などほとんどなくても、温かい飲み物ならお湯でさえ人びとの励みとなり、喫茶店が休業するのは、代用コーヒーすら手に入らない、まったく何もない状態の時だけだった。戦前に横浜でドイツ人が預けていたコーヒーは倉庫にしまい込まれていたが、その倉庫は戦時下に壊され、コーヒーはすべて軍に没収された。

食べ物を扱っていなかった喫茶店は、食糧不足などの影響をあまり受けず、戦争終結から比較的すぐに復活した。一九四九年まで繁盛したのは、三〇～五〇円でコーヒーを出す喫茶店だった。復興が始まってから数年のうちは、喫茶店は憩いのコミュニティとなっていた。さらに、貧しい学生や戦争で家族を失った人、息苦しいほど狭い家に住んでいる労働者など、十分とは言えない社会生活を送る人たちの居場所にもなった。ある男性は、戦後まもない若かりし頃によく訪れていた喫茶店を懐かしみながら、奇妙でロマンチックとも言える思い出を語ってくれた。彼によると「そこは、タバコと臭い足のにおいがプンプンする場所だった」そうである。

うたごえ喫茶でロシアの革命歌を歌っていたかつてのマルクス主義の若者たちは、共に学生運動を戦った老兵たちと五〇年後に喫茶店で再会して、かつての足のにおいを懐かしく思い出したのかもしれない。喫茶店は、さまざまな運動の熱心な活動家たちの溜まり場でもあった。例えば、一九七〇年代後半の喫茶店のなかには、シモーヌ・ド・ボーヴォワールやベティ・フリーダンの翻訳書など、フェミニスト作品を読んで議論する場として、女性たちから利用された店もある。

ハプスブルク帝国時代を彷彿とさせる赤いベルベットの椅子を置いたとある喫茶店では、耳障りに感じるしゃべり声などは聞こえてこない。元鉄道職員である店主は、旧国鉄時代を思い出す品々で店内を飾っている。しかし、歴史的な思い出も個人的な思い出も、喫茶店という変化に富んだ場所の特徴を描き出す唯一の要素にはなりえない。思い出に浸る場所、人と会う場所、感性を発揮できる場所など、日本の喫茶店とは、さまざまな用途を見出せる場所なのである。社会運動がすっかり衰えた一九八〇年代には、「ノーパン喫茶」なる店も出現し、下着をつけずに短いスカートだけを履いて、鏡張りの床を歩くウェイトレスを呼び物にしていた。さらに一九八〇年代半ばには、職場の制服のスカートを極端に短くした刺激的な姿のウェイトレスを、男性客がいやらしく眺めたり、触ったりできる「セクハラ喫茶」も登場した。当時セクハラ喫茶が宣伝文句として掲げていたのは、「オフィスではできない行為もここではまだ許される」だった。

喫茶店文化における多様性の持つ価値は、誇張してもしすぎることはない。快適さと目新しさを備え持った自宅のようにくつろげる喫茶店は、人気の溜まり場として多くの客を魅了してきた。チェーン展開している店はたいてい規格化されていて、自由自在に変化する可能性は少ない。もちろんチェーン店にも、ソファや間接照明の置かれた小さな居間のような居心地のよさはある。しかし、もしどの店舗も同じような居心地のよさを再現できるのなら、その店ならではの特異性はなくなってしまう。多様性を生み出す主な要素は、少なくとも場所そのものにのみあるわけではない。たいていの場合、客の体験を左右するほど好みのうるさい、それでいて親しみやすさのあるオーナーの存在にもあると言えよう。

第4章

マスターたちの世界観

完璧を追い求める人たち

「一杯ずつ手で淹れる私のこだわりがお客さまに伝わっていれば、この店は成功していると言えるかもしれません。こだわり抜いたコーヒーは、お客さまにくつろぎをもたらします。足に痛みを感じていても、店にお客さまがいらっしゃる間は、カウンターに立ちつづけます。いつでもコーヒーを淹れられるように」

――喫茶店マスター、京都、二〇〇六年四月

マスターは店内を見渡して、ほかに客がいないか確認してからズボンの裾を膝までまくり上げた。紫色の網目状に膨らんだ下肢静脈瘤は、彼の足の痛みを物語っているかのようである。彼が足の状態を明かしてくれたのは、私に同情心を抱かせるためや、彼を英雄視させるためではなく、彼なりに仕事を完璧にこなしている証を示そうとしたためだった。すべての優れたマスターが自分なりの成功の物差しを持っているわけではないし、サービスのためとはいえ、体にかかる過度の負担などないほうがいいに決まっている。「こだわり」、つまり求められる品質に対して完璧を追い求める強い思いは、コーヒーのつくり手だけでなく、日本のどの手工業の分野にもいる熟練した職人が常に掲げる永遠の目標でもある。この店のマスターのこだわりも、仕事への献身、サービスの構成要素、コーヒーづくりのスキル、そしてそれらをとことん追求しようとする姿勢から滲み出ていた。

完璧さはコーヒーカップの中ではなく、つくり手自身の中に求められる。そしてコーヒー専門店などで、

サイフォンを使ってコーヒーを淹れる、京都「はなふさ珈琲店」のマスター

つくり手およびコーヒーの匠として、究極のコーヒー体験を求める気持ちを体現している人物こそ「マスター」なのである。「先生《マスター》」という言葉は、「経験と研鑽を積んできた人」という意味で、学校あるいは伝統工芸や美術などの分野で慣習的に使われてきた。しかし、さまざまな進化を遂げてきたコーヒーを提供する店の主を指す新しい言葉が求められると、英語の「master」を用いて「マスター」と呼ばれるようになった。

コーヒーの品質はもちろん、店の雰囲気やサービスなどは、いずれもマスターの手に委ねられている。しかし、重要なのはマスターの権威ではなく、常連客への愛情をこめたその仕事ぶりである。マスター自身がすべてのコーヒーを淹れるわけではないとしても、マスターは申し分のないスキルの持ち主であるべきで、スタッフの模範となり、自然に尊敬の念を抱かせる存在であるべきだろう。マスターは、熟練の職人であると同時に師匠でもあり、彼らのことを完全なる儒学者と言う人たちもいる。責任者として経営の管理と方針の決定権を握る彼らは、客の期待にこたえるサービスを提供するための努力を惜しまない。そして彼らのその仕事に対する姿勢そのものが、スタッフに尊敬されうる道徳的な秩序となっている。愛情に満ちていて、温かみがあり、生産的でありながらも妥協を許さないマスターには、面倒見の良い人が多い。この本に登場するマスターたちもまた、店の客だけでなくスタッフ、そしてコーヒーそのものにも尽くすような人たちである。さらに彼らは、ある意味では伝統を受け継ぐ人たちでもある。店のマスターがいわゆる〝後継者〟であった場合、まず先代の技術を完全に自分のものとして習得してから、新たな技法を取り入れてゆく。こうした一連の流れは、日本で職人技が受け継がれる際にたどる手順そのものと言える。

「凝り性」「情熱的追求心」「心からの献身」または「強迫観念」など、さまざまに解釈される細部にまで気を配って仕事に取り組む姿勢は、日本語の「こだわり」という言葉に集約されている。こだわりはつくり手の姿勢だけでなく、買い手によって消費される製品それ自体にも表れる。例えば建造物の場合、空間に設計者のこだわりを感じられるかどうかで、優れた出来であるかどうかが判断されることもある。「こだわり」という言葉は、手袋や時計、菓子から有機農作物などの生産品に至るまで、とりわけ手づくりの物に使われ、伝統的な手工業はもちろん、あらゆる生産活動において、つくり手の技法の付加価値になりうる。そして卓越した熟練工によって制作された伝統工芸品は、おのずと「こだわり」のこもった品と見なされる。日本人の「こだわり」は、イギリスのウィンチコムという小さな町でも見ることができる。築三〇〇年の建物でティールームを営むある日本人一家は、ティータイムに訪れた客に素晴らしいクリームティー（紅茶とスコーンのセット）を提供していて、二〇〇八年には、英国紅茶協会よりトップティープレイス賞を受賞した。日本人ならではのサービスと技術を別の伝統へうまく溶け込ませたこの事例は、日本にとってのコーヒーのように、「こだわり」には順応性があることの表れとして見て取れる。

「こだわり」は優れた仕事の証であり、こだわり抜いた商品には高値がつけられる。また、きわめて完成度の高い商品であれば、コンビニエンスストアで売られているような大量生産品ですら、「こだわり」という言葉を添えることができる。バーテンダーがつくる完璧に近い球体の氷からは、いずれグラスの中で溶けてしまう氷に対しても、バーテンダーが強い「こだわり」を持って向き合っていることが伝わってくる。細部にまで気を配ることだけを「こだわり」と言うわけではない。「こだわり」とは、準備、生産、消費などすべての段階において、信頼と責任に基づく関係性を築き上げるのに欠かせない要素そのものでもある。日本のこだわり抜いたコーヒーづくりは、芸術あるいは工芸の域に達しており、カウンターの向こう側に立つマスターは、つくり手や職人であるだけでなく、アーティストでもあるのだ。

日本の職人技や仕事に向き合う姿勢に表れる「こだわり」は、日本以外の多くの国においては、風変わりな執着心という日本人の国民性の一部と見なされやすく、病的に完璧主義を実践しているように思われがちである。例えば、私たちアメリカ人は、日本などのアジア出身のクラシック音楽家が、自分の演奏テクニックを完璧にしようと没頭している姿を目にすると、それはアジア人ならではの生真面目な気質や、献身的な育てられ方から身に染みついた姿勢に違いないと考えがちである。これがもし、アメリカ人やブラジル人の名演奏家だったとしたら、同じように彼らをやりすぎだと見なすだろうか。おそらく私たちは、スティーブン・リードが指摘するように、細かい点に着目するのは日本人の文化的な特性だと考えてしまい、そうした特定の文化に当てはまる傾向は、合理的かつ常識的に広く受け入れられるようなものではないと決めつけてしまっているのかもしれない。一般的にアメリカ人は、アジアの熟練者たちは、われわれがパフォーマンスの際に価値を置く「ソウル（魂）」よりも、技術面を評価すべき点だと見なして重要視していると思っている。しかし実際は、技術の習得に対する日本のコーヒーのつくり手たちの考え方で言えば、「好きこそ物の上手なれ」なのだ。

二〇〇四年にアメリカの雑誌に掲載されたＡＮＡのキャッチコピー「私たちのトレーニングマニュアルには、おもてなしに関する項目はありません。なぜなら、それはすでに私たちのＤＮＡに刻み込まれているからです」は、日本人の完璧主義な性質に対するステレオタイプな見方に合わせたものである。こうした特定の文化を引き合いにした宣伝文句は、たとえ日本人自らが自分たちについて言及したものであるとしても、人、プロセス、商品について最も肝心な点を簡潔に衝いた表現だと言える。もちろん、完璧を目指して努力するのは、日本人に限ったことではない。延々と練習を続ける野球のピッチャーや、ぶどうのつぶれ具合を入念に精査するワインの製造業者を思い浮かべればすぐにわかるだろう。「甘え」の研究で著名な精神分析医、土居健郎は、「甘え」という概念に相当する英語を探すには、「前向きな依存関係」とでもいった拡大解釈が必要だが、実のところ、それほど特殊な相互依存を指す用語ではない、と指摘している。なぜならアメリカ人は、個人主義を主張しているにもかかわらず、何らかの依存関係にも一定の価値を置いているからである。それと同じように、「こだわり」は、遺伝学的観点から日本人に特有な仕事ぶりや価値観の表れのように思われていても、実際には、私たちアメリカ人にも共有できる考え方だと見なすことができる。

あらゆる技術を習得するための訓練には、細やかな気配りや完璧主義的な姿勢も、ある程度までは含まれる。しかし日本では、訓練に関する考え方の中に、「たとえ辿り着くのは困難であったとしても、完璧を目指す努力を続けるべきだ」といった独自の原理がもともと備わっている。製品を生産する際の高評価の基準は、理想的な仕上がりのための努力と、その過程に置かれる。また、子どもが学習する際は、「ベストを尽くした」と言うだけでなく、繰り返し取り組むことで、さらに向上するようにと促される。過程と努力を重視したモデルに完成形などない。完璧は到達できるものと言うより、たゆまぬ努力で目指しつづける目標となっているのだ。

われわれは、「こだわりの強い人から選ばれた」とか「こだわりから生まれた」といった宣伝文句につられて商品を手に取ることがある。このように「こだわり」は、身近な場面でも人びとを惹きつける。一方で、「こだわり」を謳ったキャッチコピーを古臭いと感じる人もいるだろう。日本の漫画家のなかには、「絵を描くのに没頭している」状態を「絵にこだわる」と、自分の努力への誇りを感じながら語る人がいる一方で、日本人ラッパーのなかには自身のパフォーマンスについて、「細かいことは気にしない」という意味で「そんなにこだわらない」という言い方をする人もいる。

アメリカ人の目には、下肢静脈瘤を引き起こすほどこだわりを持つのは、わけのわからない強迫観念に囚われる一歩手前のように映るかもしれない。あるいは、学校の先生がすべての生徒の家を訪問して家庭環境を把握し、生徒が勉強に励めるよう努力することや、タクシーの運転手が清潔さを保つために細心の注意を払って白い手袋をはめていることなどは、単に手間をかけすぎているだけに見えるかもしれない。

英語にあてはめるなら「献身」に近い意味を持つ「こだわり」は、まっすぐ何かに向かって取り組む姿勢を指していて、完璧なパフォーマンスを求めるものではない。私のインタビューに答えてくれたある人は、「自分は何に対しても思い入れの強い方ではないけれど、何かにこだわる気持ちはわかる」と述べた。また別の人は、「カレーのスパイスは自分で一から配合するし、運転するならマニュアル車を選ぶなど、私にはこだわっているものがいくつかある。こだわりを持つことで達成感も味わえる」と話していた。村山由佳の小説、『おいしいコーヒーのいれ方』には、喫茶店のマスターが若い男性を一人前だと認めた証として、おいしいコーヒーを淹れる秘訣を伝授する場面がある。著者の村山によれば、「味わい深いコーヒーは、技術だけで淹れられるわけではない。飲む人に対する思いやりと気遣い、そしてつくり手自身の思いが味わいの一部に含まれるという自己意識も必要となる」という。ただし、こうした献身的なサービスは、完全な無私無欲で行われているわけではない。単に自分自身を放棄して尽くすのではなく、たとえどれだけ足に負担がかかったとしても、他人への奉仕を通して自分自身を満たしてもいるのである。

個人経営の喫茶店で、カウンターにいるマスターがこだわりを持って客に細やかな気配りを欠かさないように、組織においても、「こだわり」は重視されている。それは、誠実さや高い信頼性といった、対外的に表明している企業の価値観と結びついている。経営陣は自社のこだわりを従業員に通達して質の高い仕事を要求し、その見返りとして、従業員は労働環境に関するこだわりを認められる。

喫茶店での客とマスターの関係には、師弟間や親子間に近いものが見て取れる。つまり、客は子どもや生徒のようにマスターに完全な信頼を置き、マスターは親や先生のように客に対して責任を持ち、献身的に対応する。客はマスターの領域である喫茶店に一歩足を踏み入れれば、この関係性を受け入れたことになる。そしてマスターは、自分に信頼を寄せてくれる客のために最高のコーヒーを提供しなければならない。東京の「カフェ・ド・ランブル」の創業者、関口一郎が強く主張するように、客はこうした関係性を十分に理解しておく必要があり、その結果として、極上の一杯をマスターから受け取ることができるのだ。

コーヒーづくりの伝道師

関口一郎は、一九四八年に東京の新橋駅近くに「カフェ・ド・ランブル」を開店した。コーヒー愛好家にとっては、この店は言わば殿堂のような場所で、店のカウンターはさながら祭壇のようである。「カフェ・ド・ランブル」のコーヒーを淹れるプロセスは、初めて訪れた客には度を越していると感じられるかもしれない。そして、コーヒーを淹れる際の水準、美点、技術は、茶道に通じていると思うはずである。ただし、コーヒーづくりの伝道師である関口自身は茶道のことを、趣向を凝らしすぎていると言って敬遠している。一方で、関口自身も儀式的な「コーヒー道」をつくり出していると言う人がいる。彼のコーヒーの淹れ方は、コーヒーの味以上に客を圧倒している可能性も否定できない。しかし関口に言わせれば、コーヒーを淹れる上で目指すべきは、客のために完璧な一杯をつくり上げる、そのことだけなのである。

「カフェ・ド・ランブル」では、歴史と文化を感じさせるコーヒーはもちろん、オーナーの気難しい人柄も味わいの一部となっている。関口は、スタッフの熟練度と豆の品質に厳しい目を向けるだけでなく、顧客にも、高い水準を期待する。そして、自分のこだわりを理解しない、あるいは受け入れられない客には、躊躇なく店から出ていってもらう。一九一四年生まれの彼は、九〇歳代後半になってなお、毎日店に顔を出し、事務所にある小さな部屋で、焙煎の度合いや豆、水、およびコーヒーの状態を入念にチェックしていた（二〇一八年三月、一〇三歳で逝去）。

関口は、仕事に対して科学的に向き合っていると話す。彼によれば、豆が変化していくそれぞれの工程には、見極めなければならない不確定要素が多く含まれているという。焙煎する際は、うまく状態をコントロールできるよう、欠陥のある豆や大きさの合わない豆を入念に取り除きながら、少しずつ作業を進めなければならない。また、グラインドは、香りや鮮度を損なわずに済むよう、一杯ごとに行う必要がある。そして、おいしいコーヒーを淹れるにはタイミングも重要で、お湯は新鮮な水をカップ一杯分だけ沸かすようにする。経験を積んだ彼の優秀な顧客たちは、店を訪ねる前日に電話で、「一九九二年のイエメン」や「二〇〇〇年のエチオピア」など、焙煎豆を指定しておくべきことを知っている。そうすることで、来店日には、多孔質（ハニカム構造）な豆内部に二酸化炭素ガスが充満しきった焙煎直後の状態から、ガスがほどよく抜けた豆で淹れられたコーヒーを堪能できるのである。お湯が沸くまでの間に一杯分の豆を挽き、沸騰したら余計な苦みを引き出さないよう少し時間を置いてから、ネルフィルターに入れたコーヒー粉の上に数回、弧を描くようにしてお湯を注ぎ入れる。鶴のくちばしのような細長い形状の注ぎ口からは、非常に細くお湯が流れ出る。ネルフィルターに〝王冠〟が現れては沈みながら、お湯がゆっくりと滴り落ち、理想的な一杯をつくり上げていく。コーヒーの完成には、コーヒーカップも大切な要素となる。関口によれば、手で包み込むようにして持てる持ち手のない薄手のカップは、少しずつ口に含んで味わうのに適しているそうである。関口のような方法で淹れる日本のコーヒーは、高温のお湯で、ドリップあるいはフレンチプレスで淹れるアメリカのコーヒーに比べると温度がやや低いため、持ち手のないカップでも熱くはなく、むしろ心地よい温かさとなっている。関口は、何も入れないことを前提にコーヒーを提供するため、コーヒーを受け取った後で砂糖やミルクを頼むと、拒否されたり、店を出るように言われることさえある。彼のコーヒーは、飲み方を想定して淹れられているので、砂糖やミルクが必要なら、オーダーの際に頼まないといけないのだ。飲み方によって、濃いめに抽出したり、お湯の温度を高めにしたり、あるいは異なる豆を用いたりと、淹れ方を調整するためである。実際、顧客のなかにも、コーヒーには砂糖やミルクを入れるなど、アレンジをすべきではないと考える人たちもいる。「カフェ・ド・ランブル」では食べ物を提供しないため、関口は、食べ物が必要な客にはレストランに行くよう勧めていた。

関口の鑑識眼は、オールドビーンズを見極める際に最も力を発揮した。オールドビーンズというのは、チーズを保管する洞窟のように、温度と湿度が厳しく管理された部屋で、生豆のまま、時には何十年も貯蔵されたものを言う。常連客たちは、主にヴィンテージの豆を目的に来店しているが、ブレンドも好評を得ている。関口によれば、焙煎する際、ストレートは一つの音しか奏でないが、ブレンドはシンフォニーのように響き合うのだそうだ。

なかには関口に対して、否定的な感情を抱く人たちもいる。彼らに言わせると、関口は度を越した「コーヒーマニア」以外の何者でもないそうだ。また、「関口のコーヒーの扱い方には、矛盾が見られる」と言う人たちもいる。彼の店の焙煎豆は、コンロの上の棚にガラス瓶に入れて保管されているため、熱と光の影響で風味が損なわれる可能性があるのだという。コーヒーの専門家によると、「カフェ・ド・ランブル」で提供されるヴィンテージの豆はあまり出まわっていないので、出どころの情報は必ずしも聞いているものとは限らず、焙煎豆を砕いてみると、色むらが見られることもあったそうだ。日本のコーヒーに関する基準は高めに設定されているため、専門家にはこうした一つひとつの状況が議論の対象になりうる。コーヒーコンサルタントの一人、圓《まる》尾《お》修三は、マスターはすべての感覚を用いて、コーヒーを飲みに来た客を尊重しなければならないと話す。飲み手である客は、豆を挽く音やお湯が滴り落ちる音に耳を傾け、コーヒーの香りを楽しみ、色を目で確認する。そして口の中のあらゆる感覚を用いてコーヒーを堪能し、段階的な風味を感じ取り、最後にのど越しと後味を味わうのである。

コーヒーの淹れ方にはある程度儀式的なやり方があって、多くの人に共有されているが、教典のようなものがあるわけではない。長きにわたって継承されてきた「コーヒーの流派」などもない。茶道や抹茶と違い、幅広い消費基盤を確立しているコーヒーを巡る動きは、かなりめまぐるしい。他方、厳格な家元制度のある日本画や陶芸、武道、茶道、華道などは柔軟性を欠いていて、コーヒーに備わっているような変化と革新をすぐに受け入れることは難しい。

日本のスペシャルティコーヒーの業界は、「こだわり」を商品の一部として重要視している。客たちが、優れた喫茶店のコーヒーに抱くのと同じくらい、「こだわり」に対して高い信頼を置いているからである。コーヒーの専門家に言わせれば、関口には「主人の品格」と呼びうる誇りがあった。この誇りこそが、彼に特異なコーヒーの淹れ方をさせているのかもしれない。ぬるめのコーヒーは、関口のこだわりの一つである。彼によれば、多くのアメリカ人が好む熱いコーヒーは、風味を楽しむには温度が高すぎて、ぬるいほうが味のニュアンスをもっと感じられるそうだ。

　喫茶店でマスターが注意を払うべき対象は、コーヒーだけではない。店での客の体験はすべて、常連客や個人的な友人の前でも決して緩むことのない、マスターのプロとしての手腕に委ねられているのである。

エスプレッソを完璧に近づける

　コーヒーのエキスパートである田中勝幸（通称カツ）は、東京のコーヒーシーンでは比較的新しい存在である。彼はアメリカのニューヨークなどで、コーヒー豆と技術のコンサルタントとして約一八年間働き、その後日本に帰国して「ベアポンド」を開いた。彼の店は、マシンで淹れるコーヒーを敬遠するエキスパートの多い日本では珍しいエスプレッソ専門店である。静かでおしゃれな住宅街下北沢と、賑やかな中心街の渋谷にあるカツの二つの店（渋谷店は二〇一九年七月二一日に閉店）には、ハンドドリップのコーヒーに引けを取らないこだわりのエスプレッソを求めて、多くのコーヒー好きたちが通っている。

　カツと妻の千沙は、高い意欲と強い意志とを併せ持ったミニマリストである。店の装飾は控えめで、下北沢店にはリサイクル品のテーブルやカウンターが置かれているだけだが、特別な飾りなど必要ないほど十分おしゃれな空間となっている。カツは、焙煎をするたびに注意深く豆を観察して、気づいたことはすべてメモに取り、一番よい状態を見極める努力を怠らない。彼によると、最高のエスプレッソを引き出せる豆は焙煎から五〜一〇日ほど経過したもので、状態に合わせてショットの温度と圧力を調整するそうである。一見したところ、カツならではの完璧な一杯をつくり上げているようでも、ショットには不確定要素が伴うので、常に同じではないと彼は言う。そして、「信頼すべきは豆だ。エスプレッソの宿命はそこにある」と神秘的な言葉を口にする。客はカツの淹れる一杯を目当てに店へとやって来て、冬の寒い日には店の外にまで長い列ができる。ただし、あまりにも混み合っている時は、エスプレッソをつくらないそうだ。なぜなら、おいしいショットを引き出すためには、彼にもコーヒーにも、空間的な余裕が必要だからである。

ニューヨークにいた頃のカツは、コーヒーとは無関係のいくつかの会社で働いていた。その当時、彼は「ナイン・ストリート・エスプレッソ」や「ギンミ！」など、本格的なコーヒーを提供する店をよく利用していて、バリスタという仕事に心惹かれていた。そこで、ノースカロライナを拠点とするロースター会社、カウンター・カルチャー・コーヒー主催のバリスタやカッピングの講座に参加して、鍛錬を積んだ。バリスタとして働きはじめたカツは、優れた味覚の持ち主として認められ、コンサルタントとしても引く手あまたとなった。

カツによれば、「バリスタは多彩な変化を理解しておかなければならない。その変化はどこから生じ、どのように変貌してゆくのか、きちんと見極める必要がある。最も重要なことはパッションだ。自分を信じてパッションを持ちつづけることが、何よりも大切だ。でもたいていの人は二〜三年程度しか維持できず、知識は増えてもパッションは消えていってしまう」。

マシンで淹れていても、カツのマシンを操る手さばきには、ハンドドリップにも負けないこだわりがこもっている。カツにしてみれば、チェーン店で提供されるコーヒーは単なる押しボタン式エスプレッソにほかならない。マシンを巧みに操作して淹れたカツのエスプレッソは、「御多福《おたふく》珈琲」（後述）のマスター、野田敦司の淹れるハンドドリップのコーヒーと同じくらい個性的な味わいを放っている。

カウンター越しに眺める喫茶店

喫茶店に魅了されたことによって常連客になった人が大勢いるように、それがきっかけで喫茶店経営を始めた人も多くいる。近年では、特に仕事を意欲的にこなす気力を失った人は、喫茶店経営は高いリスクが伴う上にあまり現実的とは言えないとしても、魅力を感じるようだ。一九七〇年代や一九八〇年代にオープンした喫茶店のオーナーの多くは、それまでの生活に支障をきたしたり、人生に刺激を求めたりした人たちである。元学生運動家のなかには、自分たちの活動の結末に失望し、スーツ姿で社会人生活を送る代わりに、同じ考えを持つ同志を見つけられる場所をもう一度築き上げようと、喫茶店の経営を選んだ者もいた。あるいは、独立心が強く会社で働くのは向いていないという理由で喫茶店を開いた人もいる。喫茶店評論家によると、オーナーのなかには、変わり者、気取り屋、気障《きざ》という言葉がぴったりで、ほかの仕事にはあまり向いていないような人たちが一定数いたようである。また、ベレー帽をかぶったり、あご髭を生やしたり、襟なしシャツを着てビルケンシュトックのサンダルを履いたりして、ファッションで独自性を主張するオーナーもいた。こうした一風変わった個性を発揮するオーナーの奇抜さは、喫茶店の特徴にも結びついている。もちろんそうした店を好んで通う客がすべて、オーナーと同じような個性的な人たちばかりであるとは限らないが、スタイリッシュなグリニッジビレッジにでもいそうな、オーナーと似た雰囲気の観光客をしばしば引き寄せてもいるようだ。

芸術的、あるいは知的な仲間の集まる店の主人として、スターの座を築いたオーナーもいる。喫茶店のオーナーは、もはや単なる経営者ではなく社会的地位のある専門職として扱われており、バリスタは、アメリカの東海岸や西海岸と同様に、日本でも魅力的な職業と見なされている。しかしほとんどの場合、喫茶店経営はお金になる仕事とは言いがたく、オーナーはあまり収益を見込んでいないようだ。引退した教師が教え子たちとの交流の場として経営している店や、夫に先立たれた未亡人が人づきあいを求めて、あるいは遺産だけで残りの人生を過ごすにはまだ早いと考えて始めた店というケースもある。とはいえ、オーナーの多くは、仲間づくりや文化的な空間づくりに特に関心があるわけではなく、単に商売として喫茶店を開業しており、そうした店のほとんどは日常的に利用されるタイプの、近所によくある喫茶店である。一九八〇年代には、夫婦の共同事業として、退職後に喫茶店を始める人たちも多くいた。オーナー夫婦にとって、店は独立した自分たちの子どもの代わりに客たちを見守る社交場になっていたようだ。このタイプもまた、一般的な近隣住民向けの喫茶店で、職場や家庭と距離を置ける場所を求める人たちの行きつけの場所になった。

コーヒーの品質、サービス、客との関係性を重視する喫茶店の多くは、和やかなコーヒー体験をもたらす店として評価を得ている一方で、オーナーにはっきりとした落ち度は見受けられないにもかかわらず、うまくいかない店もある。また、商売には、不正を働く者やいい加減な働き方をする者がいないわけではない。二ブロックほどの区域に四〜五軒の喫茶店がある場合など、他所とは違った売りや口コミが評判を左右し、明暗が分かれることは起こりうる。友人でもある何人かのオーナーを客という立場で観察してきた私は、対抗意識から妨害行為をしたり、顧客基盤を崩しにかかったり、時には故意にオーナーの悪評を立てたりするなど、残念な話も耳にしてきた。しかし競争相手からの嫌がらせはそんなにうまくはいかないもので、たとえコーヒーの値段が高すぎると吹聴されたとしても、客がそれを高品質の証として好意的に捉えれば、何度も足を運んでくれるものである。

私は京都で実際に喫茶店経営のコースを受講し、オーナーの多岐にわたる役割について学んだ。コースのカリキュラムには、財務管理、メニュー選択、食品の準備、カスタマーサービス、そしてコーヒーの淹れ方が組み込まれていた。コースの後半では、グラインドや日本ではよく知られるサイフォン技術の習得など、コーヒーを淹れるにあたってのさまざまな骨の折れる実技も行われた。私は自分のコーヒーづくりの経験から、たとえサイフォンは初心者であっても、上手に淹れられると思っていた。しかしうまく密閉できていなかったためにサイフォンが爆発してしまい、チームメンバーの期待を裏切った上に、実技レポートには「失敗した」と記さなければならなかった。その後、私はより謙虚な気持ちで授業に向き合うようになった。自分では真摯に取り組んでいるつもりだったけれど、身についていたはずのひたむきさと細やかさが欠けていたのだ。「こだわり」とは、一生懸命に教わることで身につくものではない。現実的な取り組みを通して、自ら積極的に身につけるものなのだ。ある女性の受講生からは、「もっと熱心に励んで気配りを身につけないといけないね」と言われてしまった。

私が受講生としてコースに参加したのは、ある質問の答えを求めるためでもあった。その質問とは、「皆さんはなぜ喫茶店を開きたいのですか」というものである。最も多かった答えは、「私の夢だから」。オーナー候補者たちは、三か月のコースに参加して、より現実的な懸念を抱くようになっていた。代表的なものは、「設備投資の返済にはどれくらいかかるのか」ということ。また、喫茶店経営の夢には、夫と妻がチームとなって「愛情あふれる事業」を始めたいという思いもある。これには、五〇歳代後半から六〇歳代前半の早期退職者数の増加が関連しているだろう。早期退職を選んだ人たちは、趣味の延長のような仕事であれ経済的な投資であれ、退職後には生き生きと働ける生活を送りたいと考えていた。プライベートな息抜きの場や高齢者のための社交場のようになっている喫茶店は、こうした早期退職者が営んでいる場合がよくある。「高齢者」と呼ばれる年代は多様化しつつあるものの、家庭はより私的な空間となり、近隣住民による自治活動は減り、家族一人ひとりがますます分離した生活を送るようになると、孤立した高齢者のための社交的な空間が求められるようになったのだ。こうして一九八〇年代になると、高齢者が望むタイプの喫茶店が相次いで開店する大きな波が起こった。その波に乗って喫茶店を開いたオーナーたちも、今では高齢者層に含まれる年齢になり、二度目の引退を迎える時期に差しかかっている。しかし彼らの店は、定年を迎えて間もない、自分の居場所を求めにくる新しい客や、ずいぶん前に定年退職して、長く通いつづけている高齢の顧客の利用が今も後を絶たない。

次世代を育む

東京の南青山にある「蔦《つた》珈琲店」のマスター、小山泰司は、喫茶店の経営は単なるビジネスではないと考えている。彼は、自分にとって店は人生そのものであるばかりか死に場所でもあり、忠臣蔵の赤穂浪士のように、任務を全うした状態で逝きたいと口にした。小山は、二〇年以上前から店のカウンターに立ち、今のところ引退するつもりはないようだ。ダークブラウンの木製カウンター席のほかに、いくつかのテーブル席が窓際に置かれた店内は、洗練された空間になっていて、床から天井まで壁一面がガラス製の窓からは小さな日本庭園を臨むことができる。店の入口には、蔦に覆われた建物のゲートをくぐり、短い通路を進むとたどり着く。そこから先には、小山が客をもてなすプライベートな空間が広がっている。彼の喫茶店に対する深い愛情は、店内のすべてに向けられたこだわりが物語っている。小山の接客におけるモットーは「楽しむこと」で、楽しみながら接客するよう心がけているそうである。

日本最大規模の私立大学の建築学科を卒業した小山は、もともと建築家を目指していた。学生生活や卒業後に入社した大企業で働く生活の中で、喫茶店に行くことは彼にとって大きな楽しみであった。そして喫茶店の素晴らしさをほかの人たちにも知ってもらいたいと思い、「カフェ・ド・ランブル」の関口一郎の指導を仰いだ後、「蔦珈琲店」を開店した。小山は自分の店で、仕事への使命感と自らの技術を結びつけていた。彼の建築への思いは、社交的な公共空間に対する関心から生じていたため、彼は自分の店を友好的な雰囲気の漂う、非日常を味わえるような空間にデザインした。小山によると、健康を維持するには、自分の時間を公私、あるいは仕事とプライベートで分けるべきではないという。彼にとっては、喫茶店がすべてである。彼自身、仕事、そしてコミュニティといったものが全部、店の一部となっているのだ。それらすべてが満たされた状態で、さらに彼自らが正直で信頼に値し他人を尊重する人間でなければ、店の評判は下がりうまくいかなくなると考えている。

小山が喫茶店経営をビジネスと捉えていないのは、あまり利益が見込めないという理由もある。彼は店のスペースを借りているため建物の所有者ではないけれども、彼にとって重要なのは、自分だけの仕事ができる空間を所有している点である。小山は、定休日以外は毎朝九時までには店に出てきて、朝一〇時の開店から夜八時の閉店まで一一時間ほど働く。店にいる間は食事をとるのもカウンターの裏で、時間を見つけて何か簡単な物をつまむ。彼は毎日、自分の店に来る前に別の喫茶店に立ち寄ってコーヒーを飲み、定休日には遠く離れた喫茶店まで足を運ぶ。ビジネスのための調査ではなく、ただ単に喫茶店に行くのが好きだからだそうだ。「喫茶店巡りは趣味なんです」と彼は話していた。

喫茶店のマスターは、肉体的にはきつい仕事で、夜の八時には疲れ果ててしまうという。小山は一日中客と接して、彼らの期待に応えている。客は彼の店に行けば期待通りのコーヒーが提供されることを疑わず、小山はそんな客を決して裏切らない。小山の一貫した接客姿勢は、現在、常連客となっている人たちの次の世代になっても続いていくだろう。なぜなら彼の店には、何世代にもわたる客が通っているからだ。「例えば、常連客の二〇歳の青山学院生が、いずれボーイフレンドと店に来るようになったとします。その後、彼らが結婚して子どもが生まれたら、彼女はその子を私に会わせるために店に連れて来るはずです。そしてその子も成長したらきっと私の店の常連客となり、のちに結婚して子どもができたら、その子を連れて来るでしょう」。小山の常連客のなかには、このような「孫」もたくさんいるそうである。

小山は、仕事に対してこの上ない幸せを感じていると話す。そして、自分がマスターという仕事を愛してやまないからこそ、自分の店は続いているのだと言う。バーならもっと稼げるかもしれないと言いながら、喫茶店という自ら築き上げたコミュニティの中心にいるマスターでありつづける。彼が店の経営を単なるビジネスと考えていないことは、店がうまくいっていることとも結びついているようだ。この先もし経営不振に陥った場合でも、きっと何も言わなくても常連客たちは彼のために支援を買って出て、コーヒーをいつもより一杯多く注文してくれるだろう。小山が負債を抱えていたこともあって、彼の息子は大学を卒業できなかったけれど、現在は優良企業で職を得ている。しかし小山は、いずれ息子が経営を引き継いでくれることを望んでいて、息子もその覚悟はできているそうだ。ただし、喫茶店の経営で金銭的な成功を収めるのが難しいことは、小山自身がよくわかっている。

大手のコーヒー企業と提携関係を持たない小山の店は、珍しい経営形態だと言えるかもしれない。個人経営の喫茶店の多くは、フランチャイズやチェーン店で、大手の卸業者からコーヒー豆を仕入れている。これらの店は、決まった企業からコーヒー豆を買うよう義務づけられた契約を結ぶ代わりに、店を始めるにあたって、指導や必要な備品の供給などを受けられる。こうした契約は、コーヒー豆の購入先を店で表示して宣伝する、〝看板〟関係を成り立たせてもいる。

小山は、コーヒー豆や器具の販売を通して傘下に置こうとする大手のコーヒー企業に、自分の店が〝所有〟されるのを避けてきた。とはいえ、彼の店のような専門的な喫茶店を開業するには多額の費用が必要で、大手企業からの援助は、店を始めたばかりの経営者には魅力的に感じると彼は言う。一方で、UCCやワールドコーヒーなどとフランチャイズ契約を結んだ多くの喫茶店のなかには、より安価なチェーン店へと顧客が流出してしまい、閉店を余儀なくされた店もある。「企業スポンサーとともに歩まない」という選択をしても、こうして店を続けていられる状態に、小山はとても満足している。

小山の店の豆は、かつて大手のコーヒー企業に勤めていた男性の経営する販売店から仕入れている。その男性は、豆の品質をもっとよくコントロールできるように、自分で小規模な卸売「アクラ」を始めた。小山は彼と二五年以上の友人で、喫茶店の経営よりも長い付き合いがあり、彼に完全な信頼を置いている。ブラジル産コーヒー豆に力を入れている「アクラ」から、サントスのみを六〇キロ袋で一度に九～一〇袋、特別割引価格で仕入れて、焙煎は自分で行う。小山は店で提供するコーヒー豆は、一種類で十分だと考えている。なぜなら同じ種類のコーヒーでも、季節や天候、時間帯、さらには小山や客の気分によって、風味はさまざまな変化を見せるからである。

喫茶店に焙煎前の生豆を卸している大企業はほとんどなく、たいていは自社で焙煎してから卸すのが望ましいと考えている。しかし最近では、マスター自身で焙煎を行う喫茶店も増えていて、店のコーヒーに付加価値をもたらすだけでなく、小規模な卸業者の支えにもなっている。小山の店では、彼が焙煎した豆の販売も行っている。ウェブサイトで焙煎した豆を販売してビジネスの拡大を図るよう提案してくれたのは、常連客の一人だった。ウェブ販売は、大学時代に店に来ていた客などにもコーヒー豆をアピールできるため、ビジネスの規模と収益は向上するはずである。「蔦珈琲店」は開店してからずっと同じ場所にあるので、今ではノスタルジーという価値が加わり、近隣住民や大学生以外の人たちからもお目当ての店とされている。彼らはライフスタイル誌やコーヒー専門誌で小山の店を知って、コーヒーだけでなくノスタルジックな雰囲気を味わいに来ている。自分自身や両親が若かりし頃に「蔦珈琲店」で過ごした思い出はなくても、『Hanako』などの情報誌で知った小山の店に、どこか懐かしさを感じてその雰囲気を楽しみに訪れるようだ。

固定客（小山によれば、約八〇〇人の常連客がいる）のおかげで、店は一定の売り上げを保ちつづけている。コーヒーの売り上げだけでも、多い日には一日に一〇〇杯分を見込むことができる。常連客が大勢いる上に給与を支払うスタッフはいないため収支のバランスが取れ、光熱費や賃貸料をまかなえるそうである。

「蔦珈琲店」は、くつろぎの空間であり、利用目的が何であれ、客が満足感を得られるような空間を提供している。ある常連客は、「この店で読書をしたり話をしたりして過ごす二〜三時間は、リラックスできる楽しい時間で、気分よく帰路につくことができる。コーヒーを二杯、あるいはコーヒー一杯と紅茶一杯を注文すると一〇〇〇円以上かかるけれども、午後の空いた時間をゆったりと過ごすには大した金額ではない。私は空間を借りているわけで、そのための料金にしては安い」と話していた。

小山のいなくなった後の店の未来は、簡単には思い描けない。なぜなら、彼の店は小山ならではの持ち味で満たされているからだ。小山にとっての気がかりは、マスターというきつい仕事が次世代にも耐えられるかどうかにある。彼は息子に対して、どんな店でも直面するに違いない苦境も、必要な変化を遂げながら乗り越えて、小山のスタイルを維持するのではなく、息子自身の喫茶店をつくり出すよう望んでいる。小山は、店を思い出に浸るだけの場所にはしたくないのだ。

それぞれの正しい淹れ方

マスターだからといって、あらゆる物事を犠牲にしなければならないわけではない。自分だけのコミュニティを持ったり、わずかながらの評判や愛情、自分の頑張りに向けてのちょっとした賞賛を望む気持ちを抱くこともある。「こだわり」は、重要視されない物事にも真剣に向き合おうとする、日本人ならではの気質のように思われるかもしれない。しかし、多くのマスターの仕事の中心にあるのは、厳格で形式的な作業ではなく、まず商売として成り立つかどうかであり、次いで、認められたいと望む真剣な思いとコーヒーへの愛情である。

　ファン層をつくり出しているのは、たいていの場合は飲み物そのものである。また、「カフェ・ド・ランブル」の関口のように、突出した技術と細やかな配慮の行き届いたパフォーマンスにも、客は惹きつけられる。関口の喫茶店で働いていた彼の弟子たちのなかには、コーヒーに対する真剣な思いを表現するだけでなく、自分流にスタイルを進化させたいという熱意を持って、自分の喫茶店を経営している者もいる。専門化されたコーヒーづくりの〝正確な〟ルーティンは、つくり手の身のこなしや芸術的な技法、そして専門器具によっても引き出されているようだ。

　先に述べたように、コーヒーには唯一の正しい淹れ方などはなく、茶道のような流派もない。コーヒーに見られる顕著な違いは、それぞれが選んだ器具と、それを用いたそれぞれの淹れ方にある。ある店ではセラミック製のポットを使い、別の店では白いエナメルの細長い注ぎ口のついた金属製のポットを使ってお湯を注ぐ。布フィルターの使い方にもいくつかあり、ワイヤーの輪に引っ掛けたり、小さなガラス製のコーヒーサーバーの上に吊るしたり、カップの上で手に持って支えたりと、さまざまな方法がある。技術の要るサイフォンを専門にする店や、フレンチプレスを用いる店もある。ただしフレンチプレスは、日本ではあまり人気がないようだ。淹れ方と使用する器具は、その店の象徴となるだけでなく、オーナーやマスターの個性やスキルを露わにもする。

　日本で精密化されたコーヒー器具は、海外でのコーヒーの淹れ方に影響を与えているばかりか、今日では、日本製のものは世界のコーヒー器具の頂点に位置づけられている。日本製のコーヒー器具はどれも洗練されているが、日本人のコーヒー職人は、器具を使うことをあまり好まず手作業を重んじる。それでも、「ベアポンド」の田中のように、エスプレッソ界の人気者も存在する。しかし、伝統的なスタイルを貫くマスターは、マシンを使った淹れ方を意図的に避ける傾向が強い。「エスプレッソマシンは自分のスキルを発揮する機会や、コーヒーの味に直に影響を及ぼすスキルを、つくり手から奪っている」と言う人もいる。つまり、「手作業のほうが効果的」というわけだ。そのため、ほとんどのコーヒー専門店は、エスプレッソマシンを置いていないのである。

おたふくの微笑みに包まれたコーヒーのある空間

京都の中心部にある四条河原町からすぐ西の寺町通は、かつては東京の秋葉原のミニチュア版のような電気街だった。今では、ラーメン店や喫茶店などの小さな店がところどころにある通りとなっている。その通り沿いにある優しく微笑むおたふくの看板絵に導かれて狭い階段を下りていくと、居心地のよい喫茶店「御多福珈琲」にたどり着く。

四条河原町から二ブロック北東には、赤いベルベットの椅子とダークブラウンのテーブルが置かれ、ベル・エポックを彷彿とさせる雰囲気をつくり上げている喫茶店「築地」がある。一九三〇年代はじめに創業した「築地」は、小説家の谷崎潤一郎や彼の仲間も訪れていたそうである。「御多福珈琲」も「築地」と同じようなスタイルではあるものの、こちらはより明るくてカジュアルな印象を受ける。店内には歴史を感じさせる品々がさりげなく配置されて、レトロな雰囲気を醸し出している反面、時代の流れに逆らおうとしているかのような、現代的な絵画と風変わりなおもちゃや写真も飾られている。レトロなマッチ箱の絵柄は、おそらく一九二〇年代はじめ頃のデザインだろう。伝統芸能で使用されるおたふく面をデフォルメした陽気な表情は、「御多福珈琲」の居心地のよさを表しているかのようだ。

時間帯や常連客によって、「御多福珈琲」の小さなテーブル席とカウンター席には、穏やかな沈黙が流れていたり、陽気な会話が飛び交っていたりする。会話がある際には、若い客も年配の客も、しっくりくるようなら会話に加わるようマスターに勧められるので、テーブルを超えて会話が弾む場合もある。マスターの野田は、パリッとした白無地のワイシャツと黒色の長いギャルソンエプロンを身につけている。朗らかで積極性に富み、笑みを絶やさない彼は、信頼の置ける人柄をそのまま表している。彼の意識の中心にあるのはもちろんコーヒーだが、交流を求める客にもしっかり対応し、満足してもらえるよう心がけている。

　野田は、注文ごとに新鮮な水を沸かし、お湯を注ぐ直前に豆を挽いて、一度に一杯ずつコーヒーを淹れる。彼の淹れ方は、ペーパーフィルターを用いたハンドドリップ式である。沸かしたての熱湯をケトルからポットに移して、まずは少量のお湯をコーヒーカップに入れて温める。一〜二分の時間を置いてから、温めておいた小さなガラスサーバーにドリッパーをセットし、フィルターに入れたコーヒー粉の上にお湯を注ぐ作業に入る。コーヒー粉を蒸らすために、最初にお湯を少しだけ垂らす。そして少し間を置いてから、「決してお湯をフィルター側面にできたコーヒー粉の「壁」やフィルターそのものに触れさせてはいけない」という師匠の言葉を守りながら、細い流れをしっかりとコントロールして螺旋状に注ぎ入れる。すると、細く安定した流れが渦巻きをつくりはじめる。それから、野田は背中を曲げた姿勢でひじをしっかりと持ち上げた状態のまま、お湯を三回に分けて注ぐ。お湯がフィルターの中で螺旋状の模様をつくるバレエのような動きを楽しむ客の姿を見ると、野田は嬉しそうだ。京都西陣で「珈琲茶館」というコーヒー豆の専門店を経営している師匠の田中は、野田のこの独特の淹れ方は茶道の型のようなものではないと話す。型にはまった淹れ方なのではなく、おいしいコーヒーを淹れる正しい方法なのだと説明してくれた。高い意識でコーヒーに取り組む野田は、自分の淹れ方には刺激とくつろぎの両方があると考えている。彼の淹れ方を、完璧を追求する人のそれだと見なす人もいるかもしれないが、決して「型通りの決まりきった淹れ方」ではないと、田中は付け加えている。

　「御多福珈琲」のコーヒーの値段は、周辺の店と同じくらいに設定されている。野田のコーヒーの素晴ら

ハンドドリップでコーヒーを淹れる、京都「御多福珈琲」のマスター、野田さん

しさは、豆とその職人技である。野田によると、コーヒーのプロとしての意識は、マスター・客・コーヒーという三つの関係性に大きく作用しているという。それらに次いで重視すべきものがサービスになる。彼にとってサービスとは、コーヒーと温かみのある空間だけでなく、つながりを持ちたい客同士にはそのきっかけを提供することを意味している。茨城と東京にある「サザコーヒー」の鈴木誉志男を含む一部のマスターのなかには、サービスの一環として「コーヒーに関する知識を伝授すること」を強調する人もいる。「コーヒーの専門家は、客のニーズにきちんと応えるのはもちろんのこと、客が満足感を得られるまで商品について説明できなければならない。そして商品は詳説に値するものでなければならず、そうでなければプロではなくアマチュアにすぎない。プロであれば、コーヒーとそれにまつわる話を客に提供したくてうずうずするはずだ」と。

　野田は数年の見習い期間を終えた後、京都大学近くの知恩寺で毎月開催されている手づくり市に、コーヒースタンドを出店していた。野田のコーヒースタンドは手づくり市の中心的な店になり、野田のコーヒーを目当てに人がやって来るようになった。約三年後、彼は常連客から自分の店を始めるよう勧められ、「御多福珈琲」を開いたのだ。その当時からの常連客はカウンター席に集まるようになり、満席の際はドアの外の階段で席が空くのを待っている。野田の支持者たちは、彼の店を軸に独自のウェブサイトを開設した。こうしたファンクラブのような活動は珍しいことではなく、彼の豆のサプライヤーである田中にも仲間や支持者がいて、そうした〝ファンクラブメンバー〟と撮った写真を誇らしげに見せてくれた。

コーヒーを淹れる「FACTORY KAFE 工船」のマスター、さっちゃん

喫茶店を切り盛りする女性たち

ここまでは、男性のコーヒー職人だけを取り上げてきた。実際、スペシャルティコーヒーの現場は、ほとんど男性によって占められている。それでも、「こだわり」の高みを目指す女性のコーヒー職人もいて、時にはかなり特徴的なこだわりを発揮して支持者を得ている。さっちゃんは、そんな一人である。

「FACTORY KAFE 工船」（ファクトリーカフェコウセン）のコーヒー職人、さっちゃん（本名は更紗）は、切子グラスの真上で左手に持った布フィルターのコーヒー粉に、かなりの集中力でお湯を注ぐ。その間は、微笑んだり、店内の客を気にかけたり、口を開いたりはしない。彼女の落ち着き払った自信に満ちたスタンスからは、コーヒー職人と言うよりプロダンサーのような印象を受ける。さっちゃんは、この本で取り上げるマスターのなかで最も若いけれど、コーヒーづくりに関しては最も熱心に取り組んでいると言える。彼女のプロとしての意識は、店内の装飾や雰囲気、社交的な交流の場づくり、居心地のよさの提供にはほとんど向けられていないということだ。

さっちゃんの店は、京都の河原町今出川にある雑居ビルの二階にある。私が通っていた当時は、ビルの入口付近に店の看板はなく、「KAFE 工船」（一九二九年に発表されたプロレタリア文学、小林多喜二の『蟹工船』をもじっている）と手描きのようなレタリングで書かれた小さなロゴが一階のドアに貼ってあるだけだった。歩道から入ってすぐの薄暗い廊下の壁には、自転車が数台立てかけられている。階段を上がって二階の白い壁づたいに板張りの廊下を進んで行くと、目印のない店の入口にたどり着く。なかに入ると、入口の脇に、フジローヤルの焙煎機やコーヒーの麻袋が置かれていて、片方の壁にある低い棚には、コーヒーに関する本が並んでいる。入口の向かい側の壁には窓があり、窓と窓の間の壁には、ゴルフクラブを持ち上げて、プロ並みのスイングでティーショットを打とうとしているフィデル・カストロの大きなポスターが貼ってある。窓に向かってカウンター席があり、その左側には、天井から自転車が吊るされて、壁にはタイヤや珍しい機械類が所狭しと並べられた作業スペースがある。工具で埋めつくされた作業台もあるそのスペースでは、髭を生やしたヒッピー風の男性が油汚れも気にせず自転車と向き合っていて、カウンター席では、さっちゃんが客とコーヒーの話をしている。

この店では、客は小さな木製のメニューを参考にしてコーヒーを選ぶ。メニューには世界地図が描かれていて、地図に貼られた小さな丸いシールの色や位置から、提供できるコーヒーの種類やコク、焙煎度合い、産地などがわかるようになっている。客がグアテマラアンティグアを選ぶと、さっちゃんはほかの客との会話を一切やめて、コーヒーを淹れる作業に取りかかる。淹れている間に新しい客が入ってきても、彼女は声をかけたりはしない。客は椅子に座って、自分の順番が回ってくるのをじっと待つ。

喫茶店を経営しているほとんどの女性は、さっちゃんとはまるで違う。たいていの女性オーナーは、喫茶店という空間の中で、母親、サービス業従事者、看護師、親友など、身近にいるほかの女性の役割を自分の役割として演じている。そうした女性オーナーと違うさっちゃんを批判したり、なかには、彼女は高望みをしすぎで、女性には男性ほどこだわり抜いたコーヒーを淹れられないと考えている人もいる。しかし、さっちゃんの店に何度も足を運んでいる常連客のほとんどは男性である。彼女は男性のコーヒー職人の弟子ではないし、男勝りに仕事をこなそうとしているわけでもない。コーヒー職人に性別による区別は必要ない。批判的な人の目には、彼女は店という自分の領土で、権威的な司祭のように振る舞っているように見えるのかもしれないが、さっちゃんや先述の野田は、形式を重んじたコーヒーを淹れているわけではなく、ただ目の前にいる客のために、最高のコーヒーを淹れようとしているだけなのだ。

京都にある「FACTORY KAFE 工船」の店内

　これまで見てきたように、女性は社会的性別に基づいて押しつけられたアイデンティティに抗いながら、給仕係、消費者、流行の仕掛け人、芸術家、作家、政治活動家として、一〇〇年以上にわたる歴史を持つ「喫茶店」というコーヒーのある公共空間に存在し、店のスタイルや常連客にさまざまな変化をもたらすほどの影響力を発揮してきた。そして、オーナー兼接客係としても、女性は自分の経営する店で、流行を仕掛けると同時に伝統を守る役割をも担ってきた。さらに、女性ならではのおもてなしをコーヒーとともに提供する「賢明な女性」という役割を果たし、ある時には若い常連客の愚痴に付き合う思いやりを持った聞き手になり、またある時には年配の常連客の「時代と空間を共有」し寄り添う友人役を務めてきた。彼女たちは、どちらかと言えば中年かそれより上の年代で、夫に先立たれた未亡人や、個人経営の喫茶店を両親から受け継いだ娘という場合もある。客への対応は、家庭における女性の役割の延長のように思われるかもしれない。しかし彼女たち自身は、自分たちのもてなし方を、単なる家庭的な母親らしさの表れなどではなく、公の場で通用する、経験を積んだプロならではの感性の表れだと考えている。

女性の経営する喫茶店が、必ずしも女性らしい見た目の店であるとは限らない。実際、彼女たちの店の多くは、男性の経営する店と似た内装だったり、父親から受け継いだそのままの状態だったりする。一方で、女性ならではのこだわりのこもった姿勢は、男性マスターと同じくらい完璧を目指しているものの、いくらか違いがある。女性オーナーのなかには、あえて男性オーナーとは異なる女性らしさに力をそそぐ人たちもいる。女性ならではの雰囲気を売りにしている喫茶店は、男性オーナーの喫茶店と競合しないという理由もあるのかもしれない。

四〇歳代のジュンコは、ほとんど郊外と言える住宅街にある自宅の前庭と一台分の駐車スペースを、喫茶店として増築した。彼女の店は明るく、節の多い無塗装のパイン材で板張りされていて、小さなカウンター席と四席ほどあるテーブル席の椅子は明るいアニマル柄の布張りがされている。室内の細かい部分にも女性ならではの飾りが施されていて、ランプの傘にはフリルがつけられ、小窓にはカーテンがかけられ、カウンターには椅子と同じアニマル柄のテーブルクロスが敷かれている。手づくりの手書きメニューはイラスト入りで、提供している食べ物は、スープ、サンドイッチ、オムレツ、ピラフなど、いかにも家庭的といった印象を受ける。また、ジュンコの店のコーヒーは、一杯ごとに淹れるのではなくポットに用意されている。彼女は子どもたちと夫を送り出してから一〇時に店を開けるため、モーニングサービスは提供しておらず、買い出しや用事を済ませた後に昼食をとりに来る近所の住人たちが主な客である。ジュンコにとって自分の喫茶店は、家族関係や友人関係の延長線上にあり、自宅のような店で友人をもてなすことは彼女の夢だった。彼女は、自分の店に来る客は皆、友人か、これから友人となる人たちだと言う。喫茶店の裏にある自宅では、日常生活の慌ただしさもあって、理想的な主婦ではいられないけれども、店では、理想的な女性らしさで客をもてなすオーナーでいられるのだそうだ。

喫茶店という明るく照らされたステージで発揮されるジュンコの「完璧な女性らしさ」は、店に家庭的な雰囲気を与える要因になっている。彼女には息子と娘がいて、娘が塾から帰宅する時間に合わせて店を閉めるので、娘は店の片づけを手伝ってくれる。一方、息子のほうは、自宅のテーブルに夕食が並ぶ頃にようやく帰ってくる。ジュンコにとって、今の状況はまったく申し分のないものだ。店に客のいない隙間時間があれば、前倒しして夕食の支度をしたり、洗濯をしたりして過ごすこともできる。そして喫茶店のドアに吊るしたベルが客の訪問を告げると、彼女は素早く店に戻っていく。

ジュンコが自分の店で実現しようとしている家庭的な役割を活かした理想の姿は、カズコの喫茶店経営に対する考え方とはかなり異なっている。カズコは家から離れる際は、家のことはすべて義母に任せて、家庭での責任から完全に離れたいと考えている。カズコの店「チョウタラ」(ネパール語で「負担からの休憩所」を意味する)は、コーヒーや軽食を提供する喫茶店とは別にもう一つの顔を持っている。カズコは、手織りの小さなバッグやスリッパ、スカーフなど、主に若い女性の興味を引きそうな民芸品をネパールやインドネシア、タイから輸入して、店で販売している。喫茶店のメニューは、薄い木製ボードにチョークで書かれていて、マレーシア料理の「牛肉のルンダン」、タイ風サラダ、パニーニ、トーストサンドイッチなどの料理を日替わりで出している。コーヒーはオーガニックで、ブラジルとグアテマラのシングルオリジンコーヒーのほかに、彼女独自のブレンドコーヒーもある。カズコの店は大学の近くにあるが、学生にとっては値段がやや高めなため、お得意様は教職員である。ジュンコと同じようにカズコも提供するのはランチのみで、義母のつくった夕食が食卓に並ぶ時間に間に合うよう、午後五時までには店を閉めて自宅に戻る。家庭での彼女の仕事は、食後の片づけと翌日の弁当の準備である。カズコは、女子大の同級生と一緒にこの喫茶店を始めた。彼女たちはどちらも、喫茶店は家事では得られない何かを自分たちに与えてくれると考えている。二人とも長男と結婚したので義母との同居はあらかじめ決まっていたが、ありがたいことに、彼女たちの義母は家事を進んで引き受けてくれる。週末は、大学にはあまり人がいないこともあって、家族で過ごす時間にするため定休日にしている。

　次に紹介する四人目の女性オーナーは八〇歳代の未亡人である。彼女は、東京の御茶ノ水の脇道にある神田川沿いでギャラリー喫茶を経営している。御茶ノ水は学生街ということもあり、彼女の店の常連客には、芸術に興味を持つ学生も多い。彼女には建築家の友人がいて、夫が亡くなった後、自宅の前方を改築してもらって喫茶店を開いた。開業当時の彼女には、ヨーロッパ現代画家の作品の現物を購入する余裕はなく、美大生に模写をお願いしていたため、アルバイトの学生やその友人によく知られる店になっていった。彼女のギャラリー喫茶はしだいに人気店となり、妥協のないコーヒーと彼女の美的センスの高い芸術的嗜好は、店の魅力の一部となった。経営を軌道に乗せると、彼女はミロ、ダリ、シャガールのオリジナルのリトグラフを購入しはじめた。また、若い芸術家たちにとってキュレーターやパトロンのような存在となり、のちに彼らがギャラリーを開いたり、芸術家として成功したりして、より多くの客を店に連れて来るようになった。「お金持ちになろうとは考えてもみなかった……長年にわたりお客さんをもてなしてきて今感じていることは、最大限の誠意を持って接客をしていれば、お客さんは決して見放したりしないということだわ」。そして誠実でいるからこそ、周辺にある他の喫茶店が閉店してしまっても、彼女の店は続けていられると考えている。「私たちは、常にこだわりを持って本物を追求してきたの」と彼女は語った。

　これらの献身的な喫茶店のオーナーやマスターの本質にあるのは、社交性のある公共空間で個人的な手厚いもてなしを提供したいという思いであり、単調になりがちなサービスに工夫を凝らして独自性を加え、自分の提供する飲み物の品質に責任を持ちたいという強い願望である。このおもてなしのスタイルには決まった型などない。この章で紹介してきたマスターたちは、儀式的な茶道の亭主のような、形式張ったコーヒーのつくり手ではない。彼らは、簡単には到達できないながらも、完璧を目指しつづけるコーヒー職人なのである。日本のコーヒー職人が発信するコーヒーカルチャーは、シアトル系コーヒーを凌ぐ勢いで急速に世界へと広まり、世界各地で通用するようになっているばかりか、見習うべき手本にさえなっている。彼らが当然のように提供しているものは、客の期待に応えるコーヒーだけでなく、おもてなしの心である。そして、卓越したおもてなしの心こそ、世界に認められた日本特有の文化形態とも言える日本のコーヒーづくりを特徴づけているのである。

第5章

「日本のコーヒー」が生まれる理由

ハイメ・ヴァン・シンデルは、マサチューセッツ州アーリントンにあるカフェバリスモで、日本スタイルのコーヒーを淹れている。「バリスモ」というのは、単なるカフェと言うより、コーヒーの高度な知識と規格を普及する施設のような場所と言える。ハイメは、緻密な日本の焙煎技術にすっかり魅了されてしまった一人である。そして、この日本的な「凝《こ》り性《しょう》」こそが、彼が目指す本物の品質を導き出せるのだと考えている。彼によると、日本の焙煎技術が高いレベルに保たれているのは、自動化や規格化だけではなく、焙煎者の心と体に染み込んだ技《わざ》にほかならない。彼の使っている二台の焙煎機は、フジローヤルの焙煎機をモデルに台湾で製造し、自分専用にカスタマイズしたものである。彼が働く店の入口付近には、家庭用サイフォンやドリップ式コーヒーメーカー、布フィルターといった日本製のコーヒー器具で埋めつくされた棚があり、昔ながらの職人の工房を彷彿とさせる。コーヒーマニアなら、おそらくここを聖地のように感じるだろう。コーヒーの淹れ方や趣向を眺める限り、この店は日本にあってもなんら不思議ではない。

今日、日本のコーヒーは最も優れた品質、手法、技術の備わった最高級ブランドと見なされている。そして日本製のコーヒー器具は、海外でもカフェや個人などによって販売されている。もはや単なる器具と言うより、コーヒーにどれだけ真剣に向き合っているかを判断する物差しのようになっているのだ。一方で、日本スタイルのコーヒーの淹れ方は、形式化しているだけでなく行き過ぎになっているきらいもあり、「おいしく淹れる」という本来の目的から外れた、極端な行為にも見えているようだ。おいしいコーヒーの淹れ方に挑戦したあるアメリカの批評家は、苛立ちを覚えて次のように書いている。「お湯を沸かし、フィルターのコーヒー粉に少し含ませて蒸らし、いくらか間を置いてから何度もお湯で同心円を描かなければならない。やるべきことはいくつもあり、コーヒーを淹れていると言うよりも、まるでキッチンカウンターにつながれて、コーヒーにこき使われている気分になった」。サンフランシスコ・ベイエリアにある「ブルーボトルコーヒー（一六八三年にコルシツキーがウィーンで開いたコーヒーハウス「青い瓶」に由来）・ミントプラザ」店で使用されているサイフォンやドリッパーなどの器具は、「ハリオ」（HARIO株式会社は日本の耐熱ガラスメーカー）と「上島珈琲」の製品である。この店では、ガラス製の管やフラスコが備わった日本製の抽出器で何時間もかけて淹れる「キョウト・アイスコーヒー（Kyoto Style Iced Coffee）」という商品を販売している。このコーヒーを抽出するウォータードリッパーは、アメリカでもいくつかの店で扱われていて、販売価格は二万五〇〇〇ドル以上もする。カリフォルニアのあるコーヒーショップのオーナーは、「日本製の器具は、店に日本らしさを印象づける」と公言しているけれども、彼の意図がどれほどの顧客に伝わっているかは定かではない。いずれにせよ、今日のアメリカにおける新しいコーヒーのトレンドは、日本のコーヒーからもたらされたもので、その逆ではないのだ。

サイフォン式のコーヒー器具

「日本のコーヒー」という言い方は、日本人のコーヒーの飲み方はアメリカ人の慣習や味、トレンドの影響を受けていると考えている人たちにとっては、違和感のあるものだろう。実のところ、日本でのコーヒーの消費は、シアトル系コーヒーが日本へやって来るずっと前に始まっていた。日本にコーヒーがもたらされた一七世紀から、一ブロックあたりの喫茶店数が平均三軒という今日の密集した状況に至るまで、コーヒーは日本で着実に発展してきた。また、コーヒーだけでなく日本のコーヒー業界自体にも、他に類を見ない独自性が窺える。それは、コーヒーが日本に到着するまでに辿ってきた道のりと、その後の道のりとに深く関わっている。コーヒーがヨーロッパの主要なコーヒー消費国とは異なるルートで日本に入ってきたことだけではなく、日本が一九世紀にコーヒーの輸入に関与したことが、日本のコーヒーが世界に広まることにつながったのだ。コーヒーは、アラブの商人とトルコの使節によって初めて世界的な商品となった。そしてその後、より広い世界への扉を開き、さらに発展させてきたのは日本人なのである。

一九三〇年代に（皮肉にも、当時の日本は国際的な孤立を深めていた）、すでにある評論家は、コーヒーは日本に近代国家の一員になるきっかけを与えてくれるかもしれないと述べていた。ここで言う近代化とは、政治的と言うより余剰労働力といった経済的な問題によるものだった。はじめに、移動可能な日本人労働者が、新たな労働力を必要とするブラジルへ渡ってコーヒー栽培に従事し、それがのちに、日本の個人起業家が、コーヒー豆を流通させるための貿易ルートをつくり上げて財産を築くことにつながった。労働力としてのブラジル移住は、当時の日本が抱えていた経済的な事由によるものだったが、結果として、日本のコーヒー業界の発展を促すことになったのである。

コーヒーの受け入れられ方は、日本に新しい商品やアイディアが導入される際に起こる文化的な融合のパターンを顕著に表している。日本では、新しい物事や考えの導入には時間がかかるが、消費者が関心を持つ事物はまたたく間に受け入れられ完全に日本化される。ラーメンは、その好事例だろう。ほかにも、ジャズは一九三〇年代には日本の音楽となり、マヨネーズは戦後まもなく日本のどこの家庭にもある調味料として浸透した。また、タンゴは、ブエノスアイレスまで聖地巡礼に赴くような熱心な愛好家がいる一方で、フラダンスと同じく、趣味として気楽に楽しむ習い事にもなった。消耗品の場合は、日本では新たにつくり変えるよりもバリエーションを加えて商品の大幅な多様化を引き起こし、さまざまな隙間市場を登場させてきた。コーヒーも西洋音楽や洋服、洋風建築と同じくらい、あるいはそれらよりも早く、日本の飲み物として定着した。日本ならではの文化的融合はコーヒーの日本化を促進し、それによって明治初期の近代化時代とは別の、新たなコーヒーのある空間を生み出していったのである。

日本化を促進させる文化的融合は、たとえるなら細かい孔《あな》がたくさん空いているスポンジのように、外からの刺激を吸収しやすい。日本は伝統を重んじる保守的な社会に見えるかもしれないが、いったん慣習の壁を超えてしまえば、ほぼ抵抗なく新しい物事を受け入れる。これは、何でも簡単に受け入れてしまうという意味ではなく、目新しい物事を嗜好というフィルターを通して、自国の慣習との調和を図るのである。フィルターを通ってうまく慣習と調和した文化のなかには、コーヒーとともに出されるおしぼりのサービスや、コーヒーを〝手づくりする〟といった発想も含まれている。文化はそれ自体が社会的・地理的・歴史的・経済的、さらには市況の影響に左右されるため、新たにつくり出された商品も、それを取り巻く人間環境も、必ずしも〝伝統的〟である必要はない。二〇世紀への変わり目に誰かが口にしていたコーヒーと、二一世紀への変わり目に誰かが飲んでいたコーヒーは、同じブラジル産の豆で淹れられたものかもしれないが、それを飲んでいた人や場所には、一〇〇年に及ぶ文化的な変容が確かに起こっているのだ。

コーヒーは、生産地から移動する過程で、産地の文化から離れて、行く先々の土地で新たな嗜好や慣習をつくり出してきた。日本にやって来たコーヒーも、市場に潜在していた隙間市場に入り込んだだけでなく新たな隙間市場を生み出していった。一般的に日本は、商品やアイディアを自ら発案するよりも取り入れる国と考えられている。実際、新たに到来した物事を実にうまく取り込んでは改良を施す。文化人類学者であるベフ・ハルミ(別府春海)によると、今日では、オリジナルよりも日本で改良された商品やアイディアのほうがより多く世界に広まっているという。しかしながら、こういった商品すべてに、目に見える形で日本的な特徴が備わっているわけではなく、ほとんどは特定の文化的特異性を持たない「無国籍」なものとなっている。漫画、ハローキティ、アニメ映画などは日本を連想させる一方で、家電などの商品は必ずしも日本を想起させない。コーヒーの場合も然りで、ヨーロッパ中心の文化のように考えられているが、実際には、商品や味の基準を積極的に打ち立ててきたのは日本である。日本のコーヒーは、日本特有でありながらも確実に世界で認められ、その独自のコーヒー文化は、「日本のコーヒー」としてブランド化されて、世界におけるコーヒー体験のトレンドや技術に貢献している。そして「日本のコーヒー」というブランドこそ、品質水準の高さの保証ともなっている。日本の厳しい水準に対して置かれる信頼は高く、新規の生産地は、コーヒーのサンプルをまず日本の市場に参入させてから、他の市場へ送り出している。かつてブラジルコーヒーの普及に力を注いだ日本は、今ではあらゆる新しいコーヒー豆を評価し、広めるのに一役買っているのである。

日本の喫茶店で提供されるコーヒーは、玄人好みか万人受けかを問わず、「大衆的な飲み物」と言うのにふさわしい。今日、日本のコーヒーは、地政学をはじめ刻々と変化する技術、農業、地理などの実情に影響を受けながら、世界の経済と日本の味をつないでいる。干ばつや害虫の発生、石油燃料の価格変動、輸送河川の氾濫は、そうした日本のコーヒーの消費パターンを不安定にするものだ。二〇〇八年のエチオピア産コーヒー豆の輸入規制は、豆を入れる麻袋に残留農薬が見つかったことが原因だった。ちょうど日本でイルガチェフェ、特にモカ・イルガチェフェの人気に火がついた時期と重なっていたため、事実上の輸入禁止状態は大きな関心を集めた。また、日本はドイツやサウジアラビアに次いで、年間二〇％のエチオピア産コーヒー豆を輸入していたため、輸入規制は政治問題にまで発展した。日本の基準を満たせるようエチオピアのコーヒー生産者に対する対策が施され、その結果、二〇一〇年四月に日本への輸出が再開された。日本の専門家たちはこうした事例について、「信頼の再構築に関わる問題である」と発言している。さらにこの問題によって、日本の大手焙煎会社は、直営の農園管理や仕入先の多様化などの必要性を感じることとなった。

コーヒーカップの中で起こった文明開化

明治初期の文明開化の時代になると、文明化に向けた政策が打ち出され、日本の経済と世界における地位向上や繁栄の足がかりとなるような西洋の製品が重視されるようになった。一八九〇年代にブラジルから輸入されたコーヒーは、モダンで西洋的な飲み物を口にすることで洗練された都会人であることを示したい若者たちの間で特に歓迎された。当初、コーヒーを飲んでいた人たちは、西洋の影響を受けたエリートや中間層出身の若い給与所得者などに限られていたが、二〇世紀になると、コーヒーは身近によくある飲み物として定着した。若い人たちは日本茶の味を忘れてブラジルの味に染まってしまったと嘆く人たちがいた一方で、コーヒーとそれを提供する喫茶店は、多くの人たちにとって急速に生活の一部となっていった。

ただしコーヒーは、文明開化に先んじて、少なくともその約一七〇年前には日本人に飲まれていたようだ。日本でコーヒーがめざましい発展を遂げた前提条件には、歴史上のいくつかの幸運な出来事があったと言える。難破した日本人船乗りが外国船に助けられ、コーヒーを与えられて回復したという物語は、外国船が日本に漂着した物語と同じ一七世紀に語られていて、どちらも日本にコーヒーをもたらしている。また、一八四一年にスペイン船に乗せられた船乗りの報告には、「親切な人びとが、『コオヒイ』と呼ばれる砂糖の入った茶のような飲み物を我々に提供してくれた」と残されている。

宣教師や商人とともに日本に持ち込まれたコーヒーについては、日本だけでなく海外の文献にも書き残されている。当初コーヒーは、紅毛《こうもう》人の飲み物と呼ばれ、一部の日本人が主に薬として飲んでいた。周知のように、鎖国時代は、海外との貿易は長崎の出島でだけ行われていた。外国商人など海外からやって来た人たちは、出島に建てられた住居で生活し、特別な許可を得られた場合にだけ島から出ることができた。出島に渡ることが許された日本人も限られていて、ほとんどは通訳や貿易商、遊女だった。一六三九年以降の日本と外国との貿易は、連合東インド会社、つまりオランダ東インド会社によって完全に独占されていた。オランダに次いでフランスも、一六〇四年に東インド会社を立ち上げたが、すでにオランダの独占状態は確立していて、うまく軌道に乗せることができなかった。

オランダは、インドのマラバルからオランダ領だったバタヴィア（現在のジャカルタ）にコーヒーの苗木を移植して栽培を始めていた。これによって、コーヒーはオランダにとって商品作物として主要な収入源にもなった。オランダ植民地から出島に最初に到着したコーヒーは、このバタヴィアで栽培されたものと、セイロン島（現在のスリランカ）で栽培されたものだった。日本でのコーヒーの飲用については、すでに一七〇六年には、カピタン（オランダ商館長）が日記に書き残している。

一七二四年に徳川吉宗の命によって行われたカピタンとの質疑応答の記録（『和蘭《オランダ》問答』）には、オランダ人の飲み物について「我々は煎茶や挽茶ではなく唐茶を飲む」という記述があり、この「唐茶」がコーヒー（薬草唐茶）を意味すると考えられている。また、一七七五年に医師として長崎の出島にやって来たカール・ペーテル・ツェンベリー（ツンベルク）の記録にも、食後にコーヒーを飲む習慣のある出島のオランダ人と、彼らに倣ってコーヒーを飲もうとする日本人について書き記されている。さらに、オランダ人のコーヒー飲用について、日本人自身による次のような記録もある。「オランダ人は、コヒイを習慣的に飲んでいる。コヒイの形状はえんどう豆や大豆に似ているけれど、実際は木の実である。その実をすりつぶしてからお湯の中に入れてしばらく待ち、砂糖を加えて飲む。彼らにとってのコヒイは、我々にとっての茶と同じようなものである」。

蘭学者は、医学書や植物学書の翻訳を通して、西洋人のように食欲増進剤や頭痛、婦人病の治療薬、下痢止めとしてコーヒーを飲用するよう日本の医師に伝え、その普及に貢献した。彼らはオランダ人がコーヒーを飲む習慣について、次のように説いている。「オランダ人は、コーヒーを朝と夜に飲むことで活力を増大させ、朝食や昼食の前後に飲んで消化を促進させている」。一方、日本の蘭方医たちは、「休息や睡眠を促す」など、オランダの文献で紹介されている利用法以外にも、コーヒーには有益な効果を期待できるとの見解を示した。

こうした治療薬としての処方は、嗜好品として飲用されるようになってからも、一九世紀初頭まで続けられた。一七九七年に記録された紅毛人から長崎の遊女に贈られた品物のリストには、ろうそく、石鹸、喫煙用パイプ、チョコレートとともに、小さな鉄製の箱に入れられたコーヒー豆も含まれている。どうやら遊女たちは、贈り物として重宝されていたコーヒーを好んで飲用していたようだ。彼女たちは、出島の顧客から蜂蜜で甘みを加えたコーヒーを紹介され、その刺激作用が自分たちの仕事に有益なことに気がついた。というのも、夜中のうちに客が盗みなどの悪さをしないよう、夜通し起きて見張っておく必要があったからだ。出島に出入りしていた通訳だけでなく遊女も、文化の仲介人としてコーヒーの普及に一役買っていたと言えよう。

またコーヒーは、神仏への捧げ物としても用いられた。記録によると、一七九七年六月一九日に、日本で最も神聖な神社の一つである太宰府天満宮にコーヒーが奉納されている。「コヒエ」を献上したのは井出要右衛門なる人物であり、長崎の貿易商だった彼自身もコーヒーを口にした経験があった。井出がコーヒーを奉納した背景には、貿易商ならではのコーヒーへの関心が見て取れる。彼は、供物にふさわしい品物という価値をコーヒーに付加することで顧客を得て、貿易商である自分の利益につなげようとしていたと推測される。

博物学者でもあったオランダ商館医、フィリップ・フランツ・フォン・シーボルトも、出島で記録を残している。一八二三年にオランダ貿易商とともにジャワ島から日本に渡ってきた彼には、医術を教えたり日本人の患者を往診したりする許可が与えられていた。彼が初めて日本を訪問した際の記録には、彼の処方したコーヒーの味は、日本人に漢方薬のひどい苦味を連想させたという記述がある。コーヒーは幅広い症状、特に胃腸疾患の治療に効果的だとされ、冷えによって機能が低下した体を温め、健康状態を取り戻す効果があると考えられていた。またシーボルトによると、日本人はコーヒーを飲みすぎてしまった際に、作用を緩和する目的で梅干しを口にしていたという。

シーボルトは、健康と長寿を促すコーヒーを日本に普及させようと、自分自身で豆の輸入を計画した。そしてオランダ政府に対して、「毎年、数千ポンドのコーヒー豆を焙煎して粉に挽き、きれいな缶か瓶に詰めて日本に送るとよいだろう。容器には、淹れ方と飲み方の詳しい説明を貼っておくこと」と記した要望書を送っている。

その一方で、シーボルトは慎重な市場研究を行い、次のような指摘もしている。「日本へのコーヒーの輸入には、懸念すべき障害が主に二つある。一つは、日本人は生来ミルクを好まない。そしてもう一つは、彼らには焙煎の経験がない。日本人は、ミルクを飲むことは仏教の戒律に反すると考えている。彼らにとってミルクは『白い血』であり、血を飲むという行為は罪に当たる……要するに、彼らにはオランダ人が賞賛する飲み物の価値を理解しがたいかもしれない」。シーボルトの見解は正しかった。すべての日本人がコーヒーの味を受け入れられるわけではなかった。大田蜀山人《しょくさんじん》（南畝《なんぽ》）は、一八〇四年に長崎でコーヒーを飲んだ感想をこう書き残している。「『カウヒイ』なるものをすすめられる。豆のようなものを黒く炒って粉にし、白糖を加えた飲み物である。焦げ臭くて味わうには堪えられず」（『瓊浦又綴《けいほゆうてつ》』）。

一八五五年には、薬として徳川幕府から弘前の津軽藩に支給されるなど、コーヒーの普及が促された一方で、幕府高官以外で人気が高まることには懸念が抱かれた。コーヒーが嗜好品として庶民の手に渡ることで、日本の文化が国外の文化に侵されてしまう可能性を危惧したのである。しかしながら、幕府はコーヒーの人気は税収を生み出し国益にもなると考えて、一八六六年になると、コーヒーの輸入を正式に始めた。

異文化に直面した日本人は、自国文化の保護と海外からの影響の調和を図る目的で和魂洋才を推進し、日本文化を維持しながら外国文化を受け入れようとした。また、一八六〇年代に日本から高官、学者、そのほかのエリートたちが外国へ渡ったことは、海外におけるコーヒー体験などを通して、文明化（西洋化）や近代化を身をもって知る機会にもなった。日本で西洋化や近代化が地方に広まった背景にも、実はコーヒーが関わっている。コーヒーは、球体の砂糖の中心にコーヒー粉を入れた珈琲糖という形で地方にも伝わり、お湯に溶かしておやつとして口にされた。ほかにも、砂糖菓子と呼ばれるコーヒー粉と砂糖を混ぜて固めた菓子もあった。これは主に大阪で人気があり、そのまま食べるかお湯で溶かして飲まれた。商人によって主に関西地域に伝えられた砂糖菓子は、農民が文明開化を体験する手段の一つにもなっていたようである。

明治時代に、海外の商品や思想、技術への関心がますます高まり、政府によって肉食が推進されるようになると、消化剤としてのコーヒーの飲用も盛んになった。そもそも肉食は、仏教の教えもあって禁忌とされていたが、滋養を高め肉体を強化できる「薬」として、武士の間では牛肉が食べられていた。どうやらコーヒーも牛肉と同じように、とりわけ男性が口にしやすい飲み物として、日本の食文化に受け入れられる可能性を秘めていたようだ。日本のコーヒー史において、鄭永慶が「可否茶館」を開いたのは、ちょうどこの頃のことである。

もともとは西洋のスタイルを取り入れていたにもかかわらず、日本のコーヒー愛飲家は、海外でのコーヒーの習慣に触れるようになって初めて、自分たちのコーヒー習慣がイギリスやフランスとは異なっていることに気づかされた。一九一〇年代に日本からヨーロッパへと渡った芸術家や作家たちは、ブラジルに文化的なルーツを持つ日本のコーヒーとはまったく違うヨーロッパのコーヒー習慣に、新たに馴染まなければならなかった。例えば生クリームは、ウィーンの帰国子女からリクエストされるまで、日本ではコーヒーのトッピングとして使われていなかった。第1章で見てきたように、早いうちからブラジルと結びついていた日本のコーヒーは、ブラジルでのコーヒー事業を前進させただけでなく、日本でのコーヒーの消費習慣を独自に発展させていたのだ。

ブラジルとのつながり

コーヒーの市場や味わいは、栽培地から遠く離れた場所で急速な広がりを見せてきた。というのも、コーヒーを大量に消費する国のほとんどは、コーヒーの生産国ではないからだ。生産国であり、大量消費国でもある唯一の国はブラジルである。そのブラジルへコーヒーを栽培するために苗木を持ち込んだのはポルトガル人である。日本にブラジルコーヒーをもたらしたのも、ポルトガルの宣教師と商人だった。

一七二七年に、コーヒーはフランス領ギアナからブラジルに持ち込まれた。当時コーヒーは、生産を独占していた植民地政権（オランダやフランス）の厳格な管理下に置かれ、コーヒーノキとコーヒー豆の密輸に対しては厳しい罰則が課されていた。そのような状況下にもかかわらず、苗木はブラジルへと不正に持ち出されたのだった。

ブラジルのコーヒー農園で、最初に働いたのはその地に先住の人たちだった。しかし彼らは他国から持ち込まれた病気に感染しやすかったため、炭鉱や砂糖農園で働いていたアフリカ人奴隷に取って代わられた。一八八〇年代末には、ヨーロッパから来た移民がコーヒー栽培の契約を結び、アフリカ人に代わる労働力となった。そして一八八六年になると、コーヒー農園主（ファゼンディロス）たちは、労働力確保のために移民の渡航費の負担や移民促進協会の設立を共同で行い、移民労働者の受け入れに力を入れた。

日本人で初めて「コーヒーの皇帝」となった水野龍は、ブラジルのコーヒー大農園（ファゼンダ）に、日本人労働者を送り出す大役を務めた。多くの移民労働者を送り出し、ブラジルで「移民のヒーロー」と呼ばれた水野は、二〇世紀はじめに世界初のコーヒーチェーン店、「カフェーパウリスタ」（サンパウロっ子の意味）を日本で開いた人物である。一九〇五年に、アンデス山脈を徒歩で横断してブラジルに渡った水野は、移民労働者を支援するためにブラジルと日本の両政府に掛け合い、サンパウロ州との間で、最初の三年間で三〇〇〇人の移民を受け入れる契約を取り付けた。そして水野と彼の営む皇国植民会社の職員は、日本の農村部で長男以外を対象に移住希望者を募った。跡取りとされていた長男以外は、家を離れて新たな生活基盤を築く必要があったため、自由で移動可能な労働者と見なされていたからである。

一九〇八年四月二八日、七八一人の契約移民の男女を乗せた笠戸丸は、壮行の花火が打ち上げられるなか、神戸港からブラジルのサントス港に向けて出航した。彼らは六月一八日に現地に到着して、新しく開発された大農園《ファゼンダ》に入植した。笠戸丸の日本人たちは、台所、二段ベッドの並ぶ共同部屋や風呂場を実に清潔に保っていて、下船直後に船を検査したブラジル人たちを驚かせた。しかし、新たに働くことになった大農園《ファゼンダ》では、移民船と同じような状況ではいられなかった。契約労働者の労働条件はかなり劣悪で、一定期間のみ働く使い捨ての労働力と見なされていた。契約移民の労働環境は雇用者の関心事ではなく、彼らは奴隷と似たような状況に置かれた。そのため、契約移民の多くは到着後六か月以内に逃げ出したり、マラリアや感染症、あるいは医療不足で亡くなったりした。それでも、日本からの移民は次々とやって来て、一九二三年の関東大震災後に到着した集団のなかには、震災で家や仕事を失い、行き場をなくした家族ぐるみの移民も含まれていた。ブラジルに向かう移民船は、神戸港からは一九七一年まで、そして横浜港からは最後の船が出航した一九七三年まで続いた。その後、移民数はしだいに減少し、たいていは先に到着している家族に合流するために、船ではなく飛行機で渡った人たちだった。

日本のコーヒー輸入量は、一八トンのコーヒー豆を正式に輸入した一八七七年から着々と増加した。他方、ブラジルのコーヒー輸出量は、一七九七年にサントス港から四八〇袋のコーヒー豆が送り出されて以降、一八世紀後半から徐々に増加し、一九世紀半ばまでには年間一〇〇万袋を超えるまでになった。一九〇六年になると、過剰生産による価格の下落が生じ、ブラジル政府によって価格維持政策が採られた。記録によれば、一九〇二年に六〇トン、一九〇七年に七六トン、そして一九一二年に八四トンの豆が日本に輸出されている。このように、喫茶店文化が台頭する一九二〇年代までに、日本でのブラジルコーヒーの需要はかなり高まっていた。一九三六年には、喫茶店は全国に一万八〇〇〇店あり、輸入量は約三五〇〇トンにまで達した。今日でも、ブラジルは日本で飲まれるコーヒーの主な生産国であり、日本の輸入量の二五%以上がブラジル産の豆である。

移民史研究者である山中啓子によると、一九〇八年から一九二四年の間に、日本からブラジルに移住した約三万五〇〇〇人のうち、ほとんどは西日本の出身者だったようだ。一九二五年になると日本政府はブラジルへの移住支援を強化して、一九二五年から一九三四年にかけて一二万人を超える移住者を送り出し、そのうちの四一%は女性だった。一九四一年までには、ブラジルに渡った契約労働者のなかに、契約期間を終えて自らの土地を購入し、米やコーヒーの栽培を始めた者が多くいた。

日本政府が移民数を増加させた背景には、食糧不足のほかに、新しい種類の深刻な経済問題があった。一八九四～一八九五年の日清戦争と、一九〇四～一九〇五年の日露戦争から帰還した兵士たちの失業問題である。日本国内の労働力は何千もの帰還兵で過剰状態にあり、多くの周辺労働者は、ちょうど大農園《ファゼンダ》に従事する労働力を必要としていたブラジルに、契約労働者として送り出された。ブラジルの労働力不足は、一八八八年に奴隷が解放されたことによって深刻な状態に陥っていた。一八九五年にパリで日伯修好通商条約が調印されると、移住者を求めるブラジルへと向かう日本の移民の数はしだいに増加していった。日本人労働者は、「清潔で辛抱強く、秩序を守る」と考えられていて、とりわけ需要が高かったようだ。

大農園《ファゼンダ》に最初に移住した労働者のなかには、到着からわずか数年のうちに、自分自身の耕地を持つようになった成功者もいた。また早くも一九一三年には、厳しい状況下で過酷な契約期間を生き抜き、土地を購入して自営農民になった者もいたようだ。

ブラジルで日本人が所有する農園で栽培されていたコーヒーノキの本数は、一九二三年までに二五〇〇万本、そして最初の入植からわずか二四年後の一九三二年には六〇〇〇万本にまで達した。この時までに、独立自営農民は少なくとも六〇〇〇人いて、それぞれが平均一万本のコーヒーノキを育てていたとされる。

鄭永慶が日本における喫茶店の先駆者として喫茶店史に名を残したように、ブラジルのコーヒー発展に貢献した水野龍は、日本人の移民事業を導いた人物としてコーヒー史に名を刻んだ。水野は、移民送出の功績から、サンパウロ州政府より宣伝用のコーヒーを無償でもらい受けることとなった。そして、日本でのブラジルコーヒーの普及を目的とした喫茶店、「カフェーパウリスタ」を開業し、日本に約二〇店舗を展開するに至った。つまるところ、日本でのコーヒーの普及がこんなにも成功した背景には、西洋の影響よりも日本独自の開拓精神が大きく影響していたと言えよう。

水野の成功は、起業家として活動する人びとを大いに触発し、彼らはしばしば大農園《ファゼンダ》や貿易会社の経営者となった。ブラジルのコーヒー事業にとって重要な時期にブラジルに移住した日本人がいなければ、ブラジルコーヒーの発展はもっと長い時間がかかっただろうし、日本でのブラジルコーヒーのいち早い成功がなければ、西洋の影響が及ばない流通ルートの確立には、かなりの時間を要しただろう。もしかすると、確立すらされなかったかもしれない。

日本でコーヒーの消費に低迷が見られた唯一の時期は、国際的孤立、配給制限、食糧不足の高まる第二次世界大戦末期だった。一九四〇年代初頭、日本に東南アジアのコーヒー豆仕入れの中継点を置いていたドイツ人貿易商の店が壊され、保管されていた豆が奪われる事件があった。たとえコーヒー豆が入手できたとしても軍に差し出さなければならず、当時の喫茶店は、たんぽぽの根や大豆を煎った代用コーヒーを提供するしかなかった。かつてのコーヒー業界の関係者によれば、戦時中のコーヒーは、物質と言うよりも心の拠り所として人びとに必要とされていたようである。その当時の人びとがコーヒーに求めていたのは、味は薄くても温かい代用コーヒーをすするだけで得られる安堵感だったのだろう。

一九六〇年代の高度経済成長期になると、再びコーヒーは日本で盛んに飲まれるようになり、喫茶店にコーヒーを飲みに行くことは、日本の都市生活では当たり前の習慣となっていた。そしてこの時までに、コーヒーは日常的に親しまれ、都市の象徴となり、産業形態を生み出し、人びとの生活にすっかり根づいていた。日本のコーヒーが西洋とはかなり違う形で進歩した背景には、コーヒー業界の独自の発展がある。

日本のコーヒー業界を支える三つの信頼

日本と西洋では、コーヒー業界そのものの構造や戦略、そして考え方に大きな違いがある。圓尾《まるお》修三は、日本のコーヒー業界と、世界におけるコーヒーの生産・流通について、いくつかの特徴を挙げている。日本のコーヒー市場は、かつてブラジルとの独自ルートを開拓したように、世界のスペシャルティコーヒーを先導してある程度まで形にしており、日本ならではのコーヒー業界の特異性や、統合された産業システムの構築過程は、企業研究の対象にもなっている。

日本のコーヒー産業が他の国のそれと大きく異なる特徴として、総合商社との関係が挙げられる。総合商社の戦略には、生産・輸入・マーケティングといったすべての段階を一手に行い、集中的に管理する垂直統合システムが含まれていることが多い。しかしコーヒーについては、こうした通常の集中管理システムだけでは、生産工程の各段階での強い結びつきを説明するのに十分とは言えない。

本来システムの統合（インテグレーション）は、生産地から市場へと前進するようにして行われる。しかし、ロバート・ローレンスによると、日本のコーヒー業界は、消費者への提供現場から国内市場へ、さらにそこから遡って海外のコーヒー生産地へと、〝後進〟するように統合されていくのである。消費者がコーヒーを手にする現場から生産地へと遡ることで、「管理可能な見通し」を立てられるようになり、サプライチェーンの流れに沿った効果的な動きが可能になっている。

コーヒー生産者へと後進していく過程で、喫茶店はコーヒー会社と提携し、さまざまな方法で協力し合っている。こうした喫茶店とコーヒー会社の連携は、主に三つの関係性によって成り立つ。まず、先にも述べた看板関係である。コーヒー会社（サプライヤー）は、店を立ち上げる際に必要な設備や備品の調達を援助する代わりに、豆を独占販売する契約を喫茶店のオーナーと結ぶ。ただしコーヒー会社は、看板関係にある喫茶店を管轄下に置きはしても、フランチャイズ店や直売所にできるわけではない。店の窓か入口ドアのどこかにサプライヤーのロゴを明示しておけば、店名は自由につけられ、経営も独立したままでいられる。次の関係性は、フランチャイズである。この場合、店の経営方針や商品選択などの権限は、提携したコーヒー会社に委ねられ、ブランド化された店を購入、もしくはリースして営業することになる。そして最後の関係性は、大手サプライヤーからの完全な独立である。独立関係の場合、喫茶店のオーナーは保証や依存関係のない小規模な焙煎業者、たいていは地元の焙煎業者から、個人的なつながりを通じて豆を選んで購入している。マスターというコーヒーの熟練者に置かれた信頼は、マスターが頼りにしている焙煎業者や信頼を寄せる豆の卸売業者、そして輸入業者へとつながり、さらにはコンサルタント、生産者、生産国の土地の監督者など、すべての関係者に対する信頼へと結びついていく。こういったシステムを成り立たせているのは、合理的な管理と言うより長い間のつき合いから育まれた信頼関係にある。こうした関係性は、多くの場合、法的な契約の枠を超えている。信頼関係がベースにあると言っても、もちろんすべての作業段階で品質管理は厳重に実施されているため、生産者は常に最良の豆を提供することになる。

統合システムでは、生産物の物流と加工が非常に複雑なため、何よりもこうした二次的要素である相互の信頼が大切になってくる。この非契約関係は、どれだけ誇張してもしすぎることはない。法的または形式的な拘束はなくても大きな力を持ち、コーヒーの品質を保つという一点で強く結びついている。

圓尾修三によれば、日本のコーヒーは、三つの「ハイ」によって支えられている。一つ目の「ハイ」は、ハイクオリティである。日本のスペシャルティコーヒーの高い品質は周知の事実であり、この品質のよさを実現し、保証しているコーヒーのスペシャリストたちは、世界のトップスペシャリストに位置づけられている。コーヒーの品質は、きちんと育てられた健全なコーヒーノキと、適切なタイミングで摘まれたコーヒーチェリー（果実）に依る（コーヒーチェリーは不均一に熟すため摘果のタイミングが異なる。収穫をより効率的にするために、遺伝子組み換えによって同時に熟れるコーヒーノキが開発されている）。コーヒーチェリーの果肉を取り除き、豆をドライあるいはウェットで発酵させるための準備も、タイミングを見通して行われる。カビの発生やそのほかの悪い事態を防ぐために、豆は完全に乾燥させる必要があり、サイズによる等級分けが慎重に行われ、欠陥のある豆は熟練の選別者によって手作業で取り除かれる。そして豆は、虫の侵入や豆の損傷を防ぎ、水分の蒸発が可能な専用の袋で保管される。品質はこれらすべての過程で保証されるだけでなく、日本の卸売業者へ出荷された後にも守られる。また各農園の豆は、栽培過程できわめて重要な役割を担うコーヒーカッパー（コーヒーの味見をする人のこと）によってテストされ、風味別に分類される。

コーヒーカッパーの熟練度は、長期にわたる訓練や、味覚感度の向上によって左右される。彼らはあらゆる地域の生産現場を訪れ、実際に現地で経験を重ねて研鑽を積む。コーヒーは赤道を挟んで北緯二五度から南緯二五度の地域（コーヒーベルト）で栽培されるため、大部分の生産地は低開発地域にあたる。コーヒーカッパーは、自分たちの仕事を誇りに思う一方で、温暖で洗練された地域で生産されるワインのエキスパートたちを羨ましくも思うそうだ。とはいえ、彼らは味覚を磨くための苦労を厭わず、むしろそうした努力を誇りとしている。

日本のコーヒー会社のいくつかは、積極的に豆の原産地と強い絆を築くことに努めている。例えば、「丸山珈琲」のオーナーである丸山健太郎は、彼の会社に豆を提供している農園を半年間にわたって訪問して回り、コーヒーノキの健康状態、土壌への適応性、そして生産者の姿勢を自ら記録している。また、「伝統的なコーヒー会社」として自社を広告している京都の「キョーワズ珈琲」の代表、辻隆夫は、多くの現地訪問で学んだことを活かして、工場の駐車場に小さなコーヒー果樹園をつくった。これは日本でコーヒー栽培を展開するためではなく、コーヒー豆のライフサイクルを従業員らにもっと身近に感じてもらうためだ。こうしたコーヒー栽培でのテロワール（土壌や気候のみならず生産者も含めた生育環境）の重視は、フランスのワイン製造にも勝り、オーナー、生産者、販売者を「人間テロワール」と見立てて人柄の理解にまで及んでいる。コーヒーの扱いや淹れ方を間違っていたり、態度がよくなかったりする店のオーナーには豆を販売することがないよう、オーナーについても入念に調査する会社もあるそうだ。

コーヒー職人として匠の域に達した人は、関口一郎のように、コーヒーだけでなく自身の評価も高めるような独自のブレンドや、優れたテクニックを考案する。一方で、さらに研究を続けて、コーヒーのエキスパートであると同時に、喫茶店の専門家になる人もいる。エキスパートとしての基準は、業界専門誌（コーヒーや紅茶の専門誌を発行する出版社は、旭屋出版、柴田書店、大誠社など少なくとも三社はある）を見ればわかるが、京都のあるコーヒーエキスパートは、「本物の匠とは、独自の淹れ方、独自のスタイルをつくり出す人のことだ」と述べている。そして、師匠のやり方に倣うだけなら単なるアマチュアで、基本的なスキルを習得中は除くとして、独創性のない模倣は避けなければならないと語っている。

二つ目の「ハイ」は、ハイプライスである。日本のコーヒーのマーケティングでは、値段設定は非常に重要である。なぜなら、高価な商品は人気の高いもので、安価な商品はやや劣るもの、と受け取られるからだ。日本では、価格は品質を測る基準にもなっていて、低価格のコーヒーは、スペシャルティコーヒーを求める舌が肥えた人たちには見向きもされない。コーヒーはお中元とお歳暮の商品にも取り扱われ、コーヒーを含む食品類は、デパートのギフト部門で最もよく選ばれている。一九六〇年代には、きれいな包装紙に包まれたデパートの贈答品というだけで、特別な食品でなくても贈られる側に強い印象を与えることができた。当時、特に喜ばれた商品は、植物油、ジュース、そしてインスタントコーヒーだった。一九八〇年代後半のバブル期には、手取り収入の多い人たちによる豪華な商品の需要が増え、高価なウイスキーやヨーロッパのチョコレート、珍しい紅茶の箱詰めを選ぶ人が増加した。今日では、焙煎したばかりの新鮮なコーヒー豆がギフト商品の上位を占めている。ただしそれは、見栄えのよい紅茶缶のような三種類の容器に入れられて上品な箱に詰められ、それぞれの容器には豆の産地と焙煎の度合いが明記された、「スペシャルティコーヒー」でなければならない。というのも、一部の人たちは、きちんと箱詰めされ、それに見合う値段のつけられた商品は、それだけで品質の証になると信じているからだ。「ジョニ黒」（ジョニーウォーカー・ブラックラベル）の例でもわかるように、かつてギフトは割引いて販売されるべきではないと考えられていた。そのため「ジョニ黒」が値引きされた際には、ウイスキーを贈り物に選んでいた日本の消費者は、「ジョニ黒」ではなくシーバスリーガルを代わりに購入するといった現象が起きた。一九九〇年代前半の景気後退とその後の景気停滞は、お中元とお歳暮にかける購入金額を総体的に減少させたが、高額商品の売り上げが著しく減るようなことはなかったのである。

生産地のコーヒーの価格は、豆そのものや、出荷や加工にかかる経費によって異なってくる。最も高価とされるのは高品質の豆の栽培が可能な産地のもので、日本などで需要が高いだけでなく、栽培や加工にかかる現地の費用も高い。日本のバイヤーは、日本のコーヒーの約六〇%を生産しているブラジル、コロンビア、インドネシアから、最良の豆を購入している。消費ブームでありながら生産量が減少傾向にあった二〇〇八年、コロンビアとブラジル産の豆の価格は、一キログラムあたり二・四六ドルから四・二四ドルだった。日本で販売される袋詰めコーヒーの価格はさまざまで、東京の「やなか珈琲店」や京都の「イノダコーヒ」など、豆を自家焙煎している店では高値がつけられている。喫茶店やカフェで提供されるコーヒー一杯あたりの値段は、六五〇円以上の店が全体の約五%、五〇〇円以上の店が約二五%である。「ドトール」のような安価なチェーン店では、最も安いドリンクの値段は一杯あたり約二二〇円となっている。

三つ目の「ハイ」は、ハイコストを指す。日本では、品質基準、技術、調達などのすべてが高水準であるため、コーヒーにかかる生産コストは高い。日本のコーヒーの生産と流通システムが複雑なのは、品質、価格、および流通を高水準で維持できるシステムを備えているからで、それが信頼の高さにもつながっている。また、豆の生産と管理を日本の輸入業者が直接管理していない場合、良質な豆を確保するための価格はどうしても高くなる。なぜなら、生産工程や処理段階で、バイヤーには簡単に予測できない現地特有の事情が関わってくるからだ。ある東南アジアの事例では、燃料価格の急騰の影響を受けて、現地の農家は、乾季に必要な給水ポンプ用燃料の購入を減らした。ところが、売買契約を結んだ日本のバイヤーにこうした事情を知らせていなかったため、品質の劣った豆が収穫・運搬されて初めて、日本のバイヤーはこの事態を知ることになった。契約を結んだばかりの小さな共同事業では、現地に日本の業者を駐在させるという対策はまだ講じられておらず、十分な情報のやり取りを通してこうした惨事を防ぐ信頼関係がまだ築かれていなかったのだ。生産地の農家には、中間業者から日本のコーヒーとバイヤーの期待、さらにはいかに日本の業者と密接に仕事をすべきかを学んでもらう必要がある。この信頼関係の構築に必要な投資は、バイヤー側にとっては高コストにはなるだろうが、日本のコーヒー事業の質が落ちたと思われないためには不可欠だと言えよう。

生産地の及ぼす影響力とねじれ

日本でのコーヒーの消費傾向は、世界のスペシャルティコーヒーの市場を牽引し、豆の栽培を発展させてきた。すでに見てきたように、ブラジルのコーヒー事業は当初、日本の移民労働者と日本国内のコーヒー市場に依存していた。今日でも、ブラジルのコーヒー事業は、生産工程だけでなく、スペシャルティコーヒーの品質と価格設定のほとんどで日本からヒントを得ている。日本のバイヤーにとって市場を左右する豆とも言えるブラジル産のサントスは、日本市場向けに選ばれた豆として、他国のバイヤーからも求められる傾向にある。

さらに、国際コーヒー機構も、日本の消費者の需要や購買力に影響を受けている。ある日本の業界の指導者は、シングルオリジンコーヒーは、「スターバックス」によって生み出されたアメリカのトレンドであると発言したけれども、主に二つの地域の豆に絞って強い関心を示していたのは日本のバイヤーだった。それらは、喫茶店で「ブルマン」と呼ばれるジャマイカのブルーマウンテンコーヒーと、ハワイのコナコーヒーで、ともに日本ではかなり高い評価を受けている。価格は一杯一三〇〇円以上し、代表的な高品質の豆として市場をリードしてきた。しかし、実はこれらのスペシャルティコーヒーの生産と流通には、重大なねじれが存在している。

コーヒー豆に産地の名を付けてブランド化するには、その地域で栽培されているという事実が前提とされる。なぜなら日本のバイヤーは、産地を根拠に豆を購入するからだ。「ブルーマウンテン」と名乗れる豆は、ジャマイカのブルーマウンテン産に限られる。しかし、産地をブルーマウンテンエリアに限定してしまうと、当然ながら豆の供給量は限られることになり、加えて豆を高値で維持するために生産量を少なく保つという、現地の戦略的な生産量の制限も受けてしまう。日本でブルマンの需要が増大した際、日本のコーヒー輸入業者や焙煎会社によって講じられた措置は、ブルーマウンテンエリアの農園の数や生産量を増やすことではなかった。キューバ、ハイチ、ドミニカから豆をジャマイカに持ち込んで、「ブルーマウンテン産」にできる豆の供給量を増やしたのだ。ちなみに、ブルーマウンテンと中央アメリカやカリブ海で栽培されている豆は同品種である。つまり、ブルマンの生育環境《テロワール》ならではの味わいのある豆だけでなく、現地に持ち込まれてブレンドされた豆も、ジャマイカのブルーマウンテン産コーヒー豆として日本に出荷されているのだ。ブルーマウンテンとして販売されている豆のうち、純粋にジャマイカ産のものはせいぜい三五％程度である。したがって、ブルーマウンテンの大半はブルーマウンテン〝ブレンド〟として商品化されていることになる。これは周知の事実であり、この突出した仕組みを打ち出し、管理しているのは主に日本なのだ。

ジャマイカのコーヒー輸出ビジネスは、日本によって独占されていると言っても過言ではない（あるアメリカの経済アドバイザーによると、日本人がブルマンを飲まなくなると、ジャマイカは困窮状態に陥る可能性もあるという）。現時点では、ジャマイカのブルーマウンテンの九三％は日本に輸出されており、そのほとんどは一つの企業（ＵＣＣ上島珈琲）が取り扱っている。ＵＣＣの運営システムは、典型的な垂直統合型で、かなりの農地を所有して、栽培支援をはじめ、人件費と出荷の管理、日本国内の流通量の調整などを行っている。さらに、ハワイのコナコーヒーもブルーマウンテンと同様に、不足分の供給量は、ハワイに持ち込まれたコロンビア産などの豆で補われ、日本に到着するまでに、約三〇％の豆がブレンドされる（純粋なコナコーヒーだけだと価格が高くなりすぎるためで、価格はコナブレンドに含まれるコナコーヒー豆の量に比例している）。

日本人のコーヒーの消費は、世界での生産状況や気候変動などから影響を受けることもある。一九七〇年代以前は、生豆の加工には時間がかかり、病害虫による被害も発生していた。しかし高齢の焙煎職人に言わせれば、その頃の豆のほうが、はるかにおいしかったそうである。品種改良によって生み出された新しい品種は、病害虫に強く、収穫量の予測はつけやすくなったが、味わいは低下した。焙煎職人は、以前に比べて豆はより均質で欠陥のあるものは少なくなった一方で、味に深みがなくなったと感じている。しかしこうした欠点に対応できるように、焙煎技術も改良されつつあるようだ。それ以外に、乾燥や梱包の過程を合理化し効率化してきたことも、味の低下につながった一因ではないかと考えられている。なぜなら大量生産される豆には、より抵抗力の強い新たな品種が求められるからだ。今日では、ＵＣＣのような大量販売を主とする焙煎会社でさえ、十分に豆を精査した上で少量ずつ焙煎して提供することの価値を認めている。そして、そうした焙煎方法を取り入れているスペシャルティコーヒーの専門店は、コナやブルーマウンテンなどのブランド化された地域のコーヒーを求める舌の肥えた客を惹きつけてもいる。これらの客はより専門的なコーヒー愛飲家となってきていて、店側は深みやコクに関する情報も求められるそうである。

　日本のコーヒーの世界は、オランダやブラジルに由来するコーヒー体験を超えてはるかに広がっている。コーヒー消費国として発展しはじめた頃に確立した独自の豆の調達先、つまりヨーロッパやアメリカとは異なる調達拠点を確立したことは、日本のコーヒーと日本におけるコーヒーの消費を新たな方向へと導くものとなった。

第6章

「日本のコーヒー」とは何か

現代の喫茶店で味わう食文化

京都にある小さなジャズ喫茶「ラッシュライフ」のカウンターでは、マスターがコーヒーを一杯ずつ丁寧に淹れていて、その横で彼の妻がカレーを用意している。この店で客にできることと言えば、注文したカレーと濃い目のコーヒーを受け取るくらいで、あとはただ、マスターの選んだデイヴ・ブルーベック、マイルス・デイヴィス、ビリー・ストレイホーンなどの曲を聴きながらくつろいで過ごせばよい。「ラッシュライフ」のような喫茶店では、マスターとの信頼関係も味わいの一つになっている。リクエスト曲を尋ねられるかもしれないなどと身構えたり、通人のように振る舞おうと気負ったりする必要はない。マスターと客の間に無言の信頼関係が築かれた店では、ジャズやコーヒーに詳しくなくても気軽に音楽とコーヒーを楽しむことができるのだ。これまで述べてきたような、コーヒーを取り巻くさまざまな環境がいかに変化しようとも、日本では、常にこうした品質と信頼を交換し合う関係性が保たれるようである。

日本のコーヒーづくりは、職人技で淹れるハンドドリップのものから工業製品に至るまで、嗜好の変化に合わせて紆余曲折を経ながら、さまざまな「革命」をもたらしてきた。そのなかには、一過性のものもあれば、多くの人びとのコーヒーの飲み方を変化させたものもある。仕入先やコーヒーそのものに起こった改革は、世界規模でスペシャルティコーヒーの人気を左右し、実際に高い需要を生み出してきた。そして、技術の進歩によって、夫婦で経営しているようなごく一般的な喫茶店でもマシンを使ったエスプレッソが提供できるようになり、缶入り飲料の開発によって、人びとはコーヒー飲料をいつでもどこでも手軽に楽しめるようになった。さらに電気製品の進歩によって、生豆の熟成度や水分量、密度からブレンドの配合に至るまで、焙煎士と客の好みに合わせた自動調整ができるようになったことで、均質な焙煎の規格化が実現した。こうした状況にもかかわらず、特に日本のコーヒー好きたちの間で今なお人気が高いのは、ハンドドリップで淹れたコーヒーか、ハンドドリップの味わいに匹敵する、コーヒーマシンで淹れたコーヒーである。明日どこかで飲むコーヒーは、ハンドドリップで淹れたような味わいでも、実はマシンで抽出したものかもしれない。

京都にあるジャズ喫茶「ラッシュライフ」

スペシャルティコーヒーの需要の高まりは、生産地の拡大を引き起こし、消費者のコーヒー体験の幅が広がったことで、スペシャルティコーヒーの市場価値はますます高まった。すでに見てきたように、日本のコーヒー豆に対する品質水準の高さが、あらゆる生産地の各生産段階の水準も高めた。しかしながら、コーヒーのトレンドのなかには、品質だけではなく、入手しやすさや飲みやすさを重視するものもある。

トレンドのなかには、日本以外の国で始まり、後になって日本で大流行したものもある。その一例に、インスタントコーヒーがある。インスタントコーヒーは、もともとはシカゴ在住の日本人化学者、加藤サトリ博士によって発明されたものである。博士はシカゴで加藤商会を設立して、一九〇一年にニューヨーク州バッファローで開催されたパンアメリカン博覧会で発表し普及させようとしたが、日米どちらの国でも、流行したのはそれから何十年も経ってからである。日本の家庭や職場でインスタントコーヒーが急速に普及したのは、一九五〇年代後半にアメリカで大量生産化が進んだ後、つまり一九六〇年代になってからである。この時期のインスタントコーヒーは、「インペリアル」や「プレジデント」といった高級感のある商品名で売り出され、広告には華やかな俳優（たいていは欧米人）が起用された。そのため、専業主婦や女性事務員には、単なる手軽な飲み物と言うより高級飲料という印象を与えた。さらに、コーヒーはもともと男性的な性質の強い飲み物であったこともあり、従業員の大多数を男性が占める職場でよく飲まれていた。

当初、バキュームドライ製法（真空乾燥法）によって開発されたインスタントコーヒーは、一九三〇年代後半にスプレードライ製法（噴霧乾燥法）で製造されるようになり、さらに一九六〇年代になると、フリーズドライ製法（凍結乾燥）による製造も始まった。この頃には、家庭でも手軽に飲まれる飲み物になっていた。コンビニエンスストアなどで売られているペットボトルのアイスコーヒーの売り上げが伸びると、ブラジル、メキシコ、コロンビア産の安価な工業用コーヒーの輸入量も増加した。二〇一〇年に、「スターバックスコーヒー」は、「ヴィア（ＶＩＡ）」というインスタントコーヒーを新たに発売した。本格的なコーヒーの味わいを手軽に楽しめるスティックタイプ（「スターバックス」ではインスタントと表現しない）のコーヒーとして売り出しているものの、この本を執筆している時点では、日本のスペシャルティコーヒーの消費者から広く支持される兆候はまだ見られない。このように、日本では、消費者のもとへと届けられるコーヒーの種類は多岐にわたり、そのほとんどが受け入れられている。

コーヒーの味わいをめぐっての動きには、ある意味皮肉にも感じられる矛盾したものが見て取れる。生産性が向上し、規格化されたコーヒーをいつでもどこでも飲めるようになると、今度は、珍しいものや特定の生産地のものなど、玄人好みの特殊な味わいを持つコーヒーの需要が高まりはじめた。しかし、特異性を売りにブランド化されたコーヒーは、飲みたい人は多くいてもその希少性からほとんど出まわらないため、常に喫茶店で用意されているはずもなく、コーヒー好きたちは趣味の一環として探し求めるようになった。また、インスタントコーヒーやドリップ式のコーヒーメーカーで粉から抽出するレギュラーコーヒーを家庭で手軽に飲めるようになると、自宅でも喫茶店のマスターのような本格的な淹れ方をしてみたいと思う人が増えた。彼らはお湯、ペーパーフィルター、コーヒー粉それぞれに趣向を凝らし、臼式のバーグラインダーとプロペラ式のブレードグラインダーによる粒度の違いや、豆の品種、生産地、熟成度、焙煎度合いなどにこだわって自己流を追求した。日本では、コーヒーは技術的な面でも探求心をそそるものになっているのである。

　日本のコーヒーの技術は、効率化だけではなく、味わいを追求することも目的としている。あるコーヒーエキスパートは、コーヒー器具に対する思いを次のように吐露している。「コーヒー器具に求めるのは、あくまでも人の手に引けを取らない仕事をしてもらうことだけであって、自分たちのこだわりぬいたコーヒーづくりの技術を奪ってほしくはない」。コーヒーをおいしく淹れるための器具の選択肢には、フランネル生地を輪っかに取り付けたネルフィルターや、メリタなどで知られるペーパーフィルターのほかに、どこかレトロ感の漂う家庭用サイフォンがある。アルコールランプを使ってサイフォンでコーヒーを淹れる場合は、細心の注意を払わなければならないが、フラスコの中でプクプクと沸きあがったお湯が上昇したり、撹拌したコーヒー粉がお湯と交わったりする動きは実に素晴らしい。加熱を止め、フラスコの温度が下がって真空状態になった途端にフラスコへと流れ込むコーヒーの動きなど、まるで魔法のようだ。一方で、海外でよく使用されるカフェティエール、つまりフレンチプレスは、日本ではそれほど使われない。また、日本では自宅で豆を焙煎する人もまずいない。家庭での焙煎には、広い空間と十分な換気が欠かせないため、日本の狭い住居空間では難しいのである。とはいえ、ドイツ製やイタリア製の焙煎機は一般に販売されている。ある同僚は、自宅アパートのベランダで焙煎を行っているため、あらかじめ隣人に焙煎中は窓を閉めておいてもらえるようお願いしておくそうだ。

近隣住民向けの小さな焙煎業者のなかには、強いこだわりを持つ常連客を抱えている店もある。そのようなコーヒー豆専門店の「やなか珈琲店」では、客は店内で豆の焙煎を待つか、来店の一五分前に電話で注文しておく。店内で待つ場合は、自分の注文した豆が焙煎される香りを楽しみながら、「ハウスコーヒー」（その店独自のブレンドによるレギュラーコーヒー）を飲むこともできる。常連客の一人は、豆を家に持ち帰り、（ガスが詰まった状態から）二四時間ほど落ち着かせた後、カップ一杯に必要な量をミルではなくすりこぎとすり鉢を使ってグラインドするそうだ。彼にとって、コーヒーづくりは気分転換を図るものであって、手間暇かけて手でグラインドするのも楽しみの一つになっていると話していた。

コーヒー豆の選択は、ますます複雑になっている。かつては日本の市場に参入していなかったカンボジアなどの新たな産地の豆が手に入るようになると、思想や倫理、嗜好の観点から、有機栽培や熟練生産者の手による環境に配慮して栽培されたコーヒーの新たな市場が形成された。例えば二〇〇四年には、スミソニアン渡り鳥センターと独占契約を結んだ住友商事（現在は住友フーズの取り扱い）が「バードフレンドリー®コーヒー」の輸入を開始し、翌二〇〇五年からは、「小川珈琲」を通した販売も始まった。産地ブランドのコーヒーは、豆本来の価値以上のものがある。というのも、生産地は消費者にとって夢の旅先となり、コーヒーを購入したり飲んだりすることで、その地に思いを馳せる機会にもなるからだ。しかしここには、アメリカをはじめとするコーヒーを愛飲する文化での一つの皮肉な現実が浮かび上がる。今日、限定的な栽培地域で生産されたコーヒー豆には国際的な需要があり、その価値は地域性によって高められている。しかし、はたしてそうした特徴的な生育環境《テロワール》で栽培された豆が消費地へ運ばれる際に、生産地の実情は伝えられているのだろうか。前述したように、コーヒーを大量に消費するのは、生産地から遠く離れた場所にいる人たちであり、栽培地域の生活水準は依然として低い状態のままである。また、近年は環境や生産者の生活に配慮し、持続可能性を考えたコーヒーの栽培が目指されているにもかかわらず、遠く離れたコーヒー愛飲国へと運ばれる過程で、かなりの燃料が消費されている。こうした生産地と消費地の間にある矛盾は拡大傾向にあり、コーヒーカップの中には世界規模のジレンマが存在していると言える。しかしながら日本の消費者は、こうしたジレンマを解決するよりも、どうも風味や品質を優先する傾向が強いようだ。

日本でコーヒーの消費量が増えつづけるなか、消費傾向は興味深い展開を見せている。例えば、コーヒー豆の販売店では、低価格の豆の売り上げが伸びている。これは、消費者が高価格なスペシャルティコーヒーを飲まなくなったのではなく、価格にかかわらず、まだあまり知られていない豆を試すようになっているということだろう。

ブランド化するコーヒー体験

そもそも、「日本のコーヒー」と呼びうる、コーヒーの種類はあるのだろうか。どうやら日本の消費者の多くは、「ある」と考えているようだ。東京で働く四五歳のあるビジネスマンは、次のように話していた。「海外に行くと、私は日本のコーヒーが恋しくなる。コーヒーはどこの国でも飲めるのに、私の口にはなぜか合わない。どうも日本のコーヒーでないとダメみたいだ」。

日本のコーヒーの味の基準となったのは、オランダ人が飲んでいた浅煎りの豆をかなり濃く淹れたものだ。今日、日本で好まれているのは中煎りのものだが、コーヒーに情熱を注いでいる人たちの間では、豆の種類、熟成度、湿度に応じて焙煎を調整するのは当たり前のことになっている。「ジャパニーズロースト」という焙煎度合いはないけれども、全体として、日本では濃いめに淹れる傾向が強いようだ。実際、日本のコーヒーの消費量の多さは、日本人好みの淹れ方とある程度関係していると言える。三大消費国（アメリカ、ドイツ、日本）のなかでも、日本のコーヒーは最も濃く、これは消費量だけでなく輸入量を引き上げる原因にもなっている。日本の「ブレンドコーヒー」は、約一一八ミリリットルのカップに、一三グラムのコーヒー豆で淹れられ、ほとんどのアメリカ人には濃いと感じられる。一方で「アメリカン」は、日本人には薄くて酸味が強いと考えられている（優れたブレンドに求められる苦味とは対照的に、酸味は不十分な乾燥や豆の保管状態の悪さが原因で引き出される場合もあり、濃いめに淹れると目立たなくなるのだ）。「丸山珈琲」の創業者、丸山健太郎によると、「コーヒーの品質を左右しているのは、実は酸の質である。酸と言っても酸味を意味しているのではなく、甘みと相まった爽やかな風味を指す。高地で栽培された豆ほど酸味特性は強くなり、酸の質はより繊細な風味を持つ」そうである。

前述の通り、だいたいにおいて日本人の好むコーヒーは濃いと言えるが、濃さには地域差があり、焙煎度合いやブレンドの好みも分かれる。大阪では、一カップあたり最大一六グラムのコーヒー豆で淹れた濃いコーヒーが好まれており、二度に分けて淹れる場合もある。名古屋では中煎りの豆一三グラム、京都ではそれより濃いめの一四グラムで淹れる。東京では、浅煎りの豆九グラムか一〇グラムで淹れたコーヒーが好まれており、これはアメリカの一般的なコーヒーとほとんど同じである。アメリカでも地域によって好みはそれぞれだが、スペシャルティではないコーヒーの平均は、約二三七ミリリットルのカップに八グラムである。同じく大量消費国であるドイツでは、六グラムから一〇グラムと幅がある。一説によると、コーヒー好きで知られるベートーベンは、約一七七ミリリットルのコーヒーカップに、六〇粒（約八グラム）の豆で淹れたマイルドな味わいのコーヒーを好んでいたと言われている。

コーヒーエキスパートである丸山と一般の消費者の味覚には、かなりの差がある。しかし、目新しさではなく風味で選ばれた豆が市場を牽引し、コーヒーの専門誌などを通して知識が深められるようになったことで、消費者の味覚も徐々に向上している。日本の消費動向には独自のパターンや方向性があり、ニッチ市場での変動や、製品が消費者の生活にどれだけ溶け込んでいるかによる。一九八〇年代と一九九〇年代のはじめ頃は、華やかで独創性に富んだ若者向けのニッチ市場が重要視されていた。日本では、総じて若者の移ろいやすい流行が、服装や食べ物、音楽などのトレンドを左右するからである。一九九〇年代のバブル後の消費傾向は、市場の動きを弱めたり多様性を失ったりするのではなく、安価でもささやかな贅沢を味わえる商品の購入へと変化した。ルイ・ヴィトンのバッグの販売数が減少した一方で、喫茶店で提供されるコーヒーの値段は一杯三五〇円以上になった。また、若い人たちのコーヒーに関する嗜好は、性別によって大きく異なる。若い女性は明るい雰囲気のカフェを好み、甘くて目新しいフレーバーコーヒーに惹かれやすい。年配の女性は、喫茶店ではコーヒーを、自宅では紅茶を飲むことが多く、フレーバーコーヒーには興味を示さない。男性はどの年代でも、フレーバーコーヒーには興味を持たないようだ。

　コーヒーは、さまざまに変化しながらも身近な飲み物でありつづけている。新しく流通するようになった豆や製法は注目を集めはしても、消費傾向が新たなトレンドに大きく左右されることはほとんどない。トレンドのなかには、ノスタルジックな趣を売りにしている喫茶店と同じく、昔ながらの素朴な様式を思い起こさせるものもある。例えば、天然の木炭を使って焙煎を行う炭焼コーヒーは、炭焼きを生業としていた昔の農村を想起させるとともに、近年のトレンドである自然派食品にも通じている。製法がほとんど同じという点から、炭焼コーヒーは伝統的な番茶やほうじ茶も連想させる。炭焼コーヒーが売りの喫茶店の入口には、木炭や炭化した小枝の入ったカゴが置かれており、コーヒーなどなかった時代の素朴な農村の風景を伝えているようだ。

　昔からあるものが新たなトレンドになっているもう一つの例に、先に取り上げたサイフォンコーヒーがある。一九五〇年代の喫茶店ではかなり一般的だったが、今日ではサイフォンコーヒーを提供している店は、ノスタルジーと伝統的な職人技を感じさせる洗練された空間としてブランド化されている。また、立派なガラス管やフラスコなどを備えた実験装置のような器具で淹れる手の込んだコールドブリューコーヒー（ダッチコーヒー）は、マーケティングの仕掛けとして斬新であると同時に、精巧なサイフォンと同じような魅せる淹れ方として注目されている。関西圏を中心に展開するコーヒーチェーン店「ホリーズカフェ」はダッチコーヒーを売りにしていて、各店舗にダッチコーヒーを淹れるガラス製のドリッパーを展示している。京都にあるサイフォンコーヒー専門店「はなふさ珈琲店（イースト店）」は、一九五五年からずっとガラス製のサイ

京都の「はなふさ珈琲店」

フォンを店のシンボルとして使いつづけている。ハンドドリップ式と同じように、一杯ずつ抽出するこの店のサイフォンコーヒーは、製法も品質も昔から変わっていない。「はなふさ珈琲店」のマスターは注文を受ける際に、濃いほうがいいか薄いほうがいいか、苦味と酸味のどちらを好むか、客の好みを尋ねる。いっぱしのコーヒー通でいるためには、自分の好みを知っておくことも大切だろう。店の雰囲気も含めてすべてが〝味わい〟の対象となりうるし、その一つひとつが客としてのコーヒー体験に組み込まれてゆく。

　京都には、歴史を感じさせる喫茶店も多い。「祇園喫茶カトレヤ」では、すぐ近くの八坂神社の御神水でコーヒーを淹れていて、歴史的な価値に加え、健康上のご利益も期待できる澄んだ水の味わいを売りにしている。この店のダークブラウンの羽目板張りの壁と、二〇世紀はじめ頃のレトロな照明が放つ雰囲気は、芸術を愛する若者のかつての溜まり場を彷彿とさせる。現在「カトレヤ」は、夜遅い時間帯になると、祇園界隈での酒席を終えて一息つきにやって来た芸妓衆を迎え入れている。この店のブレンドは、日本でコーヒーが広く飲まれるようになった一九二〇年代に、初代オーナーによって生み出された。その時からずっとトレンドや多様性に惑わされることなく、当時のまま継承されているそうだ。この店では目新しさや多様性よりも、伝統を守ることを大切にしており、客はコーヒーの種類ではなく、変わらぬ店の味を大切にし、楽しんでいる。

コーヒーの消費傾向は、「純度」にも左右される。アメリカと、まれにヨーロッパの愛飲家のなかには、シングルオリジンこそ純度の高い「純粋なコーヒー」であると主張する人もいるが、日本では、シングルオリジンよりもブレンドを好む人が多い。日本で「ブレンド」と言えば、たいていそれぞれの店のマスターが配合した「ハウスブレンド」を指す。そしてこのブレンドコーヒーに配合された豆の風味、色、分量は、マスターの熟練度を表してもいる。アメリカのハウスブレンドという概念はマーケティング用語のようなもので、ほとんど意味はない。マサチューセッツ州のあるスペシャルティコーヒー専門店で、コーヒーを淹れてくれた店員にハウスブレンドの種類について尋ねてみると、マネージャーですら把握していないという答えが返ってきた。その店でハウスブレンドとして出されていたコーヒーは業者から購入しているブレンドで、毎月多くの個人経営のカフェに卸されているものだった。オーナーが自ら豆を焙煎している日本の小さな喫茶店で同じ質問をしてみると、アメリカとは対照的にハウスブレンドの種類についてすぐに説明してくれた。かなり寒く雪も降っていたその日のブレンドには、エルサルバドル、コロンビア、ブラジル産の豆が配合されていた。オーナーによると、この三種類の組み合わせ（豆はそれぞれ重量、大きさ、水分量が異なるので、豆ごとに焙煎している）は、まろやかな風味のコーヒーになり、凍える寒さの日に一息つくのにぴったりなのだという。先に述べたような強い信頼関係で結ばれた個人経営の焙煎業者から豆を仕入れている店では、マスターが焙煎業者と相談してブレンドの配合を決めている場合もある。

コーヒーの品質検査を行うカップテイスターは、濃い・薄いといった濃度やコクはもちろん、喉ごしや後味もコーヒー体験の一部をなす要素として重視している。日本の「スターバックス」は、カップテイスターであれば重視しそうな、地域ごとの好みに合わせた味の調整には重きを置いていないため、日本のコーヒー好きたちは、「スターバックス」の人気が失速する地域も出てくると考えている。

日本人のコーヒーの嗜好はアメリカ人とはかなり異なっていて、ミントやチョコレート、ヘーゼルナッツなどのフレーバーコーヒーは、日本ではアメリカほど成功していない。アメリカ人がよく飲むデカフェコーヒー（カフェインレスコーヒー）も、同じような状況にある。デカフェコーヒーは、アメリカではコーヒー総売上高の一五％を占めるが、日本では販売されているコーヒー全体のうち〇・一五％程度で、そのほとんどはシアトル系で提供されている。日本のコーヒーの専門家によると、デカフェコーヒーがあまり受け入れられていない理由には、輸入品の味と香りの乏しさだけではなく、行政の壁もあるようだ。

欧米の専門家の常識とは異なり、日本ではカフェインを除去する方法、つまり水抽出法と溶媒抽出法は、いずれもカフェインの摂りすぎよりも健康を害する可能性が高いと考えられているため、厚生労働省は、デカフェコーヒーの輸入には厳しく対応している。二〇〇四年には、アメリカと日本で、遺伝子組み換えによる低カフェインのコーヒー豆の育成に成功した。そして二〇〇七年には、「ＵＣＣ上島珈琲」が自然交配で生まれた低カフェインのコーヒーノキから収穫した豆で「天然の低カフェイン飲料」をつくり、高齢者と妊婦向けの飲み物として売り出した。欧米に比べると、日本では、コーヒーに含まれるカフェインに懸念を抱く人はそれほど多くないため、デカフェコーヒーのマーケティング戦略としては、まず高齢者や妊婦にカフェインの問題を意識させることが先決である。実際、日本のコーヒーに関する医学的な議論の多くは肯定的な効果を強調している。近年では、コーヒーをよく飲む人は、飲まない人に比べて肝臓がんの発症率が五一％低く、また、コーヒーを飲んでいる高齢者は、記憶力の低下を抑えられるという報告もある。

「御多福珈琲」や「カフェ・ド・ランブル」など、専門的な店のハンドドリップで淹れられたコーヒーに対する日本人の強いこだわりは、アメリカと日本の淹れ方の違いを際立たせる。ほとんどのアメリカのカフェには、エスプレッソマシンのほかに、コーヒーをつくり置きできるコーヒーポットやフレンチプレスが用意されている。アメリカのカフェで提供される飲み物は、ヨーロッパのスタイルをアメリカ流にアレンジしたものが中心であり、欧米で主流のエスプレッソベースの飲み物は、日本のコーヒー愛飲家からは、ハンドドリップで一杯ずつ淹れたコーヒーと違い、こだわりや技術を必要としない機械によって淹れられたものと見なされ、敬遠されている。高性能で高機能と定評のある日本製の機器は機械化の最先端に位置しているにもかかわらず、日本では機械製品よりも手づくり製品のほうがより高く評価される。ある評論家は、機械化の矛盾は、世界的な人気を誇る日本のアニメと漫画の世界で急成長している技術にも共通すると指摘した。日本のコーヒーが内包する矛盾と同じように、何ページにもわたって手描きされたアナログ漫画のほうが、デジタル漫画よりも高い評価を受ける傾向にあるようだ。

京都にある「アンビエントカフェ mole」

　定評のある手づくり製品のなかには、つくり手の努力と技術の結晶である仕事ぶりを直接目にすることで、その価値がより理解できるものもある。客の目の前で寿司を握る寿司屋の板前のように、客の注目を集めながらコーヒーを淹れるマスターの所作は威厳さえ感じられ、コーヒー業界を支えている客の信頼をまさに具現化していると言えよう。マスターが淹れたコーヒーのカップの中には、味わいの一部として信頼も含まれているのである。

　コーヒーには、職人技の光るハンドドリップ式のコーヒーから、道端や駅のホームの自動販売機で売られている缶コーヒーまであり、嗜好の幅は実に広い。缶コーヒーは、一九六九年に、「UCC上島珈琲」が日本の市場に初めて投入して大成功を収めた。そして一九七三年に「ポッカレモン」（現在のポッカサッポロフード&ビバレッジ）によって冷温兼用の自動販売機が開発されると、自動販売機は、新商品や手軽に飲めるドリンク市場向け商品を試験販売する場になった。

ミルク入り缶コーヒーの味は、多くの日本人に子ども時代の懐かしい記憶を思い起こさせる。かつて学校給食で飲んだコーヒー牛乳は、ミルクがたっぷり入った甘い味だった。これは瓶やワックス加工の紙パックに入った牛乳の劣化した風味を隠すのに、コーヒーと砂糖が使われていたためだったが、その時の味を思い出させるようだ。自動販売機ではミルク入りの甘いコーヒー、温かいまたは冷たい茶、ダイエット飲料、炭酸飲料、スポーツ飲料に加えて、無糖（微糖）のコーヒーが売られている。無糖（微糖）の缶コーヒーのデザインと広告には、男性向けと思われるものが多く、例えば、ＢＯＳＳの缶コーヒーは、ダークブラウンや黒色の缶に、パイプをくわえた頑健そうな男性のイラストが描かれている。缶コーヒーは、喫茶店などで提供されているコーヒーとは異なるカテゴリーと言える。だから、電車を待ちながら缶コーヒーを飲んだばかりの人でも、電車を降りたその足で、いつもの喫茶店やコーヒー専門店に、レギュラーコーヒーやスペシャルティコーヒーを飲みに行くこともありうる。一般的にホームなどで缶コーヒーを飲んでいる人は、自分が手にしている飲み物を「コーヒー」だとは考えておらず、元気の出るコーヒー風味の手頃な飲み物ぐらいに思っていると言える。

市場の隙間を埋めるだけでなく新しい市場をつくり出すコーヒーの可能性と能力は、何世代もの消費者によって証明されてきた。今日では、おそらく多くの高齢者が家ではコーヒーと茶の両方を飲んでいるのに対して、戦後世代のほとんどの人はたいていコーヒーを飲んでいる。職場では、一九八〇年代から茶よりもコーヒーのほうが多く飲まれるようになり、職場でのコーヒーの普及が家庭での飲用にもつながった。また一説によると、訪問先の会社で出される飲み物によって、自身のステータスを測れるという。あるコーヒーの評論家によると、訪問先の会社でコーヒー（上等なカップとソーサーにクリーム、砂糖、スプーン付き）を出された場合は上客、緑茶の場合は通常の客、何も出されなければ早めに引き上げたほうがよい、という印になるらしい。近年、〝淹れたて〟コーヒーを謳うポッド式のコーヒーマシンを置く職場もあり、女性事務員（Ｏ

Lと呼ぶ）が男性社員にお茶を淹れるサービスを行っていた古い会社の慣習を、ますます時代遅れのものにしている。

かつて漫画やアニメなどのソフトウェア製品の輸出で注目されていた日本は、今では他の文化的製品とともに独自の熟練技を発揮するコーヒー文化を海外へ発信していて、「バリスモ」や「ブルーボトル」といった、アメリカの新しいコーヒー体験やパフォーマンスの発信源となっている店も、次なる新しいトレンドを日本から学んでいる。他方、「ラテ」や「グランデ」といった言葉の飛び交うシアトル系では、相変わらずヨーロッパスタイルをモデルとしたトレンドが続いているようだ。今日では、西洋に憧れを抱いていた大正時代の喫茶店を思わせるヨーロッパスタイルのコーヒーや内装は、京都にある老舗の喫茶店だけでなく、流行の先端をいく「スターバックス」でも、ノスタルジックな趣を感じさせる要素になっている。海外から来日した人たちは、日本の喫茶店でそうした趣を感じる一方で、なぜ緑茶を提供していないのかと不思議にも思っている。なかには、甘くてクリーミーな抹茶ミルク味のフラッペなどを提供する新しい喫茶店もあるが、彼らの疑問に対する明確な答えにはなっていない。

なぜ緑茶は公共空間から遠ざかってしまったのか

日本の喫茶店で提供される飲み物のメニューのなかに、緑茶はまず含まれていない。日本では、公共の場で茶よりもコーヒーがよく飲まれていることは、確かに驚くべきことだと言え、日本で栽培され、日本人の飲み物を象徴している茶が他の何よりも飲まれていない状況は、奇妙にすら感じられる。中国から到来した茶文化は、一六世紀までには日本人の生活の一部になっていた。今日では、日本の緑茶は中国をしのいで世界的な茶の基準にまでなっている。茶には、コーヒーの人気に影響されない、愛好家によるニッチな市場があり、一三世紀以来、変わらず批評や美的関心の対象とされてきた。家庭や寿司屋だけでなく、職場でも当たり前のように飲まれている緑茶は、日本の飲み物として高く評価されている。だが、社交的な場にふさわしい飲み物としてコーヒーが普及したことで、公共の場ではほとんど飲まれなくなってしまったようだ。かつて、コーヒーを運んでいた女給が最新の服を着こなす流行の仕掛け人となるなか、同時に、芸者は伝統的な文化の担い手という立場になった。それと同じように、コーヒーが活気ある近代的な飲み物を象徴するようになった時、緑茶は日本ならではの伝統的な風情を感じさせる飲み物と見なされるようになったのである。

茶は、日本に伝わった当初は、六世紀に中国から伝来した仏教との結びつきが強い飲み物だった。その後、薬として飲用されるようになり、一三世紀になると、社交的な飲み物として武士の間で広まった。加藤秀俊によると、将軍が家臣とコミュニケーションを図る際など、政治的な場面においても用いられたようだ。

茶道は、明治時代に皇室から一般市民へと広まり、現在では、重要な日本の伝統文化となっている。「カフェ・ド・ランブル」の関口一郎などのコーヒーエキスパートは、茶道の型に似た、独自のコーヒーの型を確立していた。しかし、すでに見てきたように、コーヒーは民主的な飲み物と見なされており、コーヒーの世界には、茶道のような伝統を継承し、振興する家元制度のようなものは存在しない。明治時代には、茶道は、結婚適齢期の若い女性にとっては習得すべきたしなみの一つであり、年配の女性や男性にとっては個人的な楽しみや愛好家として名声を得る手段でもあった。登場したての頃から特徴的で目立っていたコーヒーとは違い、緑茶はまるで空気のように、身近にあって当たり前の存在になっていった。

かつて道端にあったさまざまな茶屋は、堅苦しさのない社交的な場所だった。一八世紀の江戸には約二万店の茶屋があり、少ない店では三人程度、多い店では五〇人ほどの客に一度に対応していたようだ。加藤秀俊は、茶屋や、一七～一八世紀のロンドンのコーヒーハウスのような、伝言を残したり、雑談をしに来たり、さらには仲間を見つけたりもできた場所を、「多目的コミュニケーションメディア」と呼んでいる。

道端の茶屋には、最下層に位置づけられながらも経済力を持つ商人階級が頻繁に顔を出しており、一八世紀のイギリスのコーヒーハウスのように、しばしば役人から疑いの目を向けられた。役人たちは、社会的な交流の裏で扇動的な政治活動が行われることを不安視していたのだ。しかし一九世紀後半までには、コーヒーが時代の大きな変化に伴う飲み物となっていくなか、茶屋（茶店）は保守的な場所と見なされるようになっていった。喫茶店が階級に縛られず、義務的な付き合いもない空間とされる一方で、茶屋は緑茶を片手に碁を打って過ごすような、いわば高齢者がひまつぶしをするような場所になっていったのである。

　コーヒーと緑茶は競合しない飲み物で、自動販売機でホットかアイスの缶やペットボトルとして販売されている以外は、同じ場所に並ぶことはほとんどない。例外的な場所の一つに、東京の新橋にある大正時代を思わせるようなエレガントな喫茶店がある。その店では、席に座るとすぐに水、おしぼり、そして緑茶が出される。素晴らしいコーヒーの飲める店として知られるその店はコーヒーの品揃えが豊富で、客は無料の緑茶を飲みながらコーヒーを選ぶことができる。この光景は、西洋人の目には特に不思議に見えるかもしれないが、この二つの飲み物は、まったく異なる役割を果たしている。緑茶は歓迎の挨拶とよいサービスの印として、コーヒーは客が慎重に選んだ消費の対象として提供されるのだ。

　興味深いことに、今日の緑茶の消費には、コーヒーのトレンドを追いかける傾向が窺える。新しい緑茶のトレンド（あるコンサルタントの言葉を借りれば「ネオ日本茶」）は、シアトル系の格段に甘いコーヒードリンクから刺激を受けているようだ。近年では、昔の日本を思い起こさせるレトロなインテリアで調えられた喫茶店でも、抹茶チーノ、緑茶アイスクリーム、ライチを添えた冷たくて甘い抹茶かき氷、緑茶ヨーグルトスムージーなどが提供されている。ただしこれらの商品は、流行に敏感な女性や甘いもの好きな若者向けである。コーヒーエキスパートがホイップや甘味料、フレーバーを加えたコーヒーをデザートと見なすのと同じように、日本茶の専門家からも、これらは茶とは異なるカテゴリーに属するものと見なされている。これらのなかには、日本の緑茶を健康的な飲み物として広めたアメリカの健康志向が日本に逆輸入されたことで生まれた商品もあり、コーヒー飲料に代わる健康的な飲み物という見方もされている。

　チェーン展開していた「クーツグリーンティー」（二〇一六年に閉店）は、シアトル系ドリンクを手本に、緑茶ベースのラテを提供していた。オーナーの松田公太（タリーズコーヒージャパン創業者）は、喫茶店やカフェのメニューを多様化するための選択肢として緑茶を挙げ、甘くてクリーミーな茶系飲料を健康的な飲み物として売り出したのだ。松田は趣意書の中に、添加物、農薬、そしてコーヒーのカフェイン含有量などに反対する、健康に関するグローバルで新しい考えを盛り込み、ホルモンフリーの牛乳でつくったオーガニックの抹茶ラテを提案した。厚生労働省を含めほとんどの日本人はカフェインを問題視していないが、彼はカフェインの比較データを提示した。それによると、コーヒーは一杯あたりのカフェイン含有量が九〇～一五〇ミリグラムであるのに対して緑茶は一杯あたり八～二〇ミリグラムであり、コーヒーに比べて緑茶に含まれるのは「優しいカフェイン」と言えるそうだ。

「クーツグリーンティー」の斬新なフレーバードリンクは、人気の高いおしゃれなコーヒードリンクからヒントを得ていたが、新たなトレンドとして注目されつつあるのはチョコレートドリンク、それもインカ帝国時代の飲み方を用いたドリンクである。当時のカカオドリンクには、シナモンや砕いたナッツが入れられていて、甘みはほとんどなかった。カカオ豆も生育環境《テロワール》や生産地によってブランド化されており、特性によってランク付けされている。あるチョコレート専門店のメニューには、入荷したばかりのカカオ豆や、商品に含まれる純粋なカカオの割合（と健康情報など）が表示されていた。

緑茶は、「クーツグリーンティー」などの企業努力をもってしても、コーヒーほど公共の場所には受け入れられていないようだ。かつて憩いの場として、特に高齢の客を惹きつけていた昔ながらの茶屋は、近隣住民向けの喫茶店に姿を変え、提供される飲み物は緑茶からコーヒーに置き換わった。しかし緑茶は今なお、コーヒー愛飲家を含む多くの人たちの生活の中にあり、一日の始まりにはまず緑茶を飲むという人もいる。あるコーヒー愛飲家は、「私の妻は毎朝、朝刊と一緒にお茶を持ってきてくれる」と話していた。これとは対照的に、抹茶は非常に特徴的かつ日本を象徴する文化であるにもかかわらず、日常生活からは失われつつあるようだ。

今日の日本では、作法や美徳といった抹茶の周辺的な文化を学ぶ人は少なくなっており、修学旅行生や観光客として京都などで体験する機会でもない限り、茶碗で点《た》てられた抹茶を飲んだことがない人がほとんどである。彼らはおそらく、抹茶アイスクリームを口にした際には顔をほころばせても、茶碗で飲む抹茶の苦味には顔をしかめてしまうだろう。

コーヒーに合う食べ物

多くの目新しさを広めてきた喫茶店は、コーヒーとともに食事をする習慣のなかった客に新しい食べ物を提案した。カレー、ピラフ、スパゲティが喫茶店を代表する食べ物となり、食事を提供するタイプの喫茶店は、客にとって海外の料理の味を試す場所にもなった。独自の食事メニューを開発する喫茶店が出てきた一方で、キャバレースタイルのカフェーは、コーヒーよりもアルコールの提供（客がよりお金を使うため）に力を入れて、ナイトクラブのようになっていった。

喫茶店の食べ物は、ヨーロッパのカフェの伝統的なメニューから影響を受けている。一九世紀半ばのパリのカフェではすでに食べ物が提供されていて、時間帯によって、キャセロール（煮込み料理）、サラダ、洋菓子、パンなど、レストランの食事とは別の軽食を提供していた。二〇世紀のはじめ頃に日本の喫茶店で中心的な食べ物になったのは、ユニークな背景を持つカレーライスだった。カレーは、イギリス人船乗りによって日本にもたらされたという説や、ヨーロッパへと向かうフランスの軍艦の中で、日本の使節団がインド人乗組員が準備する「いい匂いのするどろっとした食べ物」を目にしたことで広まったという説がある。いずれにせよ、日本にカレーが伝わったとされる一九世紀後半には、新しいものを好む日本人の嗜好が確立されていた。日本でのカレーライスの普及は、軍用食として採用されたことがきっかけになったと言われている。日本の喫茶店でカレーライスが提供されるようになったように、イギリスでも、一七四七年に料理本でカレーのレシピが紹介されると、コーヒーハウスでカレーが提供されはじめた。当時のイギリスのカレーは、カリブ海の植民地で栽培した砂糖が加えられていたため、インドのカレーよりも甘かったようだ。イギリス領であったインドから帰国したイギリス人はもちろん、イギリス海軍も、積極的なカレーの宣伝者としてイギリス国内でのカレーの普及を後押しした。イギリスでは、カレー粉が開発されたことによって味の規格化が進み、インドとは異なる風味を持つカレーが定着した。日本に伝来して広まったのは、このイギリスのカレーである。

喫茶店に登場した外国由来の食べ物には、フランスのマロンシャンティイ、プリン、ババロアや、アメリカのパンケーキなどがある。パンケーキは、アメリカのように朝食としてではなく、おやつとして提供された。昔から変わらずとても人気があるのは、コーヒーと寒天でつくるコーヒーゼリーである。日本人が開発したコーヒーゼリーは、ヨーロッパのゼリーをモデルにしてつくられ、当時は〝ハイカラ〟な食べ物と見なされていた。「ハイカラ」とは、明治時代後半に若い男性が着ていた洋服のピンと立った高い襟を意味する「ハイカラー」を語源としていて、西洋風で近代的な文物を指す際に使われた言葉である。

喫茶店のメニューは、アイスクリーム、ピラフ、ドリア、グラタンなど、外来のものがほとんどだったが、日本人好みの味付けや調理法が取り入れられていた。そして、カレーやピラフに使われている米は、日本食の「ご飯」と区別して「ライス」と呼ばれるようになった。新宿の老舗カレーハウス「中村屋」は、日本のカレーとは一味違う「純印度式カリー」を一九二七年に提供しはじめた。アメリカのカフェと違って日本の喫茶店では、コーヒーは甘い食べ物とだけ一緒に提供されるわけではない。とりわけ喫茶店のように適応力のある空間では、コーヒーはピーナッツからアイスクリームに至るどんな食べ物とも合う。ただ、日本食とは合わないことが多い。唯一の例外と言えるのは、日本食として定着したカレーライスぐらいである。

一日のうちで一番大切な食事

喫茶店で用意されている食べ物のほとんどは、簡単に提供できるスイーツ類や軽食といった、おやつのようなものである。しかし、喫茶店を「食事をする場所」と定義づける、あるサービスがある。それは、日本とアメリカの朝食を掛け合わせた「モーニングサービス」だ。喫茶店で提供される典型的なモーニングサービスの内容は、コーヒーか紅茶のどちらかと、トースト、ゆで卵、そしてサラダ。バターの塗られたトーストの厚みは約五センチに及ぶこともあり、トマト付きのサラダにはドレッシングがかけられている。モーニングサービスは、家庭と仕事のどちらのスケジュールにも合わせやすく、通勤途中に立ち寄って食べることもできるため、事務系の仕事に就く中間層が台頭すると同時に普及した。モーニングサービスは日本人の食習慣にすっかり浸透しているようで、海外で働く日本人のなかには、いつもの一日の始まりを失ったように感じる人もいて、ホームシックの一因にすらなるという。モーニングサービスの魅力は、何と言っても提供の速さと価格にある。平均的な価格は、コーヒーの値段に一〇〇円を加えた程度で、一般的なコーヒーはだいたい三五〇円程度なので、四五〇円から五〇〇円くらいで注文できる。そしてほとんどの店は、ランチタイムが始まる直前まで提供している。

　名古屋を中心とする中京地方では、顧客獲得のために、値段と内容、そして提供時間の長さを競い合う「モーニングサービス合戦」が繰り広げられている。コーヒーを一杯注文するだけでトーストとゆで卵が無料でついてくるサービスを、一〇時か一一時まで提供している喫茶店もある。トヨタ自動車の本拠地である愛知県はモーニングサービスの先駆けとして知られ、一九五〇年代から提供が始まった。別料金はかかるものの、一日中モーニングサービスを提供している店もあれば、コーヒーと一緒に好きなだけパンと卵を追加できる店もある。さらに、コーヒーの注文だけで、サラダやおにぎり、茶碗蒸しなどを無料で選んでつけられる店もある。こういったサービスは、自炊よりも誰かに食事をつくってもらうことを好む年配者や若者に特に喜ばれている。

　顧客獲得競争の激化につれて、食事の内容で有名になる喫茶店も出てきた。オーガニックやエスニックなど、特定のスタイルで評判になった店や、ベジタリアン向け、地元産の食材のみでつくられた食事を出す店も登場した。開店時間中ずっと食事を提供している喫茶店は、提供時間が区切られているレストランよりも、

「アンビエントカフェ mole」の店内

生活のリズムが不規則な人びとに重宝されている。喫茶店では、朝昼晩の三食とは関係なく、サンドイッチやスープ、スパゲティ、ケーキなどを好きな時に食べることができるため、学生などは、お腹の減り具合に合わせて授業の合間や授業後に喫茶店に行っては、何かをつまんだりしているようだ。こうした自由な食事のありようは、個人個人の食事時間に対応する一方で、孤食を助長してもいる。また、自由な食事スタイルに合わせて、コーヒーも、喫茶店だけでなく自宅でも自由な飲み方がされるようになった。すると、何よりコーヒーの品質への高い要求が、消費者の好みと購買行動をますます左右するようになり、コーヒー業界特有の問題を引き起こすことにつながった。

　日本の喫茶店とコーヒーは、あらゆる地域へと広まり、他国でのコーヒーの飲み方に影響を与えている。日本のコーヒーは、世界中で求められているけれども、それはコーヒー豆そのものを指すのではない。世界のスペシャルティコーヒー市場は、ハンドドリップで淹れる際の気の配り方はもちろん、豆を厳選し、焙煎し、グラインドする際の徹底ぶりも含めて、「日本のコーヒー」というブランドを目標にしているのである。アメリカのカフェでは、すでに日本の焙煎機やサイフォンなどの器具、ハンドドリップの技術などが導入され、次のシーズンには、日本でどのようなトレンドが巻き起こるかをテーマに激烈な議論が交わされているくらいだ。世界の大半の都市で、コーヒーの消費は、あらゆる地域に受け入れられるコーヒーとその空間をつくり出そうとする大規模な企業に左右されていて、ヨーロッパによくあるくつろいだ環境でコーヒーを提供しているカフェでさえ、今では型にはまったありきたりなものになってしまっている。日本のコーヒーの習慣は、そうした個性のない欧米の食品業界に見直しを迫るものでもある。日本特有と考えられている味わいと交流を提案する日本の喫茶店の姿もまた、世界に広まりつつあるのだ。

マサチューセッツ州セーラムにあるカフェ「ヤホ（Jaho）」では、エスプレッソはもちろんサイフォンとハンドドリップで淹れられた素晴らしいコーヒーを、オーナー兼バリスタが自らの手で淹れている。また、「バリスモ」のハイメ・ヴァン・シンデルは、コーヒー豆の焙煎と販売をするだけでなく、カフェのコンサルタント活動や、家庭用コーヒー器具の提案もしている。「バリスモ」では週末にカッピングを開催していて、おいしいコーヒーに関する議論が常々交わされている。店の裏側には、優れた焙煎機として知られるフジローヤルの製品をモデルにしたハイメの業務用焙煎機が置かれ、ガラス製のサイフォンやポット、ペーパーフィルターなどは、日本から輸入したものを使用している。ハイメによると、「バリスモ」の従業員たちは、日本のアニメや漫画をきっかけに日本のコーヒーに関心を持ったわけではなく、コーヒーへの興味を発端として、日本を知ったという。ハイメは、コーヒーの仕事にこだわることは、決して強迫観念からではないと言う。サンフランシスコ、セーラム、ニューヨークなどでは、日本スタイルのコーヒーの淹れ方を学ぶ講習も開催されていて、日本のコーヒーはますます広まっている。かつては、日本から学ぶことと言えば経営の秘訣であった。ところが今では、日本はコーヒー体験の最先端を行っており、日本のコーヒーは、個性を失っている欧米のコーヒーの世界に一石を投じる手段になっているのだ。

ある人にとっては情熱を注ぐ対象であり、またある人にとっては癒しや元気の源であるコーヒーは、普遍的な魅力を持っている。局地的にも世界的にも、ありふれたものとしても特別なものとしても、コーヒーは人びとに求められているのだ。インスタントコーヒーやスーパーマーケットで売られている挽き豆で淹れたコーヒー、味にこだわる玄人好みのスペシャルティコーヒーなど、実にさまざまなコーヒーがある。そして、次にあなたが選ぶ一杯は、「日本のコーヒー」かもしれない。

第7章

都会の不思議な公共空間

家庭でも職場でもない第三の居場所

喫茶店で自分だけの時間を持つだけで、満足感を得られる時もある……

——中年の会社員、東京

日本の都市と公共空間

都市で暮らす人たちのなかには、静かな郊外に居を構え、いくつかの生活空間を横断して、人と物であふれる中心部まで通勤している人たちもいる。「いくつか」と言うのは、彼らは「昔ながらの結びつきの強さを感じる地元」と、「人は多くても孤独を感じる都心」という二つの空間を、単に往復しているだけではないからだ。毎朝、家族とくつろぐ自宅を出て、裏通りの歩道を駅まで歩き、満員の電車に乗り、慌ただしい職場へと向かう。他人との距離を程よく保ったり人混みに揉まれたりしながら、一時間ばかりのうちに、裏通り、駅、電車、職場と、少なくとも四種類の社会的な空間を通り抜けている。

近代的な日本の都市には、コミュニケーションを取る機会は多くあっても、自発的で自由な人付き合いができる空間はほとんどない。その数少ない空間の一つが、家庭とも職場とも異なる「第三の空間」とも言える喫茶店である。欧米、特にアメリカのカフェに関する研究では、孤立しやすい都市の中でつながりを持てる交流の場として、カフェの持つ社交的側面に重点を置いている。しかし日本では、喫茶店は交流の場として活用される一方で、本章冒頭の会社員の言葉からもわかるように、一人になるための場所にもなっている。もちろん日本にも、コミュニケーションを促す喫茶店はあるし、それを売りにしている店もあるが、ほとんどの客は、互いに店の外でも連絡を取り合うほどの親密な関係性は求めておらず、マスターとの「ゆるやかな結びつき」だけで十分だと感じている。（イヤフォンやノートパソコンで殻に閉じこもっている客に対しても）積極的な接客応対を重視するアメリカのカフェと違って、ゆるい結びつきを優先する日本の喫茶店では気を張らずに過ごすことができるため、家庭や職場、あるいは学校で日頃感じているストレスを和らげるのに適した場になっているのだ。

日本の都市生活を俯瞰してみると、まさに高密度で張りつめている状態だと言える。多くの人が行き交う交差点では、自分と同じタイミングで信号待ちをしている人がどれくらいいるのかさえ把握できない。職場では、パソコンの画面を覗き込んだり、うつむいて報告書を読んだりしている、自分と同じようなたくさんの頭に囲まれている。また、今なお活気のある商店街では、多くの買い物客や自転車、幼い子どもたちであふれ、陳列された商品の間を縫うようにして慎重に歩かねばならない。人や物にぶつからないように歩くのは気遣いが欠かせず、難なく歩けるようになるには慣れと根気が必要だ。

ほかの国の都市と同じく日本の都市も、予測可能な場所であるとともに、万華鏡のように予測不可能な多様性を持つ場所でもある。通勤電車は毎日定刻通りに駅のホームに到着して、ドアはぴったりと所定の位置で開くけれど、職場の最寄り駅を出た路上はいつも同じ状況とは限らず、思いもよらない出来事に遭遇する可能性もある。

日本の都市では、都市生活ならではの不快さを遠ざけるために、乗り物に乗らずわざわざ歩いて出勤する人や、商店街の店を見てまわりながら、インターネットショッピングをする人もいる。日本には「見て見ぬ振りをする」という都会暮らしのためのスキルがあり、これは、見聞きすることで波風が立ちそうな物事にはできるだけ無関心でいるという、自己防衛手段のようなものである。公共空間で「見て見ぬ振りをする」

ことは、厄介なことに関わり合わないための方策でもあるのだ。

適度な距離を保つ慣習や、交通機関の信頼性の高さなどによって、日本の大都市は、一見、統制が取れているように見える。しかし、実際には今なお混沌とした場所もある。古い街並みの残る地域には、狭い路地や、子どもの頃から続く近所付き合いも残っているし、商店街には、夕飯の食材を買いに来る客とやり取りする店主の姿もある。そして、そうした地域には、しばしば近隣住民の憩いの場となる銭湯が残っていて、以前と変わらぬ光景を目にすることができる。

人付き合いが希薄な高層マンションの立ち並ぶ地域では、見た目と同じように整然とした人間関係が築かれるとは限らない。数世代どころか数十年間住みつづけることさえまれなマンションでは、住民同士に弱い結びつきしか育まれないにもかかわらず、人間関係によるしがらみだけは、定住者の多い地域と変わらず生じる。これら二つの地域の最もわかりやすい違いは、人間関係のあり方とその形成パターンだろう。結びつきが強く人柄が重視される昔ながらの地域では、人間関係は同心円状に広がる網の目のようにつくられるが、近代的な建物が並びより自由な行動を尊重する地域では、規則正しく合理的な格子のように人間関係が築かれていく。

日本のあらゆる都市には、密度の高さやスピードの速さといった共通点がある一方で、それぞれに歴史的あるいは地形的な独自の特徴がある。例えば、大部分の街並みが網目状につくられていながらも、新しい道路は大まかな格子状に整備されている東京は、住所を頼りに目的地を目指す観光客（外国人に限らず日本人でさえも）を混乱させる。郵便の宛先住所だけでは、目的地の近くまでは行けてもたどり着くのは難しく、地元の人たちでさえ、携帯電話で地図を確認し合ったり、交番で尋ねたりして探し当てなければならない。世界で最も近代的と言われている東京にも、こうしたとても合理的とは思えない一面があるのだ。

他方、唐の都（長安）をモデルに都市構想が練られたとされる京都は、碁盤の目のようなつくりになっている。ニューヨーク市と同様に、こうした格子状に整備された都市は、道案内をする際にもあまり困らない。

都市プランナーの柴田徳衛によると、日本の都市の道路は、住宅や店舗、学校、病院などを結ぶ網目状に広がる区画道路と、格子状に設計された幹線道路で成り立っている。区画道路は地域内の短い移動に利用され、幹線道路はより長距離の移動で使われる。区画道路を歩く人はたいてい地域内の住民で、幹線道路を車で移動してきた人のほとんどは、どこか別の地域の住民である。

　近代的な都市生活は、こうした網目と格子で成り立つ空間、公的および私的な領域のある空間、そして、人の利用や技術の進歩によって生み出された空間で営まれている。人びとが都市での社会生活についてわざわざ深く考える機会はめったにないが、それは何のストレスもない生活を送っているという意味ではない。日常的にストレスを抱えているからこそ、次のやり取りに備えて一息つけるようなちょっとした空間が求められるのであり、そういった息抜きの場がなければ、日本の都市生活は今よりもいっそう疲弊していることだろう。この本で取り上げている喫茶店とは、まさに個人と社会という二つの領域での生活のバランスをうまく取るための場所なのである。

　匿名性の高い都心の文化を体験した人が増えると、郊外の公共文化も変化を見せはじめる。すでに述べたように、喫茶店は、社会の変化と個人の生活が調和を図るのに一役買ってきた。郊外で暮らすある女性は、地元の商店街で買い物をしながら、顔見知りの店主とおしゃべりしたり、たまたま居合わせた名前も知らない買い物客と商品についてあれこれ言葉を交わしたりする。そうした親しみのあるやり取りは、商店街ではごく日常的な光景である。しかし、例えばデパートにある喫茶店などでは、その女性の匿名性は高まり、「見て見ぬ振りをする」ことで、約六〇センチ離れた別のテーブル席にいる客のプライバシーを尊重する必要が出てくる。慣れ親しんだ地元と他の場所とでは、公共の場での振る舞いに違いがあるのだ。

　日本の都市にある喫茶店のほとんどは、匿名性の高い公共空間になっている。自宅の延長のように利用できて、個人の匿名性がほぼない神社の境内のような空間は、もはやわずかに残るだけだ。そこは今も、おしゃべりをしたり、一緒に子どもを遊ばせたりすることができて、人びとをつなぐ場として利用されている。

柴田によると、一九二三年に起きた関東大震災から復興するなかで、都市空間のあり方とその利用のされ方は大きく変貌を遂げ、顔なじみと気軽に会える場所の多くが失われた。新しくつくられた道路は自動車道として設計され、人の集まる交流の場でもあった路地は交通量が増えて危険を伴うようになり、人付き合いや助け合いの場には適さなくなった。建築家の槇文彦は、路地を日本の都市生活における「空間のひだ」と表現している。従来、日本の通りには、より広くて匿名性のある「表」の空間である〝公道〟と、日常風景が垣間見られる「裏」の空間である〝路地〟という区別があった。しかし大規模マンションの立ち並ぶ郊外には、居住者が偶発的なコミュニケーションを図れる「裏」のような空間はまず見られず、「表」と「裏」の区別もない。槇によると、日本に古くからあった、建物の間で複雑に入り組む、奥へと誘うような路地のある空間は「ますます仕切られた」状態にあり、かつてのような住民同士の空間の共有はもはやなくなり、奥のある空間も失われつつあるようだ。

しかしながら、大正時代末期に、商業や運輸業に適したより大きな道路が整備された時でさえ、路地の機能が完全に失われることはなく、近代的な都市では、むしろ景観の一部として路地が取り入れられた。新設された大通りや幹線道路に囲まれた地域には、オフィスビルやマンションに挟まれて小さく見える家々をつなぐ路地が残され、不自然な角度で建つ住宅や店舗、大人二人分の幅しかないような狭い路地も現存し、かつての村の名残をとどめている。しかし、車社会になり、騒音や排気ガスを防ぐためのコンクリート塀が自宅を囲むように築かれると、以前のような路地の機能はしだいに失われ、日常的な交流は、路地の代わりに商店街や喫茶店、飲み屋などで行われるようになった。そして、自宅で思いがけない隣人の訪問を迎え入れる機会は減り、玄関先で「ごめんください、誰かいる?」と声をかけるだけでよかった気軽なご近所付き合いは、前もって約束を取り付けた上での訪問に取って代わられるようになった。神社の境内は、知り合い同士が自然と集まってくる場所ではなくなり、ある意味では喫茶店が、現代の路地としてその機能を果たすようになったのだ。

かつて日本の都市の遊歩者《フラヌール》にとって娯楽の場であった路地は、今では郷愁を誘う場所となり、道路は別の場所へと移動するためだけのベルトコンベヤーとなった。バス停や地下鉄の駅へと足早に向かう人たちが行き交う都心では、明確な目的のない散策はもはや失われた行為と化し、場合によっては単なる怪しげな徘徊と受け取られかねないのである。

都市と田舎の多元性

ゲオルク・ジンメルは、一九〇三年に発表した『大都市と精神生活』で、複雑な都市生活から刺激を受ける創造的かつ積極的な都会人について語っている。彼らは、大都市の住民ならではの世界観を持つ、開放的で意欲的な人たちで、楽観的であると同時に迅速に情報を見極め、抜け目がなく、常に競争的である。ジンメルは、彼らのこのような姿勢は「感性の飽和状態（saturation of the sensibility）」に陥りやすいばかりか、都市生活というゲームに参加している彼らには、静観的な暮らしは難しくなると指摘している。今日の日本では、ジンメルの言うような都会人は、家庭や学校、職場の要求に応えるだけで手一杯の状態になっていて、都市だからこそ得られる刺激や娯楽を楽しむどころか、自分だけの時間を持つ余裕すらなくしてしまっている。都市ならではの多様性や面白さを楽しむ遊歩者《フラヌール》も、今や一〇〇％の献身を期待する組織に組み込まれてしまい、自分の時間をつくるのに苦労しているはずである。しかし、たとえ組織に組み込まれてしまっても、そこで与えられたアイデンティティから離れられる時間と空間は誰にとっても必要だ。先に述べたように、日本の都市の喫茶店は、交流を持つよりも孤独になれる空間としての価値がますます重要視されるようになっている。そこは、都市の住民にとっての一時的な隠れ家になると同時に、近代的な生活と昔ながらの伝統的な生活の間に生じた差異が露わになる場にもなっているのだ。

喫茶店で浮き彫りになった差異の一つに、現代都市に生きる人たちの抱える孤独を伴った自律がある。もともとコミュニティと個人とは隣り合わせの関係にあったが、近代化によって、その結びつきが弱められた。

ルイス・ワースは一九三八年に、いずれ都市では「伝統的な社会システムは衰退し、個人に解放感と疎外感を同時に味わわせる社会になる」と指摘していた。家族のような強い結びつきのある村のコミュニティでは、個人の自由は否定されやすいきらいはあるが、相互扶助は成り立っている。他方、都市では、個人の自由は享受できても社会的な支援は受けにくく、孤独を感じやすい。さらに、ワースによると、都市で暮らす拡大家族（複数の核家族で構成される家族）は、それぞれが都市生活の中での文化的・政治的経験に満足してしまい、家庭内の管理は行き届かない傾向にあるという。会社や学校といった家庭の外からの要求に抗えず、地域コミュニティからの要求にも時間を奪われて、ますます個人の時間はなくなっている。

昔ながらの人間関係が存続する東京の下町は、都市の変化から影響を受けにくく、小売店主、小規模業者、熟練工など、ハーバート・ガンズの言葉を借りれば、「都市の村人」が多く暮らしている。日本の下町で暮らす人たちには、伝統を踏襲しながら何世代にもわたって自分たちの生活を続けるアメリカの〝民族的〟居住地区の住民と似た気質を感じる。例えば、ボストンのイタリア人街、ノースエンドの住民たちは、故郷の村から運んできた教会の鐘を鳴らすことで「カンパニリズモ」（郷土愛）を抱くと同時に、自分たちのアイデンティティを確認して一体感を高めている。ほかにも「コックニー」と呼ばれる独特な方言を話すロンドン東部の出身者は、〝本物の〟コックニーであることを決定づけるボウ教会の鐘の音が届く範囲で生まれたことに強い思い入れを抱いている。彼らと同じように、下町の住民にも下町に対する特別な心情と結束の強さが感じられる。

下町では、近隣住民が集まりやすい銭湯での裸の付き合いも、互いの関係を深める手段になっているようだ。このような地域の住民のなかには、そこから決して離れようとしない人もいれば、会社や学校、商売のために匿名性の高い都心に通う人たちも多くいる。

日本では、家族のなかで最も多くの時間を家で過ごす人を介して地域コミュニティとのつながりが維持されており、三世代が同居する家庭では、たいてい主婦か祖父母がその役割を担っている。一方で、現代的な都市で暮らす二世代の家庭はますます閉鎖的になっていて、コミュニティとの結びつきを強める行事にあまり積極的ではない。つまり、現代の都市の住民は、非共同体的な感覚が強く、隣人とさえほとんど交流を持たずに戸建て住宅や大規模マンションで生活している。彼らの社会的な結びつきは限定的かつ合理的なもので、村では当たり前であった交流の機会自体がそもそもないばかりか、そういった機会を持つことに費やせる時間と空間もわずかしかない。

しかし都市には、人びとを惹きつけてやまない都市ならではの魅力を放つ空間がある。例えば飲み屋は、社交性が高くても匿名性も確保でき、見ず知らずの人といつもとは異なる交流を楽しめる公共空間の一つである。また喫茶店は、先に述べたように、飲み屋や銭湯と違って明確な目的がなくても利用できて、都市の住民が必要とする開放感を与えてくれるだけでなく、都会の喧騒を緩和してくれる場所にもなっている。

一九世紀のアメリカと同じように、日本でも都市に関して肯定的な意見と否定的な意見があり、特に都市と田舎の否定的な側面を強く対比する風潮があった。田舎での暮らしは、昔ながらの風習に囚われてしまっているため、創造性と自立心に富んだ都市の開かれた環境によってもっと自由になるべきだと主張された。一方で、都市での暮らしは、洗練されているものの安らぎに欠け、かと言って田舎ののどかさを取り入れすぎると都会ならではの魅力は失われてしまう、と強調された。

日本の都市の多様性は、地域的な特徴と大いに関連している。「三都」の特徴を考察しているヘンリー・スミスによると、日本の都市は、ロンドンやパリといった文化や経済の拠点となる「母都市」を持つイギリスやフランスとは異なり、東京が大都市として機能するようになる近代までは、「京」「大坂」「江戸」という三つの都市から成り立っていた。各都市にはそれぞれ個性があり、「京の着倒れ、大坂の食い倒れ、江戸の飲み倒れ」という表現で簡潔に言い表されている。

このように、日本の都市についての考え方は三つに分かれているため、イギリスやフランスに比べて都市文化は多元的とも言える。また日本では、「田舎」と「都会」の受けとめ方も西洋とは異なっている。例えばイギリスでは、都会よりも田舎に価値が置かれ、「文明的な」公園というかたちで、都会の中に自然豊かな環境をそのまま取り入れるような空間づくりが目指されている。日本では、田舎ではなく都会がより高く評価される傾向が強く、急速な工業化とそれによる荒廃が日本の都市部に起こった時でさえ、都市生活に対する憧れが失われることはなかった。

しかしながら、都市近郊でよく目にする大根やほうれん草のトンネル栽培にとどまらず、都市に田舎らしさをもっと取り入れようとする考え方は日本にもあり、そこには茶の湯のわび・さびに通じる高い美意識すら感じられる。こういった美意識は、裸木のカウンターや荒削りの木材でつくられた間仕切りのあるおしゃれな喫茶店でも感じることができる。スミスによると、こうした日本ならでの高い美意識は評価を受けているものの、現実の日本の農村は、イギリスの田園地方のように管理された景観とは異なり、キャリバン（シェイクスピアの戯曲『テンペスト』に登場する怪物）の暮らす未開のジャングルのような「自然そのままの景観」と見なされていた。農村で暮らす人たちは、粗雑で無骨な〝洗練されていない〟田舎者、あるいは村のしきたりに強く縛られて、自分の進むべき道すら決められた人たちだと考えられていた。同時に、堕落して輝きを失い、疲弊しきった都会人にはない純粋さや素朴さを備えた自然体な人たちといった、きわめて幻想的な見方もされた。結局のところ、こうした捉え方は、実際に農村で暮らす人たちではなく、景観から描き出された単なるイメージに過ぎないと言える。

明治時代までは、アメリカやイギリスの都市と同じように日本でも、都市は、退廃的で腐敗した「恐ろしい夜の都」といった見方がされていた。どの都市も人びとを魅了してやまない魅力を持っていたが、それゆえに、倫理観や宗教心、そして家族の影響力も及ばない魔界のようにも考えられていたのだ。産業化によって新たに西洋の技術が導入され、さらに人の移動が可能になると、都市はますます目新しさと娯楽を求める人たちを惹きつける場所になっていった。

日本の都市における変化の軌跡

これまで見てきたように、変化のめまぐるしい日本の都市は、それぞれの時代における技術的および社会的な違いだけでなく、歴史的事実（空襲や震災など）や地域文化のあり方からも影響を受けてきた。そして都市の変化は、急速な人口増加や産業、公共交通機関の開発、新製品（国産、外国産を問わず）市場の創出などに促されながら、あらゆる社会の動向を左右してきた。

農村部からの人の流入も、都市が変貌を遂げる一因となった。一八七〇年代に第二次産業の開発や、大企業や政府の官僚制度の創設によって都市の経済が活性化されると、商人や職人として生計を立ててきた中間層（旧中間層）に代わり、事務労働に従事するサラリーマン層（新中間層）が台頭しはじめた。そして新たな交通システムの開発もあって、都市部と準郊外地帯は外側へと広まっていった。こうして都市の様相はどんどん変化していったが、日本の都市には、アメリカの都市ほど深刻な空洞化は起こらなかった。

空洞化する代わりに、例えば東京の場合は、昔ながらの商業地域である下町の家屋や店舗の一部が街に溶け込む形で生き残った。一八七〇年代後半には、銀座大火で焼失した地域に、イギリス人建築家トーマス・ウォートルスが設計した、舗装道路やアーケード、列柱が特徴的な銀座煉瓦街が建設された。雨漏りや不十分な換気など問題点も多く、残念ながら住む場所には適さなかったが、伝統的な下町地域に初めてつくられた最も近代的で西洋風な街並みとなった。

銀座は、たちどころに新しい商品や都会人であふれ、目新しいものを消費する場へと変貌した。街灯やショーウィンドウの灯りに照らされた銀座は歓楽街として輝きを放ち、新橋から尾張町まで「銀ブラ」することは華やかな夜の娯楽となった。かつては危険であるばかりか陰鬱で退廃的と考えられていた都市の暗い通りは、光に照らされたことでエリート層だけでなくあらゆる階層の人たちや、男性はもちろん女性にも楽しめる蠱惑《こわく》的で社会的に平等な場所へと変わった。人びとは気晴らしを求めたり、自らのファッションセンスを披露したり、流行の先端を行く人を観察したりするために、新たな盛り場となった銀座に足を運んだ。二〇世紀後半までに、銀座の街並みとそこで営業する商店や喫茶店は、すっかり海外へと通じる扉になっていた。一九二〇年代に、ある評論家は銀座について次のように述べている。「銀座では、誰もが通行手形のように洗練された服を着て歩いていた。自らのセンスを見せ合う歩行者たちは、互いに親近感を覚えるようであった。このような感覚が銀座をいわゆるファッショナブルな街につくり上げ、資本家階級にとっては、贅沢な夜の生活に欠かせないある種の『動く社交場』となっていた」。しかし、都市周辺から新たに人がやって来るようになると、銀ブラの価値にはズレが生じはじめた。新しく東京に出てきた人たちの目的は都会人になることであったため、銀ブラを自己表現の場としていた都会人とは、その価値を共有できなかったのだ。東京出身のモガとモボは、都会人らしくなった地方出身の努力家たちに銀ブラを譲り、その代わり、あたかも誰もが憧れる文化の中心にいるのは自分たちであると誇示するかのように、カフェーやレストランの椅子に鎮座したのである。

　マニュエル・タルディッツによると、一九世紀末期の数十年間に新しい空間として発展した銀座と丸の内は、鉄道の駅やデパートの建設など、官民連携による地域づくりが行われたエリアだった。一八七二年に新橋駅が開設されて、横浜から東京への移動が容易になると、人の往来とともに、横浜の外国人居留地から新しい思想が東京にもたらされた。東京駅は、新橋駅と上野駅を結ぶ鉄道路線の駅として開業し、今日では東京のランドマークにもなっている赤煉瓦の駅舎には、近代化の象徴として西洋風デザインが導入された。

　しだいに鉄道の駅周辺は商業区域となり、大阪梅田に拠点を置く阪急電鉄のように、デパートを運営する鉄道会社も登場した。阪急電鉄によって輸送と消費の場の統合という事業形態が確立されたことは、多くの鉄道会社が私鉄沿線の各ターミナル駅に商業施設を併設することに結びついた。

　当時はまだ多くの人たちにとって、デパートは見たこともないような商品が展示される目新しい場所だった。買い物をするためはもちろん、新しい娯楽と商品について学ぼうと、誰もが博物館や展覧会にでも行くようにデパートに足を運んだ。越後屋が起源の三越だけでなく、松屋や高島屋など銀座周辺にあるデパートのほとんどは、時代の変化に合わせて呉服店から営業形態を変えたものである。今日、銀座周辺の商業地区は、昔ながらの営業形態を維持する店と、娯楽要素の強い商業施設とを兼ね備えた消費活動の場となっている。

　東京の人口がますます増加し、山手線の完成によって、新中間層である事務系労働者が小売店主や小規模業者、職人などといった旧中間層の住む地域を通って通勤するようになると、さまざまな経歴や経験を持つ者同士が触れ合う機会も増えた。それでも下町の店舗併用住宅に住む「都市の村人たち」の間では、一緒に路地で遊んだり通学したりした竹馬の友と生涯を通じた交流が続いていた。四世代以上にわたって東京の下町で暮らしているような家族は、町を知り尽くす古株として一目置かれ、ロンドンの「コックニー」（下町っ子）と同じように、地域と結びつきの強い住民であることを意味して「江戸っ子」と呼ばれた。

　下町のような地域では、都市部であっても地方の村のように結束が固いだけでなく、閉鎖的な傾向も見られる。自分の生活が近隣住民の関心事にもなりうるため日常的に緊張を強いられるが、人目を気にせず息抜きのできる場所は少なかった。六世代にわたって下町で暮らすある人は、「喫茶店は、わざわざ遠くまで行かなくても一人きりで過ごせる場所なので、日々の緊張感を和らげるのにちょうどいい」と話していた。一方で、新しいマンションや住宅が立ち並ぶ「山の手」と呼ばれる地域では、下町のような親密さに欠けているため、逆に、喫茶店が地域住民とコミュニケーションを図れる社交場として機能することもあった。

　喫茶店は、社会が変化する時には都会的で近代的な物事を普及する場を提供し、社会の変貌によって混乱が生じた時には一息つける場を提供してきた。地方から移住してきた労働者が通った同郷人の集まる喫茶店は、セツルメント（隣保館）のように機能し、ロンドンで新参者の産業労働者の交流拠点となったイングリッシュパブや、ボストンでアイルランド系移民が仕事と癒しを求めて通ったアイリッシュパブと同じような働きをした。

日本の急速な都市化と工業化は、アメリカに比べると、それほど大きな対立や混乱を起こさなかったが、これにはいくつかの理由が考えられる。その一つに、頼ることのできる存在の有無が挙げられるだろう。前述したように、地方から都市に出てきた移住者の多くは、親族や同じ村の出身者からある程度の支援を受けることができたため、都市での新生活は比較的安定していた。しかし縁故のない者は、同郷人を頼ってなんとか新しい関係を築いていくしかなかった。だが、そうして築かれた人間関係は、必ずしも信頼できるものや親しみやすいものとは限らず、生活環境の変化は、しばしば強い精神的苦痛を引き起こした。

地方出身の新参者にとって、喫茶店は特にありがたい場所だと言えた。古波《こば》蔵保好《くらやすよし》は、喫茶店に助けられた移住者の一人である。彼の出身地は、大正時代にはまだ僻地と考えられていた沖縄県である。東京に出てきたばかりの彼を喫茶店に連れて行ってくれたのは、先に上京していたウチナンチュー（沖縄出身者）の気心の知れた先輩だった。それから古波蔵は、コーヒーが飲みたいわけでもないのに、「大都市を素早く理解するための手がかりを求めて、喫茶店に通うようになった」。そしてコーヒーを飲みながら、「洗練された人たちを手本にしぐさや話術」を学んだそうだ。当時の彼にはコーヒーは高価な飲み物だったため、電車には乗らずに歩いて喫茶店に行き、電車賃の一五銭をコーヒー代に充てた。都市で暮らすための秘訣は、喫茶店以外にも、ラーメンの屋台や、お金をかけずに過ごせる都会的でハイカラなセンスが感じられるあらゆる場所で、人から人へと伝えられたのである。

大正時代のはじめ頃には、教育を受ける目的で多くの若者が都市へ出てくるようになり、彼らもまた教室や学生寮とは別の、社会的空間である喫茶店に集まるようになった。地方出身の移住者と同じように、彼らにとっても喫茶店は一種の学びの場であった。大志を抱いて切磋琢磨する若者にとって、喫茶店は自らの世界観を見つめ直したり知性を発揮したりできる梁山泊のようなもので、哲学や文学、政治学などについて学習し、議論し合える学び舎のようになっていたのだ。

一九二〇年代後半の喫茶店は、社会変革に燃える政治活動家たちの拠点として彼らを支えた。政治的議論が取り締まりの対象だった第二次世界大戦中には、煎餅や代用コーヒーを提供しながら営業を続けた喫茶店は、最後の社交的な公共空間でもあった。空襲のなかった京都では、お湯や煎り大豆しか提供できない状況でも、人びとのために喫茶店の営業は続けられた。食糧難は戦争の終結後もしばらくは解消されず、戦後の再建と復興の時代には、気晴らしを得る余裕のない多くの人びとにとって、喫茶店に行くことが手頃な楽しみになっていた。

戦後の再建期、人びとは失われていたささやかな贅沢を再び味わおうとするかのように、喫茶店に引き寄せられた。当時の喫茶店は、映画館のような、気軽に楽しめる場所として人びとの心を満たしていた。人びとは、一九五〇年代に東京に建てられた多階層建築の喫茶店では、赤いビロードが張られたダークブラウンの木製椅子で芳醇な味わいのコーヒーを飲んで贅沢感と満足感に浸り、素晴らしいレコードを取り揃えた名曲喫茶では、優れた音響効果によってコンサートホールで音楽鑑賞をしているような優雅な気分を味わった。

昔の面影をそのまま残すノスタルジックな喫茶店には、歴史的な店を紹介するガイドブックにセピア色で掲載されるなど、博物館さながらの歴史を感じる空間として親しまれている店もある。当時を知らない若者にとっては、〝過去〟は思いを馳せて楽しむ、ある種の演出のようなものだ。一方、毎週のように馴染みの名曲喫茶に通ってお気に入りの曲をリクエストしている高齢者にとっては、〝過去〟はいつまでもつながりを持ちつづけていたい人生の一部である。京都にある老舗喫茶店「ゴゴ」の常連客の一人は、長年通いつづけているその店について次のように語った。「ここは時代遅れの場所なんだろうけれど、僕らはこの古臭さに愛着を感じていて、いつまでもこのままであってほしいと思っている。店の壁や天井は、この町が移り変わっていく様子をずっと見てきたんだからね」。また別の常連客は、「ここに来るとどういうわけか、手に入るものが少なかった頃のほうが、今よりずっと満たされていたような気持ちになる」と話していた。彼らのような年配の常連客たちは、いつもの席に座って、かつて彼らにとって唯一の楽しみだった喫茶店で過ごすひとときを、噛み締めているかのようだった。

ヴァルター・ベンヤミンは、こうした過去の回想を、「直近の過去と現在の対立（confrontation of the most recent past with the present）」を引き起こす行為と見なしている。ベンヤミンによると、過去を振り返ってある時点に変化の境目を実感することは、時間や時代の変わり目を体験する機会につながっている。喫茶店は、熱心にレコード音楽に耳を傾けていた過去と現在をうまく調和する場所としても活用されているのである。

一九五〇年代から一九六〇年代にかけて、喫茶店は、主に新中間層の間で、家庭や職場から離れて一息つくための場所として利用されるようになった。この頃には、慢性的に働きすぎているサラリーマンが増加し、一人きりで孤独を味わえる空間が求められるようになっていた。孤独を味わうことは、禅の教えや茶道のわび・さびの美意識を感じ取る日本人特有の感性に通じていて、意識的につくり出された孤独のひとときには、創造性があるばかりか癒しの効果も期待できる。日本の都市で一人きりで過ごす行為には、一九二〇年代の急速な近代化で顕在化しはじめた他者に対する「無関心」という否定的な側面だけではなく、こうした孤独の肯定的な側面も見受けられる。

日本では「モダン」という言い方は、歴史的に、空間、時代、文化に生じた変化を特徴づけてきた。一九世紀後半や二〇世紀前半は、近代化に結びつく西洋の要素を積極的に取り入れた時代であったこともあり、一九一〇年代と一九二〇年代の喫茶店は、西洋の影響が色濃いモダンなものだった。今日の「モダン」には過去に思いを馳せたノスタルジックな趣が含まれ、バウハウスの美的スタイルに倣って建てられた一九五〇年代の喫茶店がモダンと見なされている。ある喫茶店のオーナーは、彼と彼の店の常連客にとっては、アール・デコもモダンに含まれると話していた。茶色く煤けた色合いの内装が特徴的な喫茶店（ブラウンカフェ）は、ノスタルジーを感じさせるモダンな喫茶店の一つで、思い出に浸ったり過去の出来事に思いをめぐらしたりする特別な空間になっている。

喫茶店の人気は、店のスタイルのほかに、信頼性や利便性そして居心地のよさによっても左右される。店のスタイルは、ある程度客の好みに合わせる必要もあるだろうが、やはり独創性は重要である。いつの時代

「ブラウンカフェ」でくつろぐ一人客

も現代的な場所でありつづけてきた喫茶店は、変化する過程で、多様化だけでなく融合を果たしながら都市生活を支えてきた。もともと外国の文化であった喫茶店が長く存続し、広く普及してきた事実は、絶えず進化を続けてきたことの証と言えよう。憩いの場として利用されてきた銭湯や寺の境内の多くは、旧慣を変えられなかった茶店《ちゃみせ》と同じく、しだいになくなりつつある。しかしそのすべてがなす術もなく変化に取り残されてきたわけではない。バーカウンターやテレビを見ながらくつろげるラウンジさながらの設備を整えた銭湯や、働く母親の助けとなるよう託児施設を境内に併設した寺など、喫茶店と同様に、新たなスタイルを生み出して生き残ったところもある。ただし喫茶店という場所は、単に変化に順応してきただけでなく、変化とともに求められるようになった役割を自ら積極的に担い、新たなスタイルを発信してきたのである。

都市空間で暮らす家族のための場所

喫茶店は今や家族にとっても、円滑な日常生活を送るうえで欠かせないものとなっている。パートで働くナオコは、五時三〇分に起きてつくった弁当を子どもたちに渡しながら、早くバス停に向かうよう急かしている。ナオコが慌ただしく子どもたちの世話をしている横では、彼女がハンカチを持ってきてくれるのをただ待っている夫のシゲルがいる。どうやら彼は、子どもたちの騒ぐ声には聞こえない振りをし、自分に向けられる妻の非難の目には見えない振りを決め込んでいるようだ。ナオコ自身、夫の助けは期待しておらず、早く会社に向かってほしいと思っている。シゲルが早めに家を出ていつもの喫茶店に行くことは暗黙の了解になっていて、彼にとっては、淹れたてのコーヒーを飲みながら厚めのトーストと小さなサラダ、ゆで卵を食べる時間は、子どもたち中心の賑やかな家庭を離れて一息つくのに欠かせない勤務前のひとときである。喫茶店で提供されるモーニングサービスは、シゲルには仕事へと気持ちを切り替えるスイッチとなり、ナオコには家事の負担を軽減してくれる代行サービスになっているのだ。

シゲルは、喫茶店という家庭と職場の中間に位置する空間で朝食をとる何万人もの都市生活者の一人であり、ナオコとシゲルのエピソードは、現代の都市で喫茶店が必要とされる理由の一つにすぎない。日本の偉大な近代化装置として機能してきた喫茶店は、これまで果たしてきた役割をただ繰り返しているわけではなく、生活の中に社会的・文化的な柔軟性をもたらすことで、都市生活の変化の隙間をうまく埋めているのだ。こうした隙間が生み出された要因の一つに、都市の家族形態に生じた「核家族化」という変化が挙げられる。家庭の規模が小さくなるにつれて、家族それぞれが、学校や職場、消費や娯楽の場とますます強く結びつくようになり、家庭の中だけでは個人の要求が満たせなくなってきているのだ。

ヴェラ・マッキーによると、近代家族は、以前に比べて小集団となり、代替わりをしながら維持されてきた伝統的な拡大家族に代わり、家庭空間という生活の場によって保たれる核家族が増加した。他方、家庭が家族の結束を象徴していた時代の家族の「規範的意義（normative significance）」を説くジョルダン・サンドによれば、近代的な「家族」は一緒に暮らす肉親のみを指す傾向が強くなり、離れて暮らす親族は含まれないようになったという。核家族化が進み、家庭の外との結びつきが強まるにつれて、家庭はますます私的な空間となり、外で活動する家族を支えるシステムとして機能するようになっていった。

日本の中間層の生活様式は、父親、母親、子どもを、それぞれ別の活動領域へと振り分けたものとなり、家庭が主な領域となった母親には、父親と子どもが職場や学校で良い結果を出すためのサポート役が振り当てられた。一九二〇年代までに定着した新しい消費文化は、家庭のあり方にそれまでにはなかった変化を引き起こした。デパートで開催された料理教室は、家族で買い物に来る客に新たな家庭像を提案し、新しい印刷媒体の普及は、家事と家計管理の「プロ化」を推し進めた。女性は家庭内のあらゆる物事を中心となって管理するという重要な役割も担うことになり、家事は人目につかない作業から専門性のある仕事へと変わった。主婦の役割の近代化が家庭内の「女性化」とともに進んでいくなか、家庭崇拝の思想が主に女性雑誌を通して広まり、中間層の女性は、有能な主婦として家庭と家計の管理者となった一方で、家庭内に留めて都市に潜む危機から守るべき現世の聖女として理想化された。

明治時代に確立した〝良き妻、賢い母〟を意味する「良妻賢母」とは、家庭内の女性の理想像を表す言葉である。良妻賢母の思想は、特に都市で暮らす中間層の女性に対して、不測の事態が起こりやすい家庭の外と完全に切り離された家内領域で、家事や育児に専念することを求めるものだった。一九〇〇年代前半のアメリカと同じように日本でも、優れた主婦である彼女たちは、栄養に関する知識と効率性のよさを活かして、かつての暗く居心地の悪かった台所を近代的な「食品生産センター」に変化させるなど、「科学的に家事をこなす主婦（scientific housewife）」として力を発揮した。こうした優れた主婦の役割が奨励されたのと同時期に、一方では多くの女性が家庭の外へ出て製造現場などで働きはじめていた。これらの時期が重なったことは、良妻賢母の思想だけでなく、女性の間に新たな階層的差別の思想をもたらした。つまり、中間層という地位を維持するのに十分な稼ぎのある夫を持つ女性だけが、良き妻として立派な家庭の主婦でいられる、という考え方である。しだいに、中間層の良き妻が暮らす地域は、同じように良き妻という役割を務める賢い女性に守られる家庭によって形成されるようになった。今日、ほとんどの人が生活に必要な物やサービスにアクセスしやすい環境で暮らしているのは、生活の大部分を家庭の管理にあてながら留守を預かる留守番（たいていは主婦）が自宅にいるという前提に基づいているのである。

主婦とは対照的に、働く女性は「職業婦人」と呼ばれ、社会に進出し、繊維産業など製造業の工業化を加速させた。鉱山や工業化しつつあった農業に従事する女性のなかには、出稼ぎ労働者として地方から働きに出てきた者もいた。彼女たちは、職業斡旋業者を通して労働契約を結んだ職場のある郊外の工場に近い寮に住むか、部屋を借りたり親戚の家に下宿したりして、不安定で孤立しがちな生活を送っていた。若い女性の契約期間は、都市生活に影響を受けすぎないよう、通常は三〜五年という短い期間に限られた。彼女たちの家族は娘の貞節や婚期を気にかけてはいたけれども、たいていの場合、娘からの仕送りに頼らざるをえない事情を抱えていた。

一方で、大正時代に工場や事務所で働いていた若い女性のなかには、自分の服代などにお金をかけて個性を発揮し、銀ブラをしたり喫茶店に通ったりするなど、都市生活にうまく馴染んだ者もいた。女性は見られる対象としてだけでなく、モダンな人たちを見る主体として、近代的な歓楽街を楽しんだ。彼女たちは、自由で大胆に若い男性と「アベック」（フランス語のavec［〜と一緒に］に由来。カップルの意）になって喫茶店で過ごしたり、男性といるよりは批判的な目を向けられにくいモダンな女性の友人と一緒に街をぶらついたりした。こうした女性の姿は、大正時代の都市景観の一部にもなっていた。

不足する空間を生み出す場所

一九六〇年代に、学生として初めて東京に滞在した際、私はある地域の混沌とした状態にすっかり魅せられてしまった。木造の二階建て住宅、コンクリート造りの七階建てマンション（当時は地震対策として建物の高さは八階までに制限されていた）や工場、寺、店舗、喫茶店がごちゃ混ぜに立ち並び、心地よい無秩序状態にあるように思えた。その当時読んだ日本の都市に関する研究書には、日本の都市では魚屋からクリーニング店に至るまで、日々の暮らしで頻繁に利用する店は自宅から数百メートル以内にあると書かれており、実際、私の住んでいた場所のすぐそばには入口にアーチゲートのある商店街があって、そこに行けばすべてが事足りた。一九六〇年代より前には、まだ一般家庭に冷蔵庫があまり普及していなかったこともあり、たいていの主婦は一日に二度、食料を買いに出かけていた。商店街には、買い物に来た近隣住民や、お勧めの商品を教えてくれたり取り置いてくれたりする店主がいて、買い物の合間に休憩を取りながら交流も図れる喫茶店もあった。日本の都市では、商業エリア・居住エリア・工業エリアに分られているアメリカのような区画パターンはあまり見かけない。しかし、とりわけ昔ながらの地域では、区画整理がされていない状態でも、すべてがきちんと機能している。

最近になって開発された地域では、居住エリアと商業エリアは比較的区分されているものの、少し郊外に行けば、徒歩圏内で日々の生活に必要なものが揃う暮らしは残っている。また、新たに建てられる集合住宅には小規模な商業施設、それもたいていは個人経営の商店ではなく、チェーン展開されたコンビニエンスストアなどが併設されていることが多い。

都市の新興開発地域では、誰かと会うためなど明確な目的がなくても、行きたい時に一人でふらっと行ける場所であることが喫茶店のあるべき姿だと考えられるようになった。一九六〇年代半ばに東京だけで約二七〇〇店あった喫茶店の数は、ピーク時の一九八〇年代には日本全国に約一五万五〇〇〇店となった。その後は徐々に減少していき、二〇〇八年までに東京にあったのは約八三〇〇店くらいである。今日、喫茶店は、社交場のようなものであれ一人きりで過ごすのに適したものであれ、町内に少なくとも一店舗はあると思われる。家事や仕事で目まぐるしい生活を送るなかで、一人きりで過ごせる時間と空間はますます減りつつある。もちろん、駅や公園、デパート、寺の境内、商店街などでも一人で過ごすことはできる。しかし、喫茶店というコーヒー一杯分の値段で十分な満足感が得られる空間に匹敵する場所はほかにはないだろう。埃っぽい寺の境内などで何時間も一人でいるのとは違い、喫茶店で新聞や本を読みながら長い時間を過ごしていてもよくあることとして受けとめられ、怪しまれたり「ネクラ」な人だと決めつけられたりする心配もない。

日本の都市で生活する人の多くは、時間も空間も不足気味だ。比較的余裕のある家庭では、欲しい物をすぐに手に入れられるだけのお金と時間はあっても、家の中は物で埋め尽くされ、置いておく場所がないこともある。食器棚や食品収納庫はいっぱいに詰め込まれた状態で、掃除機、暖房器具、テレビなどの生活必需品は部屋のあちこちにあり、衣類やおもちゃをしまう収納ケースはスピーカー置き場になっていたりもする。こうした物であふれた状態は、一輪の季節の花と示唆に富んだ掛け軸で飾られた床の間のある畳敷きの部屋といった、典型的な日本の和室のイメージとはかけ離れている。ただし今日では、床の間のある和室など、贅沢な空間を備えた純和風の日本家屋自体がなかなか見られない。また、物で埋め尽くされているのは家の中だけでなく、路地にも自動販売機や自転車、鉢植え、猫よけ用のペットボトルなどが隙間なく置かれているのをよく目にする。さらに駐車場も、車六台分しかないようなスペースをリフトで昇降する機械式駐車場にして、二〇台以上の車を停められるようにしている。日本の都市空間のこうしたゆとりのない生活環境も、喫茶店をなくてはならない場所にしているのである。

　喫茶店は、空間そのものの提供が大きな魅力の一つになっている。自宅でもおいしいコーヒーを淹れられるし、携帯電話やソーシャルメディア（ＳＮＳ）を通じて簡単にコミュニケーションが取れることは、喫茶店でコーヒーを飲んだり誰かと過ごしたりする機会を減らす一因にはなるかもしれない。しかし、空間が不足しつづけているというわかりやすい事実が、日本の都市の喫茶店の未来を約束していると言える。

行き場のない人たちの居場所

　喫茶店は、社会問題を浮き彫りにする現場にもなりうる。なぜなら、職を失うなど行き場をなくした人たちを受け入れる避難所としても利用されているからだ。一九九〇年代に終身雇用の会社員が退職を迫られるという予想外の事態が起こった時、リストラのショックから、失職したことをすぐには家族に打ち明けられない人たちが大勢いた。彼らは朝、いつものように仕事用のスーツを着て、「行ってきます」と家族に声をかけて家を出ると、そのまま喫茶店に行って夜まで時間を潰すようになった。また、リストラについて家族に話した人たちも、家にいると何か言われなくても家族の否定的な感情が伝わってくるため、恥ずかしさや重圧感から逃れようと喫茶店で長時間過ごすようになっていた。各行政機関に近い虎ノ門付近で、そうした失業者によく利用されたある喫茶店は、幹線道路沿いではなく建物に囲まれた目立たない場所にあった。その店は、壁側にはビニールレザー張りの椅子が置かれたブース席が並び中央にはテーブル席が設置された、見るからによくある漫画喫茶だった。二つの大きな本棚にはかなり読み込まれた形跡のある漫画や雑誌が並び、テレビゲームの埋め込まれたテーブル席や、つけっぱなしのテレビがよく見えるカウンター席もあった。中央のテーブル席にいるのはたいてい短時間利用の客で、ブース席にいる働き盛りの世代に見える客には、仕事らしい仕事に就いていなさそうな男性もいた。スギモトさんも、そんな男性客の一人だった。彼は二〇〇五年に解雇されたと言っていたけれど、実際には解雇されたわけではなく閑職へと追いやられたようだ。わずかな賃金が支払われるだけの解雇同然の状態だったため、手持ち無沙汰な職場にいるのは居心地が悪く、その店に来ては漫画を読んだり、散歩に行ったり、ラーメン屋で昼食をとったりして過ごし、終業時刻になると家に帰る生活をしていた。家族に現実を打ち明けていない彼は、職場のすぐ近くにあるこの店に通うほかなかったのだろう。毎朝いつもと同じ電車に乗り職場の最寄り駅で降りても、彼にはやるべき仕事はなく、あるのはつぶすべき陰鬱な時間だけだった。

最近の漫画喫茶やインターネットカフェは、プライバシーがさらに確保されているため、失業中や求職中の人にとっては、ありがたい居場所になっていると言える。たいていの店舗は、フロア全体を小さなブースに区切ってあって、全体的に暗い空間となっている。〝居住者〟のいる一人用のブースからはテレビ画面のちらつく光が漏れ、二人用のブースからはコンピューターゲームをしながら話をする少々配慮に欠けた声が聞こえる。店の通路を歩いていると、ヘッドフォンから漏れる音楽やいびきの音があちこちから響いてくる。

男性の失業に関する二〇〇七年の調査では、長期間にわたってインターネットカフェに滞在する「ネットカフェ難民」状態にある失業者が約五〇〇〇人いることが明らかになった。インターネットカフェのような二四時間営業の店は、失業などによって家族との関係が悪化した人たちにはうってつけの家出先になっていたのだ。食べ物の自動販売機やシャワー室もあり、デイタイムであればだいたい二五〇〇円で五時間ほど滞在できる。深夜には、最終電車を逃してしまった人たちや、さまざまな理由から家に帰らないか、あるいは帰れない人たちの滞在先にもなる。深夜に利用する客のなかには、自分の置かれた苦境を家族に打ち明けて家庭というプライベートな空間に身を置くよりも、こうした半プライベートな空間に隠れているほうがまだ救われると考える人もいるようだ。

「村」が必要な時

ローレンス・ワイリーの古典的な民族誌『ヴォクリューズの村』には、伝統的なフランスの村の中で、中心的な場所として機能するカフェについて描かれている。そこは誰もが気軽に利用できて、「村人だけでなく村の外の人も自由に出入りできる唯一の中立的な場所」だった。

家庭とも職場とも違う、多くの人が利用できる場を提供する村のカフェは「中立的な集会場」になっていて、そこではあらゆる表現や活動が許されていた。政治活動やグラン・ギニョール（フランス・パリに一九世紀末〜二〇世紀半ばまで存在した劇場）で上演される舞台劇のような人間ドラマ、コミュニティの構築、維持および修復、さらには村民の個人情報のやり取りもそこで行われた。ワイリーの描く村のカフェと同じような役割の喫茶店は日本にもあり、そこは日常の中で開放感を味わえる中立的な場所になっていると言える。しかし日本の都市では、喫茶店という〝村〟での人間関係が店の外にまで及ぶことはまずない。

ワイリーの描いた村のカフェは、村の文化や秩序を正しく守り維持しようとする常連客のいる結びつきの強い空間でもある。今日の日本の都市にある喫茶店は、その村のカフェとは対照的な場所になっている。真面目な学生がマンガを読んだり、勤勉なビジネスマンがただぼんやりと座っていたり、制服姿のＯＬが情熱的な詩を書いたりするなど、いつもと違う自分をさらけ出せる空間として利用されているのだ。

これまで見てきたように、喫茶店は、社会的なコミュニケーションを求める時にも、人目を避けて一人で過ごしたい時にも利用されてきた。日本では、都会の「村」であれ農村地域にある昔ながらの村であれ、結びつきが強い村での生活は、視野が狭く保守的で、必要以上に密な関係に縛られたものと考えられている。しかし、もちろん都市での生活にも、過剰なストレス、喧騒、そして混雑といった都市ならではの住みづらさは感じられる。今日では、都市で暮らす高齢者も、孤独感を紛らわせたり、喧騒から逃れて一息ついたりする目的で喫茶店を利用している。喫茶店は、ストレスの緩和、緩やかな結びつき、寂しさを紛らわせるにはちょうどよい交流の機会（ある客は「借り物のコミュニティ」と呼んでいた）を提供してくれる場所として、日本の都市空間にすっかり浸透している。

村にノスタルジックなイメージを思い描く人は多く、特に一度も村に住んだ経験のない人たちがそういったイメージを持ちやすい。村に対する郷愁の念は、とりわけ都市に変化が訪れた直後に抱かれる傾向がある。これは、ジェニファー・ロバートソンが説くように、人びとにとって都市化が簡単には受け入れがたいものであることや、ユートピア的農耕社会の懐かしいイメージに比べて、都市には病的なイメージがつきまといやすいことによると言えるだろう。今日、新しく建てられた集合住宅には、住民の憩いの場として、ノスタルジーを感じさせる雰囲気を売りにした喫茶店を併設しているものや、森ビルが東京で開発した高層マンションのように、住人たちが集える共有空間やバーベキュースペース、田んぼのある屋上庭園を設けたものまである。

日本のまちづくり運動の一環である「ニュータウン計画」にも、同様のねらいが見て取れる。環境に配慮した建物や安全な自宅周辺環境を活かしたまちづくり構想では、地方の村をモデルにした「田園都市」ならではの児童福祉や老人福祉のあり方を提案していて、なかには、都市で孤立しがちな核家族に村のような世代を超えた体験の共有をもたらす目的で、新しい高齢者施設に託児所や保育園を併設する試みまで含まれている。

イギリスの「ガーデンシティ」をより洗練した「健康的な生活」と「子育てによい環境」というまちづくりの構想は、都市における田園生活、あるいは田園地帯における都市生活を目標にしてきた。例えば一九二〇年代には、都市評論家の河野《こうの》誠によって、魅力ある「都市生活の便利さと田園生活の住み心地のよさ」の両方を求めた、ユートピア的な社会実験が田園調布や西東京エリアで行われた。彼はそのような住環境を模索する理由について、「日本の都市には、路地はあっても整備された道路はなく、発送手段はあっても輸送手段はなく、空き地はあっても公園はなく、土地はあっても居住空間はなく、拡張はあっても成長はない」と述べていた。このような彼の批評は、当時活発に議論が交わされていた都市計画論に同調したものでもあった。

京都の「はちはちインフィニティカフェ」（移転前の写真）

一九二〇～三〇年代に大阪市長を務めた関一《せきはじめ》も、まちづくりを推進した人物である。市民のための健康的な住環境を求めた彼のユートピア的コミュニティ構想とは、郊外とは異なる健全な「住み心地よき都市」というもので、ヨーロッパの都市計画をモデルに、あらゆる人たちが日の光と新鮮な空気に触れられる空間を手にできる、健康的で生産的なまちづくりを目指したものだった。

リチャード・セネットによると、近代日本は階級が混在する社会であり、互いに観察はしても社会的な交流は持たないという新しい都市のあり方をつくり上げた。そして、もはや単に喫茶店に行くだけで自然と新しいコミュニティに参加できることはなくなり、生い立ちも興味も異なる人たちが互いに交流することなく同じ空間をただ利用する、幼児の平行遊びのような状況が喫茶店の新たな特徴となった。地方から東京に出てきた人は、見習いたい人や取り入れたい物事には注目するが、東京とは別の文化的背景を持つ人とは会話をしようとさえしなくなった。

大正時代には、まだほとんどの日本人が都市生活に肯定的なイメージを持っていた。田舎に対するノスタルジックな憧れや、現代の都市生活について言われているような否定的なイメージも、当時はあまり抱かれていなかった。天候に左右されやすく多くの人手が必要な農家の厳しい生活も、都市での生活を良く見せる一因になっていたようだ。全体として、都市は特別な魅力が感じられる空間であり、都市へと向かう傾向は敬遠する傾向よりも強かった。新たに都市にやって来た人の多くは、そこで村のような生活を築くことは望まず、匿名性や自由な移動、目新しさ、そして自主的な経験から得られる刺激を求めていた。

ただし自宅周辺では、目新しさよりも商業とサービスの充足が求められる。商店街の誕生は、脱工業化によって店舗兼住宅から住居と商店が切り離された結果ではなく、効率や利潤の追求、定期市から常設市場への移行、そして屋台から常設店へと発展したことと関係がある。すなわち、歩いて行ける範囲内に人びとのニーズを満たせる環境が整ったのは、村での生活の基本的性質からと言うより、都市のコミュニティが独自の社会的・経済的なネットワークを築いたがゆえだった。

盛り場という場所

都会ならではの新しい表現が生み出される盛り場は、近代化が始まるよりずっと前から大きな都市で急増していた。とりわけ交通の結節点にある小さな公共空間は、夜になると、ラーメンの屋台や靴の修理店などが設置されて人びとが集まってきたため、盛り場になりやすかった。ほかにも飲み屋やレストラン、喫茶店などの飲食店に囲まれた狭い路地が盛り場となる場合もあり、それらの店を頻繁に利用する客や、単にその場の雰囲気に誘い込まれた人たちの溜まり場になっていた。都会人たちは、盛り場で酒を飲んだり、靴の修理が終わるのを待ちながら焼き鳥を食べたり、低価格で遊べる娯楽を見つけたりしながら、〝「悪所」に出入りしているようなスリル〟を味わっていた。こうしたちょっとした空間につくられた盛り場は興亡も激しく、特に賑わっていた時期は、終戦直後の闇市の時代や、労働者の流入が激しかった一九八〇年代や一九九〇年代であった。

　盛り場では、喫茶店と同じように、以前にはなかった意外性や目新しさを経験できた。盛り場は、すべてが予測通りに進む「村」にもなれば、また匿名性が高く何が起こるか予測しにくい「都市」にもなりえた。日常生活で生じた時間、空間および役割の隙間を埋め、都会人の要求に応える場所として必要不可欠になった時、盛り場も都市ならではの体験ができる空間として特別な意味を持つようになったのである。

粋《いき》という遊びのスタイル

　盛り場にいりびたる人のほとんどは、江戸時代の「水商売」の客に共通する気質を備えていた。ライザ・ダルビーによると、水商売のプロは文字通り〝水のように〟流動的で、客自身もまた、一つの場所から別の場所へと水が流れるように移っていく。都市の商人や職人の多くは水商売の常連客であり、威勢がよくあか抜けていた彼らは、「粋《いき》」という美意識を身につけていた。ダルビーは「粋」を次のように説明している。「粋とは、人間の感性と美に対する理想を融合したあらゆる美に通じる美意識を指しており……生き方さえも芸術作品につくり変える美的センスを意味する」。当時の盛り場は、まさに〝粋な〟空間そのものだったのである。

　水商売の空間とは社交的なもので、必ずしも性的な意図を含むわけではない。定期的な訪問が期待される商売なので、よく出入りする客は上客としてもてなされ、あまりに長く顔を出さない客は、義理を欠くとたしなめられることさえあった。水商売の空間は、娯楽の場でありながらも、常にくつろいで過ごせるとは限らない。なぜなら、客はその場でのアイデンティティと世間に認められたアイデンティティを切り離すために、場合によっては仮面をかぶった別の人格として、巧みな演じ分けをする必要があるからだ。匿名性を保持した関わり合いの中で行われる「遊び」は繊細なもので、この閉じられた空間内でのやり取りが外に持ち出されることはご法度とされた。

一方で、喫茶店の常連客には水商売の空間で求められるような仮面は必要なく、あたかも「幽霊」のようにひっそりと過ごすことができた。二〇世紀半ばから後半にかけて、行き場をなくして喫茶店を利用していた「幽霊」たちは、大正時代から昭和初期にかけて、都市の近代的な要素を謳歌していた粋な遊歩者《フラヌール》とはかなり異なる存在である。しかし、いかなる存在であろうともリラックスして過ごせることこそ、現代の都市にある喫茶店の大きな特徴だと言えよう。

コーヒーの人気は高まりつづけたが、喫茶店には衰退期と回復期とがあった。ピーク期にあたる一九八〇年代には、全国に約一五万五〇〇〇店あった喫茶店で、約五七万六〇〇〇人の店員が働いていた。喫茶店の経済状況と店舗数には、店のタイプによる逆相関の関係が見て取れる。贅を尽くした喫茶店（一九八〇年代の喫茶店ブーム時に登場した、金箔をちりばめたコーヒーを提供する店など）は不景気になると減少したが、一般的によくある喫茶店は好調だった。こうしたごく普通の喫茶店は、人びとが一杯のおいしいコーヒーと、癒しや静けさという小さな贅沢を求めて訪れるのにふさわしい場所になっていたのだ。

日本的なものを通して見る喫茶店文化

日本の都市には、西洋にはよくある公共の公園のようなリフレッシュできる場所が少ないにもかかわらず、西洋に比べて都市での暮らしについて悪く言う人があまりいない。おそらくそれは、一息ついたり、隙間時間を埋めたり、家庭や職場、学校とは違った過ごし方ができる喫茶店という公共空間があるからだろう。今日では、コーヒーそのものを目的に喫茶店に足を運ぶ人も大勢いる。品質や淹れ方にこだわる「日本のコー

「はちはちインフィニティカフェ」の店内(移転前の写真)

ヒー」の香りで包み込まれた喫茶店は、コーヒーを愛する多くの日本人を魅了する空間であるばかりか、世界のコーヒー好きたちが一度は訪れてみたいと憧れる場所にもなっている。

日本の喫茶店のなかには、シアトル系チェーン店のような「グローバルな空間」とはまったく異なる、よそ者には入りづらく感じるようなかなりローカルな店もある。これまで見てきたように、喫茶店には唯一のモデルや、長年にわたって受け継がれてきた伝統などはない。むしろ、さまざまなスタイルや多様性があることで、人びとを惹きつけてやまない空間として存在してきたのである。今日では「穴場的」「借景」「井戸端会議」といった特徴を持つ店も登場してきている。日本の文化に特有のサービスや品質は、こうした新しいタイプの喫茶店を「日本ならでは」の空間にする一因になっており、日本の都市にある喫茶店をより魅力あるものにしている。

しかしながら、日本の都市の喫茶店は、文化的にはきわめて日本ならではの空間でありながら、海外の人にとっては、必ずしも日本らしさを感じさせるものばかりとは限らない、といった矛盾を抱えてもいる。

日本ならではの喫茶店文化には、言うまでもなく、コーヒーやマスターから伝わってくるこだわりが含まれている。先述の若い女性のコーヒー職人は、自らの優先順位をはっきり決めていて、カウンターで待っている客のためにコーヒーを淹れている間は、決して電話に出たり新たにやって来た客に声をかけたりはしない。また、静脈が痛々しく膨れた足を見せてくれたマスターは、仕事に向き合う姿勢の中に、自己を律するような接客に対する信条を持っていた。こうしたこだわりの強さがある一方で、日本の喫茶店文化におけるサービス、スキル、ホスピタリティの重要性は、客がそれらに対して過度に期待を寄せることで助長されているきらいもある。

前述したように、喫茶店は人びとが社会での役割をひととき忘れて一息つくために利用できる空間と言える。都市生活で感じるストレスには、日常的に起こるちょっとした衝突や、職場で気疲れしながら予定をやりくりすることも含まれる。さらに、若手とベテラン、男性と女性、生徒と先生など、さまざまな人たちが、あらゆる場面で相手の期待に応えられるよう振る舞わなければならない状況も、ストレスの多い環境をつくり出す原因になっている。しかし、こうしたストレスを取り除くための息抜きの必要性は理解されてはいても、公然と認められてはいない。だからこそ、個々の日常生活の一部として、喫茶店などで個人的な憩いの時間を持つことが必要不可欠なのだ。階層社会の中で職務を全うすることは、誰にとっても簡単なことではない。喫茶店は、形式を重んじた骨の折れる生活や社会的な束縛から一時的に逃れて、「思いがけない」自由を手にできる場所なのだ。

日本では、喫茶店に限らずあらゆる空間の中に、日本ならではのさまざまな特徴を見て取れる。例えば日本庭園には、まず間違いなく池や石灯籠が配置されていて、日本の鉄道駅のホームには諸外国と同様にホーム番号、時刻、目的地などの表示があるだけでなく、ご当地弁当などを販売する売店がある。大型ディスカウントショップの入口には、自動的におじぎをする着物を着たマネキンが置いてあったり、銀行のＡＴＭの画面には、お金を受け取るとおじぎを繰り返す銀行員の画像が映し出されたりする。さらに、世界的チェーン店であるＫＦＣ（ケンタッキーフライドチキン）の店頭に置かれた原寸大のカーネル・サンダース人形は、真夏になると明るい柄の浴衣を着せられることもある。こういった演出には、日本らしい文化的な趣も感じられるが、一方で外国人観光客が思わず苦笑いしてしまうような、不格好さを持ち合わせていることもしばしばある。

喫茶店を利用する際には、ただ「日本人らしい」振る舞いをすること、すなわち周りのことには「見ざる、聞かざる、言わざる」ようにすることが必要となる。これこそが、日本の喫茶店での過ごし方の基本である。ほかに気をつけるべきことはなく、誰かと一緒にいても、一人で本を読みながら過ごしてもよい。喫茶店は、日本の文化の中で適切な振る舞い方の手がかりを一目で確認できる空間でもある。

他方、コーヒーそれ自体は、文化で満たされてはいるものの、曖昧さを含んでもいる。インタビューに答えてくれたある人は、コーヒーは「理性を感じさせる飲み物だ」と言い、別の人は、「喫茶店で飲むコーヒーは、ありふれたものでありながら刺激も与えてくれる」と言った。ちょっとした休憩に利用できる公共空間が、日本ならではの文化で満たされた場所ばかりとは限らない。文化的曖昧さを内包した日本の喫茶店は、本音と建前を使い分ける生活に、わずかながら自由をもたらしてくれるものとしても利用されていて、そういう意味では、日本らしい文化を強く感じられる場所なのである。

第8章

自分だけの居場所を見つける

京都造形芸術大学（二〇二〇年に京都芸術大学に名称変更）近くの疏水沿いにあるギャラリーカフェ「りほう」は、梁が見える天井と上品でモダンな木製のテーブルや椅子、カウンターが目を引くギャラリーカフェである。木の温もりを感じるこの店で提供しているコーヒーはブレンドのみで、一階はテーブル席が並ぶ落ち着きのあるカフェスペース、二階はいずれ有名な展覧会への出展が期待できそうな、芸術家の作品を展示するギャラリースペースになっている。コーヒー通であり美術通でもある寡黙なマスターは、客のために閲覧用の素晴らしい美術書を用意していて、訪れる客は皆、この店の穏やかな雰囲気を気に入っているようだ。

「りほう」の隣には、古民家を改築したもう一つのギャラリーカフェ「くらふと淳平」がある（二〇〇九年に下鴨に移転。現店名は「喫茶ギャラリーさろん淳平」）。入店時に靴を脱ぐなど、多くの点でプライベートな雰囲気が感じられ、客を自宅にいるようなくつろいだ気分にさせる。「淳平」のマスターは、気さくに客に話しかける親しみやすい女性である。大きな掘りごたつのような長方形の木製テーブル席には主に常連客が集まり、座布団の上に正座をしたり、テーブルの下に足を下ろして座ったりしている。彼らと顔見知りではない客は、たいてい小さなテーブル席を選んで座る。大きなテーブル席にいる常連客は、店を活気づける中心的存在のようになっていて、ほどよい親密さで会話をしている。しばらく顔を見ないメンバーがいたら、ほかの常連客が元気かどうか確認の電話をかけることもあるそうだ。この隣接する二軒の喫茶店は同じギャラリーカフェでありながら雰囲気はまったく異なり、「りほう」には飾り気のない〝おもてなし〟のスタイルが、一方、「淳平」には愛情深い心遣いと親近感が感じられ、それぞれタイプの異なる常連客を抱えている。

京都にあるギャラリーカフェ「りほう」

環境デザイナーの吉村元男によると、「場所」のあり方は「空間」の使い方によって形づくられるそうである。「りほう」の常連客である作家や芸術家は、仕事や家庭生活が人付き合いで埋めつくされていることが多いため、人目を気にせずゆっくり過ごせる場所を求めている。他方、「淳平」の常連客である作家や芸術家、織物職人、陶芸家らは、創作活動中は一人でいる時間が長いので、交流やコミュニティの場を求めてやって来る。つまり、「りほう」も「淳平」も、現代の都市において人びとが必要とする場所を提供している空間なのである。

今日、特に需要の高い喫茶店は、「淳平」のように皆で集まる場よりも、個人で利用するのに適していて、それぞれがより自由な過ごし方ができるよう設えられた店のように思われる。もちろん、他にも客足の絶えない店は多く存在する。これらの喫茶店には、あらゆる客のニーズに合わせた選択肢や多様性があり、客はその時の気分や必要性によって店を選ぶことができる。また、同じ喫茶店でも、客層や時間帯によって客の異なるニーズに応えているため、タイプの捉え方に差が生じることもあるが、概して日本の喫茶店は、提供するサービスによって大まかにタイプ分けできる。

いつもと違う自分でいられる場所

ある営業マンは、中間管理職という立場上、上司の意見に従うと同時に顧客の声にも耳を傾けなければならないため、自分の本当の思いを吐き出せる場所として、喫茶店を利用しているそうだ。彼にとって喫茶店は、上司や同僚には言えないような、社会を批判的に捉えた考えを口にすることのできる場所なのである。もし彼の思いを職場で正直に話せば、変わり者だと思われてしまうかもしれず、彼の妻でさえ、その〝危険な〟考えを彼が公共の場で口にしないでほしいと思っているらしい。彼の人間関係や社会改革に関する考えは無難なもので、それほど危険には思えないけれども、日本の企業風土を考えると、有益で安全なのは改革よりも忖度であり、思ったことをそのまま言葉にするのは危険が伴う。彼にとって喫茶店は、自分の本当の気持ちを吐露できるだけでなく、ありのままの自分を受けとめてくれる場所なのである。

彼のように職場での発言が重く受けとめられてしまう立場にいる人には、目標や成果・責任などが伴わない喫茶店での会話自体が息抜きになる。会話そのものもそうだが、発言する目的をわざわざ意識しなくてよいことも、彼が喫茶店を利用する上での重要なポイントになっている。一方で、ある女性教師は、喫茶店は誰かの話を聞きに行く場所だと考えている。毎日のように授業で生徒と話をしている彼女は、生徒以外の人の話を聞く機会が欲しくなると喫茶店に足を運ぶのだそうだ。時として、仕事に無意味さを感じてしまう勤勉な人びとのなかには、喫茶店での「本音の会話」を心の支えにしている人もいる。この女性教師がよく行く同志社大学近くの喫茶店には、彼女が「趣味に生きる知識人」と呼ぶ興味深い人たちがいて、彼らは喫茶店で本音を語り合い、そこでの交流から刺激を受けて新たなアイディアを得ている。

思い思いの過ごし方ができる喫茶店は、まさに日常生活に彩りを添えてくれる場所だと言える。先述したように、職場や家庭から切り離されている喫茶店は、他の領域とは違った自分でいられる場所であるため、職場では無口な若い男性社員が熱弁家になったり、自宅では物静かな寡夫が陽気な毒舌家になったり、子どもたちの世話で忙しい主婦が、彼らが学校に行っている間だけ漫画家という別の顔を見せたりする。

このように、喫茶店に通うことは、新しい種類の余暇活動となっている。喫茶店めぐりは退職後の自分の趣味であると話していたある男性は、さながらバードウォッチャーのライフリストのような喫茶店の記録まで持っていた。ただし、朝はいつも同じ喫茶店を利用していて、そこだけはライフリストにも載せていない。言わば自分の本拠地のような店として、趣味とは関係なく通いつづけているそうだ。

日本人は、趣味に対しても仕事と同じくらい真剣に、あるいは仕事以上に情熱的に向き合う傾向が強い。趣味が生き甲斐であると断言する人にとっては、真剣に選び抜いた趣味は、ほとんど人生をかけて取り組む対象にほかならない。この本で紹介したマスターの一人は、趣味の喫茶店めぐりが昂じて自ら店を持つことが夢となり、その夢を実現するために会社勤めを辞めたのだという。現実の喫茶店経営は、考えていた以上に大変で、立ちっぱなしの長時間労働で体にかかる負担は大きい。しかし、自分の喫茶店に対する愛情から、足の疲れなど吹き飛んでしまうそうだ。

このマスターのように趣味と実益を兼ねた仕事は、会社勤めとは大きく異なる。自分にとっては、職場そのものが娯楽の場でもあるため、「仕事」であると同時に「レクリエーション」にもなっている。娯楽の空間は、地域特有の文化から影響を受ける場合もあるが、いずれにせよ、自由時間と気晴らしに関連するものである。多くの近代的な社会と同様に、日本社会でも気晴らしには複数の意味や活動内容があり、なかには趣味が発展して、「仕事」と呼んでも差し支えないほどの労力や献身が伴うものもある。また、日本で「気晴らし」と言うと、何らかの「活動からの休憩」と「活動への参加」という二つの意味がある。大正時代の都市では、都市の遊歩者《フラヌール》が、自由時間にあてもなくぶらぶらするという、娯楽的でモダンな気晴らしをしていた。しかし、国際化や経済状況の変化によって、日本の都市から他の地域へと目的地を定めた旅行が可能な時代になると、馴染みのない、新しい体験や楽しみを見つけられそうな場所へと向かう旅行者が増えた。また、自己改革的な活動（旅行や絵画などの習い事）や、自己回復的な活動（読書や散歩）など、自由時間に取り組む気晴らしは、主に中間層の人たちに重視される娯楽文化の一部となり、自由時間の過ごし方にもさまざまな変化が見られるようになった。

ある女性は、喫茶店を選ぶ際のポイントに、その店ならではの雰囲気を挙げた。彼女にとっては、コーヒーの味よりも、自分の家とは違う洗練された空間であるかどうかが重要なのだそうだ。彼女は雑然とした自宅や職場からの避難場所として、喫茶店を利用している。ちょっとした個性と独自のアイディアが感じられ、それでいて装飾は最小限にとどめている店を好み、「スターバックス」などのチェーン店は、どこも似たような雰囲気しか感じないので利用しないと語った。またある男性は「スターバックス」について、単に「人工的なリラクセーション」を提供しているだけと述べた。いたるところにある「スターバックス」は、ブランド化されているもののスタイルに深みが感じられず、彼の求めるリラクセーションは期待できないのだそうだ。彼にとってのリラクセーションとは、例えば、内面と向き合い世界と自分とを切り離すヨガのようなものではなく、社会とのコミュニケーションを助けるための活動なのだという。気晴らしには、単なる息抜きといった側面だけでなく、機能的な効果も期待されているのである。

変わらない機能と役割

喫茶店という場所が長く存在している理由には、利便性の高さや、社会の変化に柔軟に適応してきたことに加えて、客や社会のニーズに素早く対応してきたことも挙げられるだろう。喫茶店の多様化は今も続いていて、客のニーズに対してはもちろん市場戦略としても、あらゆる必要性に応じて独特のスタイルを確立し、期待通りのサービスを提供する娯楽的な場所でありつづけている。近所の行きつけの店、哲学や文学に没頭する施設、朝食や昼食をとる食堂、個人的なオフィス、高校生のための自習室など、今日の喫茶店は客の利用目的に合わせていくつもの顔を持つようになり、多様化しすぎてしまったきらいがあるため、用途やスタイルをより普遍的なものへと縮小する必要すら感じられる。これまで見てきたように、日本の喫茶店とは、息抜き、人間関係の拡大、コミュニティの構築、啓蒙活動、新しい表現など、社会的・個人的な目的から利用できる場所であり、おそらくこれからもそうありつづけるだろう。

一八八〇年代に日本に登場した喫茶店は、目新しい西洋の文物に興味を抱く人びとを誕生させるきっかけとなった。日本で最初の喫茶店である「可否茶館」は、前述したように、それ以前にあった多くの茶屋とは違って男性が給仕を行うなどの新しさはあったが、主に男性のための場所という点では一部の茶屋と共通していた。しかし、社会的・政治的な空間であると同時に、文化と教養のための空間でもあった喫茶店は、拡大と多様化を続ける都市の公共空間としてますます可能性を広げていった。喫茶店のような公共空間は日本発祥のものではないが、日本で独自の進化を果たし、類まれな文化を持つ空間に発展したのである。

これまで見てきたカフェや喫茶店は、前身となる店のタイプや利用目的、客層によって、歴史的な分類が可能である。第3章で紐解いたヨーロッパの影響の色濃い日本初の喫茶店からその後の発展史を眺めると、その利用目的が、かつての利用パターンだけでなく、さまざまな機能といかに結びついてきたかがよくわかる。日本の喫茶店は、外国人やエリート層のための社交場とは対照的な、普通の人びとの生活の中のごくありふれた場所へと変化しながら、多様化するニーズや体験を浮き彫りにしてきたのだ。そして「一般人向け」となった喫茶店は、しだいに「モダン」という言葉が西洋を意味していた頃とは異なる社会的ニーズを満たすようになり、近隣住民が気軽に利用できる場所として地域社会に浸透していったのである。

近代化と西洋化が別々の意味を持つ言葉として受け入れられる時代まで、日本人にとって喫茶店は西洋について学べる特別な場所だった。明治時代の文明開化は、単に西洋の思想や慣習と強く結びついただけでなく、国民国家を独力で築き上げるための政策の一環となっていた。第1章で示したように、文明開化の時代には、エリート層が身につけた西洋の服装や音楽、慣習など、〝正式な〟西洋文化が鹿鳴館という文化的な空間で積極的に披露された。また、作家や学者は、西洋的視点を取り入れた新しい、社交的で哲学的な生活に関する思想を導き出した。その当時は、社会性のある知的なエリート層だけが文明開化と向き合っていて、一般の人びとが関わる機会などほとんどなかった。こうした状況を懸念した人物こそ、一八八八年に東京で「可否茶館」を開業した鄭永慶だった。すでに見てきたように、彼はあらゆる職業や階層の人びとが出会い、西洋文化に触れ、日本と西洋に関する議論ができるような社会空間の必要性を感じたのである。彼は鹿鳴館を浅薄だと見なして、その代わりに「可否茶館」を開き、学生にも利用できるような低い価格設定にしたので、中間層の男性だけでなく男子学生にとっても魅力的な店になった。

鄭永慶は経営の才能には恵まれなかったために店は長つづきしなかったが、社会的・個人的な改革の場の先駆けとなった「可否茶館」は、今も多くの人たちの間で語り継がれている。もともと西洋的な体験が期待されていた喫茶店は、しだいに、日本ならではの〝モダン〟を体験できる場になっていった。そして、近代化の波を地方でも感じられるようになった一九三〇年代頃までには、それ以前の西洋の文物を強調した場所とはすっかり違ったスタイルが定着していた。

当時の喫茶店は、かつての主として中間層の男性が集まるような場所から、誰もが利用しやすいタイプと特定の人びとが利用するタイプに分かれつつあった。前述の通り、日本の喫茶店には、純喫茶からコーヒーよりも女給やアルコールを売りにしたカフェーに至るまで、さまざまなタイプが登場していた。純喫茶が一般的な喫茶店になっていく一方で、女給のいたカフェーはキャバレーやダンスホール、ナイトクラブへと移行し、第二次世界大戦期には下火になっていった。しかし、そうしたコーヒー以外の娯楽を売りにした店のスタイルは、のちに登場するマンガ喫茶やノーパン喫茶などへと受け継がれていった。

また純喫茶から派生して、学生が勉強をしたり友達と会ったりするのに適した店、退職した男性が通いやすい自宅近くにある社交的な店、ママ友とおしゃべりを楽しめるキッズスペースを備えた店なども誕生した。さらに、漠然と「戦後」で括られている世代が利用する店もさまざまなスタイルを持つようになり、利用目的によっていくつかのタイプに分類することができる。

これから紹介するのは、日本でよく耳にする喫茶店の三つのタイプである。

一つ目は「穴場的」タイプ。これは、誰にも邪魔されずに一人きりで過ごすのに特に適した喫茶店を指す。しばしば「隠れ家」とも呼ばれ、身近な人にすらあまり知られていない点が魅力となっている。言うまでもなく、ある人にとっては穴場的でも、他の人にとってはおしゃべりを楽しむ空間という場合もある。しかし、多くの人たちから隠れ家的なコーヒーのある空間として選ばれる喫茶店は、たいてい静かで穏やかな雰囲気を醸し出している。また、隠れ家のような店だからといって、特別な売りを持つ必要はなく、駅前の商店街の中など、どこにでもあるような喫茶店であっても穴場的な店になりうる。

京都にある、レストラン、カフェ、ギャラリーなどを備えた複合施設「プリンツ」（2018年閉店）

二つ目は「井戸端会議」タイプ。このタイプは、気の合う仲間やグループが集う喫茶店を意味している。上水道が導入される以前の日本では、共同で利用する井戸の周りが主婦たちの雑談の場所になっていた。彼女たちは、家事の合間に義理の母親からしばし離れて井戸端に集まり、水桶がいっぱいになるまでの間におしゃべりを楽しんだのである。現代の井戸端会議に適した喫茶店とは、明るい雰囲気で、経営者は女性であることが多く、小さなテーブル席だけでなく大きなテーブル席が用意してあることもある。

そして三つ目は「借景」タイプである。借景、すなわち「景観の拝借」というコンセプトは、日本庭園のデザイン手法としてよく知られている。この手法は、丘、山、寺など庭園外の風景をデザインに取り入れ、それら遠景の魅力を活かして前景の庭園の美しさを引き立てるものである。喫茶店における借景とは、こうした日本庭園のような景観を窓の外に眺めながら過ごす体験を意味し、一息つく場所としてはもちろん、美的鑑賞のための空間としても人びとを魅了している。

言うまでもなく、これら三種類の喫茶店のいずれでも、一人きりでいることも、他の人とコミュニケーションを取りながら過ごすこともできる。そしてどのタイプも、誰かに邪魔されることなく、雨に降られた時、約束の時間を待つ間、買い物の合間や雑務に疲れた際の小休止など、完全に私的な理由で利用できる店になりうるのである。

「穴場的」という場所

「一人きりになりたい時に決まって行っていた喫茶店に、友達を連れて行きました。それまで、私の知り合いのなかにその店を利用している人はいませんでしたし、誰かにその店を教えたこともありませんでした。マスターと言葉を交わしたことはなかったのですが、顔なじみにはなっていたと思います。そして、友達と話をしながら過ごしている時、「あの子はいつもとは別人のようによくしゃべる」と、マスターに思われているように感じました。その瞬間、私は「失敗した」と思いました。そして、今は一人きりで過ごしたい時に利用できる別の店を探しています」――大阪の大学生。

「いつもお一人でテーブル席に座っていらっしゃいますが、次回はぜひカウンター席で、他の皆さんと一緒に話をしましょう」と、マスターが声をかけてきた。私は、次はその楽しそうな輪に加わってみようと思ったと同時に、静かに一人で何かしたい時にはもうその喫茶店には行けないと思った」――京都の研究助手。

「お一人様でしたら、大きなテーブル席でのご相席をお願いします。小さなテーブル席は、二人以上のお客様用です」――東京の小さな喫茶店の店員から会社員に向けて。

「川床席では勉強はしないでください」――京都の「スターバックス」の店長から高校生に向けて。

「あのカフェで勉強できるのは二時間だけなんです」――東京のライブラリーカフェを利用する高校生。

インタビューでお気に入りの喫茶店やカフェに話が及んだ際、「穴場的」という言葉が頻繁に出てきた。穴場的な店とは、日常生活の面倒な物事からいったん離れて隠れられるような店のことであり、秘密の場所、あるいは大阪の大学生の発言からもわかるように、知り合いに会う可能性の低い内緒の場所を意味する。もちろん、知り合いがその店を利用する可能性はあるが、少なくとも自分の仲間内の誰かを見かけたことはなく、そのまま知られずにしておきたい場所のことである。

生活の大部分を一人きりで過ごそうとしても、実際は難しいだけでなく他の人から心配される可能性さえある。長時間にわたり自室にこもってパソコンの画面と向き合っている若者は、オタクや偏屈者と決めつけられたり、学校で仲よしグループに属していない生徒は、いじめなど深刻な問題と結びつけられたりする。芸術性の高い表現の場では孤独は尊重されるが、一人でいる時間が長すぎる人は、社会性に問題がある人、あるいは否定的な意味で孤独を好むネクラな人と見なされることさえある。確かに、人によっては孤独の時間があまりに長いと、生活のバランスを崩してしまう可能性があることは否めない。しかしながら、一人きりでいられる時間は、多くの人にとって重要な意味を持つばかりか必要不可欠なものであり、多忙な生活の隙間に味わえる孤独には、特に高い価値があると言える。

現代の日本の都市で暮らす人たちは、仕事と遊びの空間、つまり公的な空間と私的な空間それぞれで過ごす時間のバランスを取ることで、生活の中で感じる不合理さをある程度解消している。さらに、「見て見ぬ振りをする」ことによって、ほとんど無意識のうちに起こりうる他人との衝突や、気まずくなったり状況が悪化したりする物事から、あらかじめ距離を置いて身を守っている。揉め事を前もって回避するという意味では、この「見て見ぬ振り」は非常に有効で、例えばある高齢の男性は、気難しい近隣住民とうまく付き合う手段として「見て見ぬ振り」を用いているそうだ。この男性のように隣近所と密接した暮らしをする人たちは、とりわけ厄介事に対しては、見えない、聞こえない振りをしてやり過ごす。日本の社会生活は、複雑な上に不断の努力が欠かせない、とても骨の折れるものだ。だからこそ、周囲の目をあまり気にしないで過ごせる喫茶店のような息抜きの場が必要になるのだ。

本節冒頭の一人目の発言で、穴場的な喫茶店について語った若い女性は、私的な空間に交友関係を持ち込んだことで気づかされた事実を嘆いていた。実のところ、彼女の心に引っかかっていたのは、自分でとっておきの場所を台なしにしたことだけではない。彼女は、何か月もの間コーヒーを淹れてもらっていたマスターの前では、自分自身でイメージした客の姿を演じていたのに、そのイメージを変えてしまったことに動揺したのである。たとえそうだとしても、喫茶店はあくまで公の場なのだから、また好きな時にその店に彼女一人で、あるいは友達と一緒に足を運べばいい話である。とはいえ、穴場的な喫茶店は交流を目的に行く場所とは趣を異にする。おしゃべりに適した店はいくらでもあるが、誰にも邪魔されずに過ごせる〝自分だけが知っている〟店は、なかなか見つけにくいものである。

電車の時間を待つ間や勤務時間の前後に、一人きりになれる場所としてよく利用されるのは、高架下などにある喫茶店である。大阪には、高架下を含めてあらゆる場所に喫茶店があり、穴場的な店は地下街に多く見られる。さまざまな店が立ち並ぶ梅田駅周辺の地下街の喫茶店を利用する人のなかには、匿名性が高いという理由で、従業員のほとんどが短時間勤務の学生であるチェーン店を利用する客も多い。日本では、駅ビルの中にある喫茶店も、匿名性の高さからよく利用され、デパートやホテルのロビーなどにある喫茶店も同様だ。より手頃な価格でおいしいコーヒーを提供できるようになれば、孤独を愛する大阪のコーヒー好きたちをさらに惹きつけられるだろう。五〇歳のある大阪のビジネスマンは、匿名性が高く、しかもおいしいコーヒーが飲める喫茶店があるのは大阪だけだと話していた。そのほかの都市では、匿名性を求めるなら「ドトール」に行けばよいけれど、コーヒーの味は期待できないという。

二人目の京都の研究助手の発言に登場するマスターは、いつも一人でテーブル席に座る彼女が、カウンター席でおしゃべりを楽しむ常連客の輪に入りたがっていると考えたようだ。マスターは客の気持ちを正しく判断する必要がある。このマスターの判断がもし間違っていたら、彼女という一人の常連客を失うことになりかねない。もちろん仲間の輪を広げることがその店の魅力になっているのであれば、マスターの誘いは決して的外れではない。マスターの言葉を聞いた時、彼女は静かに何か作業をしたい時はもうその店には行けないと思ったけれど、今ではまたその店に行こうと考えている。なぜなら、そこで感じる社交的で陽気な雰囲気は、彼女にとって作業に集中する助けになると同時に、ほどよい気晴らしにもなっているからだ。

三人目の言葉は、ある東京の会社員が、タクシー乗り場や観光バスの駐車場の側にある喫茶店の店員から、大きなテーブル席を利用するよう促された時のものである。その店は、朝の利用客が非常に多く、テーブル席を最大限に利用できるよう配慮していた。一人で店に来てテーブル席に知らない人と一緒に座るのは、他人との距離をより強く意識させる。店長は、客が自分でスペースを調整することがわかっている（日本人は自分のスペースとして主張できる物理的な範囲を正確に判断できる）。実際、客は大きなテーブル席で相席しても、新聞を広げない、かばんをテーブルの上に置かない、必要以上のスペースを利用しないなど、節度のある行動を自発的にとる。さらに店長は、朝の一人客の利用目的は人付き合いではないことも把握しているので、友人と一緒に来ている客よりも早く席を立つと見込んでいる。その店を早い時間帯に利用する一人客は、たいてい目覚めのコーヒーやモーニングサービス、あるいは仕事までの時間調整を目的に来ているため、長時間にわたって滞在する客はまずいないのだ。もちろん、あまり混雑していない時間帯であれば、一人で来た客も好きな席に座ることができる。

四人目の発言にある「スターバックス」は、夏になると、周辺の料理屋や茶店が夕暮れを涼みながら過ごすための川床を設える鴨川沿いにある。娯楽の場である川床は社交的な空間であり、その川床を持つこの店舗は、ある意味では穴場的な店には当てはまらないかもしれない。しかしながら、「スターバックス」は一人で過ごしたい客にも人気の高い店であり、若い人たちからは勉強をする目的でも利用されている。学生が勉強のために利用する喫茶店のなかには、参考書を用意している店や、必要な勉強道具を揃えたテーブル席を時間単位で貸す店もあり、学生たちに「勉強部屋」と呼ばれている。しかし、鴨川沿いの「スターバックス」の店長は、川床席をそのような空間にするつもりはなく、伝統的な雰囲気を大事にしているのだろう。だからこそ、教科書と辞書を開いて勉強している高校生に、その場所にふさわしい景観を損なわないよう、勉強は店内でするように伝えたのである。

五人目の発言は、利用時間に制限のある勉強部屋タイプの喫茶店を利用している女子高生のものである。そのライブラリーカフェの店長は、利用開始時に二時間までと彼女に伝えていた。どうやらこの店長は、店の利用状況よりも高校生の財布事情を気にしていたようだ。長時間にわたり席を確保すると、どうしてもその分の飲み物代などにお金がかかってしまう。そのため、このタイプの店には、コーヒーの値段が高めの独立系店舗よりも、安価なチェーン店のほうが適している。この女子高生は、家では気が散って勉強しづらく、図書館では自習が禁止されていて宿題すら持ち込めないため、このカフェを利用していたのだ。彼女を店に連れて来てくれる母親は、いつも店長と二時間後に迎えに来る約束をしているそうだ。

日本の喫茶店は、あらゆる客のニーズに対応しているが、時と場合によっては前述のようにサービスを限定することもある。空間という意味においては、喫茶店は、ユートピアとアトピア（ギリシャ語で、奇妙な、場違いな、などの意）の両方になりうる。ユートピアとしては、自分の求めるものすべてがあり、自分の好みやアイデンティティを反映している〝素晴らしい空間〟である。アトピアとしては、自分の好みやアイデンティティは必要でないばかりか、役割や責任など何の要求もされない、特定の〝意味を持たない空間〟と言える。

アトピアとして最も適しているのは、チェーン展開している喫茶店だろう。これらの店舗をわたり歩いたとしても誰かに覚えられる可能性は低く、客は完全に社会的にニュートラルな立場でいられる。だからこそ、より安心して自分らしくいられる場所になりうるのである。穴場的な喫茶店を隠れ家と呼ぶならば、チェーン店は、公共空間の中にある公に認められたプライベート空間と呼べるだろう。

井戸端会議と仲よしグループ

一人きりで過ごすかわりに、〝いつもの喫茶店〟で、友達や顔見知りの常連客と一緒に過ごす人も多い。こうしたコーヒーを飲みながら社交的な会話を楽しめる店には、似たような雰囲気を持つ客が集まりやすい。例えば、先に紹介したギャラリーカフェ「りほう」や「淳平」は芸術家や職人によく利用されていて、これは共通する興味を持つ者は空間の好みも通じ合うことを表している。

学生にとって井戸端会議の店になりやすいのは、長居ができて、コーヒーの価格が安く、誰もが知っていて顔を出しやすい、京都の出町柳にある「ミスタードーナツ」のような店である。ある学生は、コーヒーの値段を気にする必要がないだけでなく、店内のあらゆることに目を光らせるマスターがいない店のほうが利用しやすいと話していた。芸術の世界と深く関わる「りほう」や「淳平」のマスターたちと違って、「ミスタードーナツ」の従業員は、客と深く関わり合ったりはしない。彼らは、コーヒーマシンを使って淹れたコーヒーを提供する若いアルバイト店員に過ぎない。午後四時以降になると学生たちが集まりはじめ、喫茶店に集う高齢者たちと同じように、もし数日間顔を出さない仲間がいたら、心配して連絡を取るそうだ。言うまでもなく、この常連客同士のつながりは、店のマスターとの交流から生じたものではなく、客自身が店外から持ち込んだものである。ちなみに、ほとんどの学生は、この店では勉強はしない。勉強をしたいのであれば、京都大学の近くにある昔ながらの喫茶店「進々堂」に行くという。「進々堂」では、勉強だけでなく長いテーブル席で本を読んだり、書き物をしたり、仕事について静かに議論したりする客の姿をよく目にする。

喫茶店は、高齢者にとっても井戸端会議を目的に利用するのにちょうどよい。彼らのなかには、手頃な金額でサービスを提供する昔ながらの店はもちろん、ノスタルジックな雰囲気を売りにした比較的新しい店を、まるで住みついているかのように頻繁に利用している人もいる。セルフサービスを導入しているチェーン店は、テーブル席できちんとしたサービスを受けたい日本の高齢者からは敬遠されがちである。彼らは匿名性の高い空間もあまり好きではないようで、関係を築いた一つの喫茶店に通いつづけることが多い。大家族の中で孤立している高齢者にとっては、行きつけの喫茶店はリラックスできる場所になり、一人暮らしの高齢者にとっては、喫茶店での井戸端会議はコミュニティの一員であることを感じられる時間のようだ。マーケティング業者が実施した高齢者のお金の使い方に関する調査によれば、最近の高齢者は、娯楽や余暇に対する支出がますます増えているそうだ。とりわけ高齢者には自由に過ごせる時間が多くあるため、時間を潰す目的の出費はこれからも増えると考えられる。

ある評論家によると、古くから営業を続ける喫茶店を支えているのは長年にわたって通う常連客の存在だという。古いからこそ感じられるノスタルジックな雰囲気は、彼らを引き寄せる魅力となっている。さらに、退職を迎えた団塊の世代、つまり一九四〇年代のベビーブーム期に生まれた世代は、喫茶店の未来を支える鍵だと述べ、次のように指摘している。「退職者のなかでも、特に男性は新たな居場所を求める傾向が強い。彼らにとって喫茶店は、リラックスできるだけでなく、新しい人間関係を築く場にもなる」。ところで、たいていの人は、かつて常連として通った喫茶店のことは、鮮明に覚えているようだ。例えば俳優の森本レオは、雑誌のインタビューで、行きつけの喫茶店での思い出と、そこでのコミュニケーションがいかに大切だったかを語っている。「「ロバ」（東京・高円寺）では、たくさんの役者や歌手と出会いました。演劇や映画、ジャズ、絵画、哲学について、彼らとさまざまなことを語り合うのは本当に楽しくて、明け方まで話し込むこともしょっちゅうでした。「ロバ」に行くと、まるで留学でもしているかのような気分を味わえたんです。なぜならそこでは、文化の垣根を超えて語り合う体験ができたからです」。

喫茶店における借景の魅力

借景という喫茶店のタイプは、ある喫茶店好きの女性が愛用している店について話を聞いていた時に知った。この中年の日本人女性は、南青山にある「蔦珈琲」店の窓から見える小さな庭や、京都の吉田山山頂にある、かつては茶苑であった「茂庵《もあん》」の窓から眼下に広がる景色など、自然の風景を生かした眺めを楽しめる店を好んでいた。彼女によると、芸術それ自体が店全体を引き立てているギャラリーカフェにも、そうした借景の要素はあるそうだ。なぜなら、そういうカフェの常連客には、たいてい個性豊かな芸術家気質の人たちがいて、彼らの存在自体が店の景観の一部をなしているからだ。

大正時代に茶苑として建てられた京都のカフェ「茂庵」

　そういう意味では、先に紹介した、ノスタルジックな趣を売りにした喫茶店もまた、別の種類の借景を表現していると言える。つまり、人びとを店に惹きつける昔ながらの雰囲気を醸し出す「過去の風景」は、その店ならではの景観を構成する大切な要素だからだ。森本レオは、このタイプの喫茶店を定期的に訪れる客の一人のようだ。「(自宅から、高円寺にある喫茶店)『七つ森』まで一〇分ほど歩いているうちに、私は過去へと引き戻されていきます。そして辿り着いた店の扉は、三〇年前と変わらず私を迎え入れてくれる。……近ごろは、友人と集う機会はめっきり減りましたが、この店には、古い店だからこそ感じるある種の温もりが未だに残っているんです。古い革張りの椅子には、かつてそこに座っていただろう常連客たちの温もりが感じられます」。

コーヒーと喫茶店は、切っても切れない関係である。喫茶店の経営状況を最も左右するのはコーヒーかもしれないが、喫茶店やカフェは、客が何度も足を運びたくなるような魅力を、コーヒーだけでなく店の雰囲気にも持たせる必要がある。客はその両方が好みに合わなければ、再びその店にやって来ることはないからだ。常連客のほとんどがコーヒーを目的に通ってくると言うある喫茶店のオーナーは、「新規のお客さんとの関係は、少しずつ築いていけたらいいと思うの。この店の雰囲気がお客さんの生活に自然に溶け込めたら素敵でしょ」と話していた。

喫茶店と日本人のロマンチックな関係には、日本ならではの感性も影響しているように思う。喫茶店は、わび・さびという美的感覚に働きかけたり、一人きりで過ごす際には居心地のよい孤独感を、友人と一緒に過ごす際には明るい輝きをもたらしたりしてくれる。他所では認めてもらえそうにない自分の姿も受け入れてくれ、ネクラと見なされかねない行為も許容してくれる。また、喫茶店とのつながりは、心理的・社会的な理由によって強化されているかもしれない。社会的な要求に心が疲れきってしまった時、喫茶店は他人と共有する場でありながら、プライバシーが確保された身近な癒しの空間ともなる。

数十年先の日本では、どのようなタイプの喫茶店が必要とされているだろうか。これまで見てきたように、喫茶店はあらゆる時代に、常に客のニーズに応じる空間でありつづけてきた。未来の喫茶店は、スマートフォンやパソコン、缶コーヒーなどのさらなる進歩によって、いずれ時代遅れのものになり、高齢者が仲間と過ごしたり、青春時代を懐かしんだりするためだけの場所になってしまうのだろうか。

あるいは、人びとにとって、喫茶店やカフェが重要な場所でなくなる日はやって来るのだろうか。また、多忙で他人との接触の機会が多い都市生活で、バランスを保つのに不可欠な公共空間は必要とされなくなるのだろうか。喫茶店は、変わりゆく人びとの生活パターンを支え、それぞれの時代に適した社会的、個人的なニーズを満たすことで、一時的な流行の場として消えることなくこれまで続いてきた。喫茶店が求められる理由は、単に世界的なマーケティング戦略やコーヒー業界の努力が需要を満たしてきたからではない。いつの時代にも、日本の都市に暮らす人たちが喫茶店を必要とする彼らなりの理由があるからこそ、存続しているのである。そうした個々の利用目的がある限り、これからも喫茶店は人びとから必要とされる場所でありつづけるだろう。

終章

新しい体験を提案しつづける場所

日本のコーヒーとコーヒーのある空間の新たな関係

＊本章の内容は、日本語版「改訂新版」のために新たに追補されたもので、オリジナル原書には含まれておりません。

コーヒーとコーヒーのある空間、そしてコーヒーに魅せられた人たちは、さまざまな変化を見せながら常に私たちを惹きつけてきた。今日、アメリカと日本には、豊富な種類のコーヒーが揃っているだけでなく、多くのコーヒーのある空間や、コーヒーをめぐる技術、姿勢、考え方およびコミュニティがある。今やコーヒーは文化性の高い飲み物として世界中で親しまれ、日本のコーヒーもあらゆる地域でさらなる広がりを見せており、この魅力的な飲み物とそれに引き寄せられる人びとの物語は、この先もまだまだ尽きそうにない。

私が初めて日本で喫茶店に足を踏み入れた一九六三年から、最近訪れた二〇一九～二〇二〇年に至るまでに、日本におけるコーヒーとコーヒーのある空間は、実にさまざまな変化を重ねてきた。この間にはコーヒー豆、コーヒー、喫茶店、そして私の知識と感覚にも変化が生じ、日本のコーヒーの品質と（願わくば）私のコーヒーに関する理解も向上してきた。まさに私の「コーヒーライフ」は日本のコーヒーとともに進化してきたと言えよう。日本に来る以前の私のコーヒー体験と言えば、インスタントコーヒーや酸化したコーヒー、大学寮の業務用コーヒー、湯沸かし器で長時間保温されたコーヒーなどがすべてだった。そんな一人の普通のアメリカ人にとって、日本でのコーヒー体験は目から鱗が落ちるようなも

終章　新しい体験を提案しつづける場所

のばかりだった。日本のコーヒーのある空間には人を惹きつけてやまない魅力があり、そこにいる人たちの優しさと寛大さには心が安らいだ。そして日本のコーヒーは、店で淹れられたものはもちろん、一九六〇年代に広く発売されるようになったインスタントコーヒーでさえ、素晴らしいものだった。その後、「御多福珈琲」の野田さんや焙煎業者の田中さん、自己紹介もまだのうちに家庭用焙煎機を貸してくれた「カフェサガン」のオーナー、「リトルナップコーヒースタンド」や「ネムコーヒー」「フグレン」で働く皆さんなど、多くの素晴らしい人たちとの出会いを通して、今では私も、日本のコーヒーが人びとの心を優しく開く飲み物であることをよく知っている。

初めての日本訪問以来、約五〇年間にわたって日本の高品質なコーヒーを口にしているうちに、自宅周辺で手に入るコーヒーに物足りなさを感じるようになっていた私は、この魅惑的な飲み物について一冊の本にまとめようと決めたのである。それがついに形になったのが二〇一二年に出版した *Coffee Life in Japan* だった。四年以上の歳月をかけて、カウンターの中でコーヒーを淹れる人たちや業界関係者、コーヒー史研究者、専門家、愛好家に日本の喫茶店でインタビューを行った研究成果と、ポルトガルとオランダの商人によって日本にコーヒーが持ち込まれた物語や、一八八八年に上野広小路で開業した鄭永慶の「可否茶館」の物語など、コーヒーの生産と消費に関する多くの物語の詰まった本に仕上げることができた。日本ではコーヒーが、緑茶と同じくらい多くの人たちに受け入れられている。飲み物としてはもちろん、交流の手段や趣味の対象として、社会的にも個人的にも重要な意味を持っている。コーヒーを飲みながら過ごせる開放的な空間（すなわち喫茶店）は、家庭でも職場（あるいは学校）でもない「第三の居場所」と呼ばれ、そこでは誰もが役割や責任からいったん離れて、別のアイデンティティを持ったり、匿名のまま穏やかに過ごしたりできる。この研究調査を通して、日本人とコーヒーのある空間の関係性、そしてコーヒーそのものについて多くのことを学んだが、学ぶべきことはまだたくさん残っているように思う。

この本のための調査を始めた頃からこれまでに、アメリカと日本におけるコーヒーは大きく変貌を遂げ、私の生活の中には、コーヒーを愛する多くの人たちとのつながりが増えた。コーヒー豆は生産国から大量消費国へと運ばれるため、コーヒービジネスは必然的にグローバルなものとなる。このグローバルビジネスにおいて、今日、特に影響力を持っているのが日本のコーヒーの技術とサービスである。本来「スペシャルティコーヒー」は、エチオピアやケニア、コロンビアなど限定的な地域で生産され、そこから出荷された豆という点に特別な価値が置かれていた。しかし今日の「スペシャルティ」には、生産地域が限定的ということに加えて、日本の焙煎や抽出技術を用いていること、さらには、「ハリオ」や「カリタ」など、世界中で販売されている日本製のコーヒー器具が使用されていることなども含まれていて、そのことがいっそう価値を高めている。海を越えて流通しているのは、貴重なコーヒー豆だけでなく、高品質な日本の技術とサービスそのものなのである。

世界中のコーヒースペシャリストたちは、日本で最初の喫茶店の創業者が眠るシアトルの墓地を訪れたり、「こだわり」の詰まったコーヒーを味わいに日本を旅したりする。ところで、ボストンやニューヨークなどでは、日本のコーヒーの影響を簡単に目にすることができる。例えば、ボストンには京都発祥のコーヒー会社「小川珈琲」の店舗があり、気軽にその味を楽しめる。また、「ヤホ」などアメリカのローカルカフェの多くで、主に「ハリオ」のサイフォンや日本製のフィルターやドリッパーが使われている。今日のアメリカでは、こうした日本製の器具でスペシャルティコーヒーを淹れることがあまりにも一般化しているため、もはや「日本のコーヒー」はよい意味で「無国籍」と認識されるようになっている。つまり、「モデル」と言うより、当たり前の淹れ方として定着しているのだ。

日本でのコーヒーの世界は、専門性がさらに高まり、コーヒーコミュニティの形成が目立っている。さらに、日本でよく知られているアメリカのコーヒーチェーン店「スターバックス」や「ブルーボトルコーヒー」などがますます勢力を拡大してきていて、日本の影響を受けたアメリカのコーヒーのスタイルが、今度は日本で強い存在感を放つようになっている。

終章 新しい体験を提案しつづける場所

二〇一九年には、「スターバックス」の新しい店舗「「スターバックス」リザーブ®ロースタリー」が東京の中目黒にオープンした。中目黒は、桜の名所としても知られる目黒川沿いに、小さな雑貨店やカフェなどが立ち並ぶおしゃれな観光スポットである。私がこの付近に住んでいた一九七〇年代当時はまだ近所付き合いが盛んで、商店街には私のために鯖を取り置いてくれる魚屋も残っていた。

今日では、川沿いに整備された遊歩道ができるなど、現代の都市の遊歩者《フラヌール》がお気に入りのカフェのコーヒーを片手にくつろいで過ごせる落ち着いたエリアになっている。世界的に話題となった「スターバックス」の新店舗誕生は、ますますたくさんのコーヒー好きたちをあらゆる地域から中目黒へと呼び寄せ、このエリアはさらに賑わいを見せるようになってきている。

四階建てでガラス張りのつくりの「「スターバックス」リザーブ®ロースタリー」は、この辺りでひときわ目を引く建物だ。店内では、店の三分の一は占めていそうな、高さ一七メートルの「カッパーキャスク」と呼ばれる銅製の豆の貯蔵タンクがカウンター席の後ろで存在感を放ち、キャスク周辺に吊るされた桜をモチーフにした無数の銅飾りが朝日を浴びて煌めいている。天井付近には透明の管が張り巡らされ、焙煎機へと運ばれる生豆や、タンクから各フロアへと運ばれる焙煎済みの豆が移動する様子を眺めることができる。

自然木をふんだんに使い、「ありのままの自然との調和」を感じさせるこの建物の内装には、日本ならではのデザインと職人技への「スターバックス」の高い関心が反映されている。外装の設計を手がけたのは日本を代表する建築家隈研吾《くまけんご》で、圧倒的に高い天井や店外の自然と融合した景観など、建物を構成する一つひとつの要素が、ここでは特別なコーヒー体験が期待できることを物語っているようだ。

この壮大なロースタリーでは、働いているパートナー（店舗スタッフ）の数も桁違いに多く、約二五〇人がサービスを提供している。彼らは、現在日本全国にあるおよそ一七〇〇店舗で働く約三万七千人のスタッフのなかから、特に優れたコーヒーの専門性を身につけたパートナーであり、それぞれの役割は、エプロンなどユニフォームの種類によって決められている。

この時の訪日では、「「スターバックス」リザーブ®ロースタリー」とはまったく雰囲気の異なる、もう一つのアメリカ発祥のコーヒーチェーン店にも訪れた。京都にある一三世紀創建の南禅寺の参道を歩いていくと、お馴染みの青いボトルが描かれた味のある木製看板が目に入ってくる。歩道から砂利の敷かれた敷地内に目をやると、趣のある京町家が建っていて、その建物の脇を奥に進むと、中庭と屋根付きのテラス席、そして雨戸のような木製の建具を片側に寄せた二階建ての京町家がもう一軒ある。開いた入口の先には、カウンターとテーブル席が見え、中に入ると最小限の装飾が施されただけの空間が広がり、暖かな日差しの中で訪れた人びとを穏やかに迎え入れてくれる。中庭には借景が取り入れられ、京町家の雰囲気と見事に調和して特別な魅力を放っている。環境との調和は、「ブルーボトルコーヒー」が各地に展開する上で掲げる目標の一つだ。この京都にある店舗のような日本的なデザインと美的価値は、東京と京都に進出する以前からすでに日本の影響を強く受けていた「ブルーボトルコーヒー」の創業者であるジェームス・フリーマンは、来日した際に訪れた喫茶店の明るくて清潔感のあるシンプルな空間に触れて、日本のミニマルな空間づくりに対する美意識に魅せられ、アメリカの店舗にも日本の店舗にも、その魅力を取り入れている。

日本のコーヒーシーンにとって比較的新しい存在であるこれらのチェーン店（「スターバックス」は一九九六年、「ブルーボトルコーヒー」は二〇一五年に東京で一号店をオープンした）は、進出してきた当時、日本で盛り上がりを見せていた個人経営店を脅かすだろうと考えられた。ところが実際にはそうはならず、ほとんどの場合、既存の限りある顧客基盤は揺るがさずに、年齢や職業、性別による新しい顧客層を開拓して、コーヒー市場に新たなニッチを創出し、顧客の層を広げた。例えば「スターバックス」は、昔ながらの喫茶店（特に一九二〇年代から営業を続けているような店）でコーヒーを飲むことも、スペシャルティコーヒーに彩られたサードウェーブ（第三の波）のコーヒーシーンに興味を示すこともなかった若者、とりわけ若い女性をターゲットにした。少し前までの昔ながらの喫茶店は、タバコの煙が充満する〝オヤジ〟の溜まり場のように見なされていて、若い女性にとっては決して魅力的とは言えない場所だった。また、コーヒー専門店と銘打った喫茶店は、コーヒーについてよく知らない若い客には〝玄人向け〟の店に感じられて、敬遠されていた。そのような状況のなか、「スターバックス」は全面禁煙を打ち出して、清潔で明るい化粧室を完備した店としてスタートしたのである。キャラメルマキアートなどの甘いコーヒードリンクや、当時はまだ珍しかったテイクアウトコーヒーを新たに提案しただけでなく、ほとんどの個人経営店では今も行われていない無料ワイファイサービスを提供して、若いフリーターやフリーランスの人たちにコ・ワーキングスペースとしての利用を促した。

一方で、「ブルーボトルコーヒー」が日本に進出してきたのは、*Coffee Life in Japan*の出版から三年後にあたる二〇一五年、つまり日本のコーヒーシーンが新時代を迎えた年だった。この年に、「ブルーボトルコーヒー」とともにアメリカからやって来たのが、いわゆる「サードウェーブコーヒー」である。この波をきっかけに広く認知されるようになったスペシャルティコーヒーは、日本でさらなる発展を遂げることとなり、今では日本における高品質なコーヒー体験を「三・五ウェーブ」と呼ぶ人もいる。新たなコーヒーの波が押し寄せるなか、「ブルーボトルコーヒー」は希少性を発揮して存在感を高めていった。「ブルーボトルコーヒー」が日本に上陸した当時、すでに「スターバックス」は日本全国に一〇〇〇店舗以上あり、その代わり映えしないスタイルに、日本のコーヒー好きたちは興味を失いはじめていた。現在日本に二二店舗ある「ブルーボトルコーヒー」も、今後似たような道を辿らないとは限らない。けれども、今のところまだ新鮮味は失われておらず、少ない店舗数ということもあってか、アメリカからやって来た「侵略者」とは受け止められていない。今では、一号店のオープン時のような長蛇の列ができることはなくなったものの、「ブルーボトルコーヒー」のコーヒーを純粋に愛する人たちはまだ増えつづけている。

直近の東京訪問では、日本人が経営するいくつかの新しい喫茶店やカフェに足を運んだ。非常に個人的な印象として、どの店にも〝世界に通じる職人技〟が散りばめられた「スターバックス」や、わび・さびの美意識を感じさせるミニマルなデザインを取り入れた「ブルーボトルコーヒー」ほど、積極的に日本ならではのコーヒー文化を意識している姿勢は窺えなかった。しかし、私が今回訪れた個人経営店は、かつて私が夢中になって通っていた頃の喫茶店とは違った日本のコーヒーの今日的な楽しみ方と、そこから引き出された新たな多様性や、現在のコーヒー体験のありようを如実に表していた。

日本人にとっての「コーヒーのある空間」には、日本のコーヒーを目的に来日した観光客や私自身ともいくぶん異なる利用価値がある。例えば、観光客は、チェックリストを片手に巡礼地を訪問するような感覚で、お目当ての喫茶店をめぐっている（喫茶店で私の本を手にしている人を見かけたことがあるので、どうやら私は間接的に彼らを後押ししているようだ）。また、私はと言えば、専門家と個人の二つの立場からの目的、つまり研究調査のためと、個人的な好奇心を満たすため、そして今では友人となった多くのコーヒーエキスパートたちに会いに行くために、さまざまな喫茶店を訪問している。一方で、日本人には、こうしたこと以外にも喫茶店を利用する目的がいくつかある。繰り返しになるが、家庭が主な居場所となっている人は友人と会う場所、リモートワーカーは仕事場、学生はわずかな出費で利用できる自習室、そしてビジネスマンは会議室の代わりのミーティングスペースや気が抜けない職場から離れて一息つける休憩所、約束や電車の時間を調整する待合所などに利用している。

私にとって、アメリカの「スターバックス」などで味わえるグローバルで普遍的なコーヒーは、日本の喫茶店で味わえる地域的で特徴的なものほど印象深くはない。「〇〇喫茶」や「喫茶〇〇」など、店名に「喫茶」と付いている昔ながらの喫茶店（私の知っている喫茶店のなかには一九六三年から営業を続けている店もある）には、常連客、特に年配の常連客が、ほとんど住みついているような店もある。彼らはたいてい近所の住人で、同じように高齢のオーナー兼マスターとも知り合い同士である。こうした常連客にとって喫茶店とは、顔を出せば「そろそろ来る頃だと思っていた」と気軽に声をかけられ、公共空間でありながらも個人的な過ごし方ができ、席に着くだけでいつもの一杯をさっと目の前に置いてくれる「自分の居場所」にほかならない。言うまでもなく、そのような店にはノートパソコンを利用している人などまずいない。

さて、私は先ほどボストンのカフェから帰ってきて、この原稿を書いている。美しい磁器カップで提供されるその店のエスプレッソは非常に精巧で、日本で飲んだものと同じくらい際立っていた。私が日本の新たなコーヒーシーンについて執筆中であることを伝えると、その店のアメリカ人バリスタは、自分のお気に入りの店は東京にある「オニバス」だと嬉しそうに話してくれた。実は、「「スターバックス」リザーブ®ロースタリー」の次に私が訪れた店が、その「オニバス」だった。小規模ながらも細部にわたって完璧主義を貫いているこの店の世界観は、その時の日本滞在中、私にとって最も目新しいコーヒー体験となった。

「オニバス」

中目黒駅の高架下からすぐの場所にある「オニバス」は、簡素な佇まいと粗挽きのシングルオリジンコーヒー、そして客との関係性がとても印象深い店である。昔ながらの喫茶店とは異なる個性的な内装とサービスを提供しているこの店もまた、常連客の居場所になっていると同時に、コーヒー好きたちがリラックスして過ごせる空間になっていた。注文口のある店の前方では、ラ・マルゾッコ・Linea PB（エスプレッソマシーンの一つ）を操るスタッフがコーヒーを淹れていて、その奥では、もう一人のスタッフがディートリッヒの焙煎機のそばで生豆の状態を確認しているのが見えた。私と同じタイミングで来ていた客のほとんどは、注文口脇の蔦のからまった梁《はり》の下にあるベンチや、テーブル席のある二階へと上がる外階段に腰掛けてコーヒーを楽しんでいた。この店のデザインを手がけたのはオーナーの友人のデザイナーで、小道や隣接する公園の木々など、店周辺の自然の景観と溶け合い、ゆったりと過ごせる空間となるよう見事にデザインされていた。ある男性客は、この店の景観に「都会的な素朴さ」を感じるそうだ。店から見える高架を走る電車は、近代化の過程で薄れゆく家族の親密さと新たな家族関係を描いた、小津安二郎の日本映画（『東京物語』）のワンシーンを彷彿とさせると言っていた。ポルトガル語で「公共バス」という意味を持つ「オニバス」には〝人と人をつなぐ〟という意味もあることから、オーナーはこの言葉を店名として選んだそうだ。

「オニバス」は、人とのつながりで成り立つ店と言えるだろう。コーヒーを提供するカップは磁器作家イイホシユミコの作品で、彼女もまたオーナーの友人である。その特別なコーヒーカップに注がれたコーヒーを、スタッフは満面の笑みとともに手渡してくれた。私の訪問時には客は数人しかおらず、彼らはお互いに近くの席に座って言葉を交わしていた。

何か特別なやり取りをしたわけでもないのに親近感が湧く「オニバス」での体験に、私はいささか不思議な感覚を覚えた。私はこれまでさまざまなコーヒー体験をしてきて、その日本滞在中にもいくつかの新しい体験をしたけれども、「オニバス」では、それまでとは異なる日本のコーヒー空間の今日の姿を垣間見たように思えたのだ。その店は、それぞれの客が非常に質の高いパフォーマンスを要求しているにもかかわらず、コーヒーとそのつくり手によって、きちんと調和の取れた模範的な空間となっていたのである。

「「スターバックス」リザーブ®ロースタリー」と「オニバス」を訪ねた日は、実はもう一軒別の店にも足を運んだ。その日、三番目に訪問したのは下北沢にある「ベアポンド」で、ここには日本に来るたびに顔を出している。田中カツが抽出したシロップのように濃厚なエスプレッソを目の前にすると、私はいつもとても幸せな気分になると同時に謙虚な気持ちにもなる。その日は朝から「「スターバックス」リザーブ®ロースタリー」と「オニバス」というタイプの異なる店を訪れていたこともあって、カツというバリスタと彼が生み出す完璧に近いエスプレッソを、これまでとは違う新たな視点から眺められたように思う。私が「ベアポンド」に到着した時間には、エンジェルステイン（非常に濃厚なエスプレッソ）の提供は終わっていて、〝普通の〟エスプレッソかダーティー（メイソンジャーで提供されるミルクとエスプレッソが層状になったドリンク）のみ注文を受け付けていた。言うまでもなく、これらエンジェルステイン以外のドリンクにも、彼は強い信念を持って向き合っている。カツは客に最高の一杯を提供するために常に鋭い感覚を総動員していて、おそらく、それがほとんどの客に〝他の店とは違う〟と感じさせるこの店の精巧なエスプレッソをつくりあげているのだ。並外れた集中力でエスプレッソを淹れているためか、その日の彼には疲労の色が窺えた。客の多くは中国、シンガポール、アメリカなどから来た外国人旅行者で、彼はほとんどの客と話をすることなくマシンを操り、客たちは彼の腕前に敬意を表するかのように静かに自分の順番がめぐってくるのを待っていた。店内は撮影禁止であるため、自撮りをしている客はいない。「スターバックス」には「スターバックス」の、そして「ベアポンド」には「ベアポンド」の、人びとに感動を与えるコーヒーを楽しむための空間と美学があり、私たちはそれらを正しく理解する必要がある。オズのような魔法使いはいないけれども、店でマシンを操作するカツはまるで偉大な魔法使いのように見えた。「スターバックス」では、店で写真を撮るなどしてコーヒー体験を誰かと共有することができ、記録として持ち帰ることができる。一方、「ベアポンド」で持ち帰ることができるのは、客の口に刻まれたエスプレッソの味とカツの技の記憶だけである。

　今日の新たなコーヒートレンドのなかには、新しいタイプのオーナーの存在がある。私はこの時の訪日で、自分たちの個性を活かした店を開いて切り盛りしている多くの若い夫婦、男性、女性を目の当たりにし、感銘を受けた。彼らが店を始めた目的はさまざまで、田中カツのようにコーヒーだけに重点を置いている人もいれば、コーヒーにこだわっていることは言うまでもなく、自分たちの店がコーヒーを愛する人たちのコミュニティの中心になることを目指している人もいた。京都にある「WIFE & HUSBAND（ワイファンドハズバンド）」は、まるで家族生活を垣間見ているような気持ちを客に抱かせるだけでなく、現代的なおもてなしを行う〝小さな劇場〟のような店だった。その店では、のどかな鴨川のほとりでコーヒーを楽しむ「コーヒーピクニック」を提案していて、コーヒーと一緒にブランケットや小さなお菓子の入ったバスケットを用意してくれる。それを持って川辺に行き、そこで過ごすひとときは一種の「借景」のような体験と言えた。「WIFE & HUSBAND」のブレンドは、オーナー夫婦の最初の娘という意味を込めて「Daughter（ドーター）」と名付けられている。

『ブルータス』や『ポパイ』などのライフスタイル誌では、男性性とコーヒーの強い結びつきを匂わせる特集がよく組まれていて、メディアとコーヒーが〝切っても切れない間柄〟であることを意識させる。確かに、ファッションとコーヒーは重なり合うカテゴリーと言えるかもしれない。ファッション誌で目にする個性的なカフェと、その前でポーズをとる男性モデルは非常に絵になるし、東京の「リトルナップコーヒースタンド」など、素朴な味わいのある空間には、店のミニマリズムに共鳴したシンプルな服を着こなすおしゃれな客がよく似合う。

今日の日本のコーヒー空間には、ロンドンやニューヨークと同様に、オーストラリアやニュージーランド、そしてスカンジナビアの影響が顕著に表れている。例えば、東京にある「フグレン」は、コーヒーとともに過ごせるスカンジナビア発のオアシスと言えよう。また最近では、フラットホワイトコーヒー（オーストラリアとニュージーランドでは定番のエスプレッソドリンク）が、日本各地で飲めるようになっている。

こうした新しいトレンドを取り入れた店が登場してきたとしても、古いタイプの喫茶店が完全に凌駕されることはないだろう。むしろ、京都の今出川にある「ゴゴ」のような、長年にわたって通いつづける常連客を多く抱える店の重要性は、特に年配の客の間でますます高まっている。私にとっても、サイフォンコーヒーとトースト・卵・サラダ付きのモーニングが用意されている上に、自分と同じ年齢層（私のほうがわずかに若い場合もある！）の常連客が多い昔ながらの店は、より居心地のよい空間に感じられる。顔を出せばいつでも、カウンター越しにコミュニティの一員として迎えてくれる店があることは、思い浮かべるだけで楽しい気持ちになれる。

最近の訪日では、ほかにも多くの店に足を運ぶ予定で、私のスケジュールは埋まっていた。そして、びっくりするほどおいしいコーヒーと、素晴らしいサービスを堪能できる店との出会いがあった。例えば、京都の丸太町にある「スタイルコーヒー」では、ミニマリズムの美しさを際立たせたシンプルな空間の中で、物静かで見事な腕を持つオーナー兼バリスタ、黒須工が生み出す個性的なコーヒーを味わい、伏見稲荷にある「KURASU（クラス）」では、落ち着いた店の雰囲気と非常に相性がよいまろやかなコーヒーを堪能した。私にとって、これらすべてが新しい体験となった。日本には、絶妙なコーヒーを味わえる新たなコーヒー空間が続々と登場している。私には長年通いつづける喫茶店がたくさんあるが、そうした昔ながらの店と新たなスタイルを提案する店（新しいスタイルのアイディアが尽きることはないだろう）の訪問と、日本のコーヒーのさらなる追求で、これからも私の日本滞在中のスケジュールは埋まることになりそうだ。

謝辞

本書は、いわばチェーンのような結びつきによる調査の記録であり、「コーヒーの大いなる連鎖（the Great Chain of Coffee）」に負うところが大きい。例えば、ニューヨークにあるクッキングブック専門店のオーナー、ボニー・スロトニックは、私とマジマヨシノブを引き合わせてくれて、マジマヨシノブのおかげで、圓尾修三教授と知り合うことができた。圓尾先生は私にとってまさに指導者と呼びうる人で、コーヒー全般に関する知識の源泉であった。私のすべての疑問に対して、根気強く答えを探し求めてくださり、コーヒーノキ、豆、ドリンクなど、あらゆる状態のコーヒーに精通する彼の姿には、大いに刺激を受けた。先生のコーヒー仲間であるヤマダさんとツジさん、ほかにも多くの方々に惜しみないご協力をいただいた。京都アメリカ大学コンソーシアムのフサコ・ショアとワダカズコは、私を京都での調査にもってこいの場所へ連れて行ってくれた。リチャード・ダイクは、東京からカンボジアのラタナキリに至るまで、コーヒー業界の関係者やコーヒー生産の現場を紹介してくれただけでなく、いつも考え抜かれた意見をくれた。エレイン・バクスターとジム・バクスター、チャーリー・フォックスとサワコ・フォックス、マイク・モラスキー（彼のジャズ喫茶の研究は大いに参考になった）、ヘンリー・スミスとキミ・スミスといった日本で活動していた友人や同僚は、私が町中のコーヒー店を巡るのに喜んで付き合ってくれた。

私の最も優秀で発想力豊かな研究助手、シオミノリコ、ヤマモトヨウコ、ナカムラサエは、喫茶店の歴史を詳細に調べ上げるために力を尽くしてくれた。そして、何よりも力になったの

Acknowledgments

は喫茶店そのもので、ひらめきと情報はもちろん、観察や執筆のための場所を提供してくれた。ここにそういった店のすべてを記載することはできないけれども、頻繁に出入りしていた、約一四か所の「わが家」と呼べる喫茶店ができたことを嬉しく思う。そのうちのいくつかは、巻末のカフェガイド（「極私的喫茶店・カフェ案内」）に載せてある。それぞれに非常に愛着があり、もし私にクローン人間がつくれたら、毎日でも通いたい店ばかりであるが、ここではほんの数店にだけ触れておく。「カフェサガン」では、オーナーが親身になって支援してくれ、時間と経験を分かち合うだけでなく、私の向こう見ずな試みのために、家庭用のコーヒー焙煎機を貸してくれた。京都の吉田山の山頂にある「茂庵」では、安らぎと優美さを感じる雰囲気の中で、おいしいコーヒーとスイーツを楽しませてもらった。同じく京都にある「御多福珈琲」では、マスターの野田さんがカウンター席に座るよう声をかけてくれた。田中さんのコーヒー豆専門店、「珈琲茶館」では、上質の豆、ハンドドリップの手ほどき、そして快適な椅子とコーヒー談を提供してくれた。「淳平」では、コーヒー仲間となった常連の職人や芸術家たちに、コーヒーとケーキを介して、素晴らしいコミュニティと会話が育まれる様子を見せてもらった。

日本の都市を探索することは、常に私の楽しみであった。私が初めて読んだ近代日本について書かれた本は、ロナルド・ドーアの*City Life in Japan*（『都市の日本人』岩波書店、一九六二）で、私が日本の喫茶店をテーマにプロジェクトを立ち上げるきっかけとなった。本書のタイトルは、ロナルド・ドーアの本に敬意を表したものである。

ローラ・マルティネス教授のおかげで、私はロンドン大学東洋アフリカ研究学院（ＳＯＡＳ）の図書館を利用することができた。ロンドンで訪れたガワーストリートにあるＲＡＤＡ（王立演劇学校）のカフェは、作業をするには不向きでも、一息入れるのにはぴったりの場所だった。というのも、駆け出しの俳優たちがセリフの読み合わせをしていたため、一七世紀に書かれたオランダ商館長日記を読むのにはいくぶん苦労したからである。二〇〇八年の京都では、「進々堂」まで急ぎ足でコーヒーを飲みに行くのさえ辛かった寒い冬に、キャサリン・ルドビックの口利きのおかげで、当時のイタリア東方学研究所所長であったシルヴィオ・ヴィータから机と膝掛けを借りられた上に、図書館を利用させてもらえた。こうした日本滞在は国際交流基金の支援によるもので、深く感謝している。

　家族や友人もこのプロジェクトを支えてくれた。私の息子、ベン・ウォーガフトは、長々と続く草稿に目を通して、再検討が必要な箇所を提案してくれ、娘のジェニファー・ホワイト・キャラハンは、私がロンドンのＳＯＡＳで調査している間に、ロンドンのコーヒーも調査するよう強くすすめてくれた。私の兄弟ヘンリー・アイザックスは、私がコーヒーの話に夢中になりすぎると、「そうは言っても、所詮はコーヒーの話だろう」と言って、カフェインに否定的な立場の人らしい励まし方をしてくれた。デボラ・ヴァレンツァは、何度も私のコーヒー話に付き合い、草稿の相談に乗ってくれた。私たちには、彼女のミルクに関する本（*Milk: A Local and Global History*. Yale University Press, 2011）と、私のコーヒーに関する本が同じ頃に完成したという不思議な縁がある。アダム・テシエは、聡明かつ協力的で、正確さと熱心さを兼ね備えた編集者であり、最後の最後まで私の原稿を見直して、この本をよりよい作品になるよう導いてくれた。クリス・ヤノも各章に目を通し、常に機知に富んだ役立つ意見をくれた。「サイモンズコーヒー」のサイモンと、「バリスモコーヒー」のハイメとクリスは、彼らの専門知識を教えてくれたり、コーヒーにまつわる多くの話をしてくれたりした。

　それから、次の二人の女性がいなかったら、この本は完成しなかったかもしれない。ジェニー・ホワイトは、執筆に不安を募らせていた私を、辛抱強く愛情を込めて支えてくれた。彼女の調査、執筆、編集の能力は素晴らしく、常に勇気づけられた。そして、カリフォルニア大学

Acknowledgments

出版局のシーラ・レバインと、彼女の同僚たちにも感謝の意を表したい。シーラの忍耐強さと励ましによって、多くの草稿から最終的に原稿をまとめ上げることができた。

ハーバードスクエアにある「ハイライズカフェ」は、執筆のために利用した第二のわが家のような場所で、私にとって最高のバリスタと言えるのが、その店のジャドソン・マクレーである。真冬には、やや天井の低い二階の席で、私はこの本の大部分を書いた。ジャドソンのコーヒーを飲むと、「日本のコーヒー」を味わうことができた。つまり、彼のコーヒーには本物のこだわりが詰まっているのである。彼には「ベアポンド」のカッこと田中勝幸を紹介してもらい、とても感謝している。私はジャドソンがコーヒーを淹れてくれるなら、どの店だろうと飲みに行くつもりである。

「ハイライズカフェ」の庭では、毎週「イグノーベルサロン」が開催され、そこには最上級の会話とくつろぎがあった。人を奮起させる情熱を備えたマーク・アブラハムスと、常に刺激的な博識家でいてくれたジーン・ベルコ・グリーソンにも感謝の気持ちを伝えたい。こういった感動的な体験ができることこそ、カフェの存在意義と言えよう。

ガス・ランカトーレはこの本の趣旨を理解し、さらなる高みへ導いてくれた。彼は多くの的を射た疑問を投げかけてくれただけでなく、回答を引き出してくれた。シャツの型崩れを防ぐ台紙に走り書きのメモをとりながら、私の考えが鮮明になるまで辛抱強く話を聞いてくれたことに深く感謝している。この本を敬愛するガスに捧げる。

訳者あとがき

二〇一二年にアメリカで出版された*Coffee Life in Japan*で、日本独自の喫茶店とコーヒーの文化が紹介されたことは、「日本のコーヒー」と喫茶店の存在を広めただけでなく、日本製のコーヒー器具や日本のコーヒー業界への関心を高めることにもつながった。そして、日本では茶が主要な飲み物だと考えていた人たちを驚かせるとともに、日本のアートと職人技が一つになったコーヒーの淹れ方や器具、日本特有の「おもてなし」があることに多くの人たちが惹きつけられた。さらに、ヨーロッパやアメリカのカフェスタイルを取り入れているかに見えて、実は独自のものをつくり上げていた日本の喫茶店の歴史への関心を高めるきっかけにもなった。

　この本の最大の魅力は、日本の食文化に精通したアメリカの文化人類学者が、フィールドワークをふまえて著した、日本の喫茶店とコーヒーの文化誌であるという点だ。つまりこの本の土台にあるのは、昨今のコーヒー文化のトレンドではなく、文化人類学という研究道具を駆使して解き明かされた、日本の風俗や慣習、社会風土、そして日本人そのものである。例えば第4章では、喫茶店のマスターが実践する「こだわり」が詳述してある。「マスター」と呼ばれるコーヒー職人が持つ、完璧を目指すがゆえの強いこだわりは、一目見ただけのアメリカ人の目には、風変わりな執着心やほとんど病的な行為と映ることがあるようだ。しかし私たち日本人は、こだわりの強すぎる職人に対して辟易する時があっても、心のどこかではその姿勢を認め、尊敬の念すら抱いてしまう。この一見しただけではわからない日本人の「こだわり」に対する思いもまた、綿密な実地調査を行ったからこそ明らかにされている点の一つだ。

Afterwords

また、この本が一般的なコーヒーの文化誌と一線を画していることは、コーヒーと喫茶店の社会史や都市空間における喫茶店のあり方、日本のコーヒー業界、職人技の詰まったコーヒーなど、多方面からのアプローチにも表れている。こうしたアプローチによって、コーヒー好きな人や日常的に喫茶店を利用している人、コーヒーと喫茶店の文化や歴史に関心がある人、喫茶店の経営者やコーヒー業界で働く人などが、それぞれの目線から十分に楽しめる内容となっているのだ。さらに読む人によって、新しさを感じたり懐かしさを感じたりと、さまざまな感じ方や捉え方ができるという点も、この本ならではの特徴と言える。

異文化を通して自国特有の文化に気がついたり、再認識したりすることは、海外に行ったことがある人なら、少なからず経験した覚えがあるはずだ。私の場合、二九年前にカナダのバンクーバーで初めて「スターバックス」に行った時にそういった経験をした。二九年前といえば、日本に「スターバックス」がやって来る二年前のことである。その「スターバックス」で、店員が一人一人の客と気さくなやり取りをしていること、ドリンクとコーヒーの種類が豊富にあること、ドリンクのカスタマイズができること、食べ物はスコーンやバナナブレッドなどちょっとしたものしかないこと、店内は全面禁煙であることなどに驚いた。私はそれまで、常連客でもなければ、基本的に喫茶店やカフェの店員と客の間には、オーダーに関すること以外の会話がないのは当たり前だと思っていた。エスプレッソベースのドリンクメニューは見たことがなかったし、ドリンクのカスタマイズなど聞いたこともなかった。同じくらい広々とした日本の店なら、だいたい食べ物のメニューが用意してあり、店内はタバコの煙で充満していた。日本では、気に留めたこともないまま受け入れてきた事実がたくさんあることに気づかされた。そうしたことを再確認できるのも、この本の特徴として挙げておきたい。

コーヒーは、神戸の放香堂が日本で最初に販売したとされる一八七四年頃から遡ること二〇〇年以上前には、日本にやって来ていた。日本におけるコーヒーは、時代とともに変化を続けながら、新しい体験を提案しつづけている。この本で明らかにされているように、コーヒーという日本に古くからある飲み物には、常に新しさを見つけることができ、その中には、懐かしさが感じられるものもある。この点こそ、コーヒーがあらゆる時代において、さまざまな世代の人たちから受け入れられているゆえんだろう。

　コーヒーのスタイルは、極端に新しいものからこれまであったものに少しだけ手を加えたものまであり、例えば、この本にも登場しているフラスコとガラス管を用いた器具でつくるコールドブリューコーヒーは、もともと日本でよく知られているダッチコーヒーのことである。この本の原書で紹介されたことで、「キョウト・アイスコーヒー」としてアメリカで広く知られるようになり、二〇一五年頃からは、日本でも「新しい」トレンドとして注目を集めている。こうしたコーヒーのトレンドへの注目度の高さは、喫茶店やコーヒーの専門誌以外に、さまざまな分野の雑誌で頻繁に特集記事が組まれていることにも見て取れる。二〇一七年二月には、世界五二か国で読まれているスペシャルティコーヒーの文化を伝える季刊誌『Standart』の日本語版『Standart Japan』が創刊され、日本はもちろん、世界のコーヒーのトレンドを知ることができるようになった。なお創刊号では、コーヒーエキスパートとして原著者であるメリー・ホワイト教授のインタビュー記事が掲載されている。

　ホワイト教授は、一九六三年の初来日以降、現在も毎年のように来日していて、精力的に日本文化の研究を続けている。アメリカにおける日本研究の発展および日本紹介への貢献から、二〇一三年には旭日中綬章を受章したが、日本社会や食文化の研究と普及にかける情熱は衰えることを知らない。ボストンのフラー・クラフト・ミュージアムでは、二〇一八年六月に日本のキッチン用品、芸術的な職人技、日本食のつくり方などを紹介する「日本のキッチンツールにみるデザインと工芸展」が開催され、ホワイト教授はこの特別展に、キュレーターの一人として携わった。最近では、ジャパニーズウイスキーをテーマとした研究に励んでおられる。二〇二〇年一月には、兵庫県明石市にある江井ヶ嶋酒造にご一緒する機会に恵まれ、調査活動の一環を目の当たりにできた。この研究成果も近い将来、*Coffee Life in Japan* のように、後世に残る記録として世に出ることだろう。

コーヒーをめぐる動きは目まぐるしいため、この本に登場する店や人物の描写には、ホワイト教授が研究調査をしていた頃とは違っていることもある。*Coffee Life in Japan* が出版された二〇一二年五月以降の閉店や物故者に関しては、文化誌としてのこの本のあり方からして、記載をそのまま残してある。追加で調べてわかった変更点は、できる限り新しい情報を付け加えてあるが、店や人物の所在は今後も変更になることが考えられるので、直接店を訪問される場合は、最新情報を入手の上お願いしたい。また、巻頭カラーの口絵は、ホワイト教授の了解のもと、邦訳版だけのオリジナルとして設けた。本文理解の助けとなるよう、関連する図版資料を収集し、掲載してある。

最後に、この本が出版に至った経緯について触れておきたい。「古い友人が日本の喫茶店について書いた本がある」。中部大学でご指導いただいた小島亮特命教授のこの言葉が、原書を知るきっかけとなった。ぜひ日本で翻訳本を出版したいと思い、ホワイト教授にメールをお送りするとすぐに返事をくださり、原書の出版元であるカリフォルニア大学出版のグレタさんに取り次いでくださった。ちょうどその頃、頻繁にお会いする機会があった Tea House MUSICA のオーナー、堀江敏樹さんのお店で出版社の方と知り合うことができ、そのつながりから創元社へとたどり着いた。こうした一つ一つのご縁がなければ、この本の出版には至らなかっただろう。*Coffee Life in Japan* との出会いだけでなく専門的な知見からアドバイスや惜しみないご支援をくださった小島先生、前版を担当してくださった創元社の松浦利彦さん、この改訂新版で根気強く誠実に編集作業に取り組んでくださった古賀千智さんと渡辺明美さん（渡辺さんは安心して翻訳に打ち込めるようあらゆるサポートをしてくれた）、写真撮影を快諾してくれた中村貴子さん、一番身近で英語の細かいニュアンスなどの相談に乗ってくれた夫・有泉豪、そして、お忙しいなか改訂新版に向けて二つ返事で新章を書きおろしてくださったコーキー先生（ホワイト教授）に、心より感謝を申し上げたい。

二〇二三年五月

有泉芙美代

極私的　喫茶店・カフェ案内

ここでは、本書の執筆調査中に訪れた店のいつくかを紹介したい。読者の皆さんが喫茶店・カフェ巡りをするきっかけとなれば幸いである。なかには一〇〇年以上も前から営業を続けている店もあるが、すべてが現在も営業しているわけではない（※日本語版では、すでに閉店してしまった店の紹介は割愛した）。

〔東　京〕

カフェ・ド・ランブル（銀座）

一九四八年に、関口一郎が開いた店である。戦前にドイツへ出荷するために保管されていた、インドネシア産のコーヒーを提供することから始まった。熟成した豆（一九七四年のキューバ産、一九八九年のコロンビア産など）で一杯ずつ淹れるオールドコーヒーを味わえる。コーヒーに対する独自の厳格なスタイルを確立していたことから、関口は一部の人たちから「コーヒーマニア」と呼ばれていた。

〒一〇四―〇〇六一　東京都中央区銀座八―一〇―一五●電話〇三―三五七一―一五五一●http://www.cafedelambre.com

銀座カフェーパウリスタ（銀座）

一九一一年に銀座で創業した、現存する日本最古のコーヒー店である。創業者である水野龍によって名づけられた「パウリスタ」という店名は、「サンパウロっ子」を意味する。水野は、ブラジルから年間数百袋に及ぶコーヒー豆の無償提供を受けて、日本にコーヒーを普及した人物として知られている。大正時代の芸術家や作家、知識人らの交流の場となっていたことでも有名な店である。

〒一〇四―〇〇六一　東京都中央区銀座八―九　長崎センタービル一F●電話〇一二〇―五五―二三四一●http://www.paulista.co.jp

蔦珈琲店（南青山）

東京・南青山の青山学院大学の近くにある。人生の大半をこの店で過ごしてきたマスターの小山さんは、いずれは息子に継いでもらいたいと考えているそうである。落ち着いた色合いの調度品と柔らかな照明の光がつくり出すセピア調の店内は、いつの時代にも調和する穏やかな空気で満たされている。

〒一〇七―〇〇六二　東京都港区南青山五―一一―二〇　一F●電話〇三―三四九八―六八八八●http://tsutacoffee.html.xdomain.jp

ベアポンド・エスプレッソ（下北沢）

東京で最もおいしいエスプレッソが味わえる店と言っても過言ではない。アメリカでバリスタとして活躍していたマスターのカツが淹れるエスプレッソを、くつろぎながら心ゆくまで堪能できる。このミニマルな空間には、一度は足を運んでみる価値がある。

〒一五五―〇〇三一　東京都世田谷区北沢二―三六―一二F●電話〇三―五四五四―二四八六●https://bearpondespresso.com

銀座ウエスト（銀座）

上品で落ち着きのあるこの素晴らしいカフェでは、コーヒーや紅茶にぴったりな洋菓子も楽しめる。一九四七年の創業以来変わらない、真っ白なテーブルクロスと制服に身を包んだ店員、そして年代ものの家具は、この空間をより品格のあるものにしている。

〒一〇四—〇〇六一　東京都中央区銀座七—三—六●電話〇三—三五七一—一五五四●https://www.ginza-west.co.jp/shopinfo/shop_ginza.html

〔京　都〕

茂庵（神楽岡）

※二〇二二年八月一四日に閉店。二〇二三年夏にリニューアルオープン予定

京都市の北部エリアに位置する。吉田山の吉田神社近くのハイキングコースを登りきった山頂にあり、景色も実に素晴らしいので、ぜひ足を運んでもらいたい。梁が剥き出しの建物は、大正時代に建てられた茶屋を改装したもので、店内の調度品は、シンプルなもので揃えられ清潔感があふれている。コーヒーと一緒にランチを楽しむのもおすすめで、店で使用しているナイフやフォーク、陶器の食器やグラスなどは、地元の職人の作品である。ここから一望できる京都の街並みは、夏の夕暮れだけでなく、冬の雪景色の中でもまさに絶景と言え、この眺めには誰もが魅了されるだろう。

〒六〇六—八三一一　京都市左京区吉田神楽岡町八●電話〇七五—七六一—二一〇〇●http://www.mo-an.com

進々堂　京大北門前（北白川）

京都市街地の北側を走る今出川通沿いにあり、もともとは、詩人の続《つづ》木《き》斉《ひとし》が一九一三年に開業したベーカリーであった。続木はのちにフランスに留学してパンづくりを学び、フランスの学生街のカフェを参考に、パンと一緒にコーヒーを提供する店を始めた。とても静かな店であるが、第二次世界大戦中には避難所として利用されたり、一九六〇年代後半の学生運動の最中には、すぐそばで学生たちがバリケードを張ったりしたこともあったそうである。店内でひときわ目を引く大きな長テーブルと長椅子は、著名な木工家、黒田辰秋によってつくられたものである。中庭にはテラス席があり、天気の良い日には、穏やかな日差しを浴びながら過ごすこともできる。京都大学の北門から近いため、学生には勉強や課題をするのにうってつけの場所になっている。

〒六〇六—八二二四　京都市左京区北白川追分町八八●電話〇七五—七〇一—四一二一●https://www.shinshindo.jp

FACTORY KAFE 工船（出町柳）

場所は少しわかりにくいが、おいしいコーヒーが飲める京都のコーヒー店のなかでも、特に素晴らしい店の一つである。河原町今出川の交差点を河原町通沿いに南へ行くと、左手に、店の入った何の変哲もない雑居ビルが見えてくる。ビルの入口から自転車が立てかけられた薄暗い廊下を奥へ進み、二階へと階段を上がって廊下をさらに進めばたどり

着ける。まず目に飛び込んでくるのは、フローリングに置かれたフジローヤルの焙煎機や、コーヒーの入った大きな麻袋などを納めた棚で、入口と反対側の奥にはカウンター席がある。そのカウンター席の向こうでは、この店のマスターであるさっちゃんが、一度に一杯ずつコーヒーを淹れている。彼女が手渡してくれるメニューには地図が描かれていて、その日提供されているコーヒーの産地がわかるようになっている。注文が済んだら、コーヒーを淹れるさっちゃんの動き一つひとつにぜひ注目してもらいたい。カウンター席に座ると、彼女の姿越しに、友人とゴルフをする髭面のフィデル・カストロの写真が壁に貼られているのが目に入る。カウンターの左側には、ラックから吊るされた自転車が見える。それは、この素敵なコーヒー店の一角が、自転車のメンテナンスをする作業スペースになっているからだ。私はこの店が本当に好きでたまらない。

〒六〇二－〇八四一　京都市上京区河原町通今出川下ル梶井町四四八　清和テナントハウス　二F　G号室●電話〇七五－二一一－五三九八●https://ooyacoffeeassociees.com/navi/kafekosen/

はなふさ　イースト店（蹴上）

丸太町通を白川通に向かって進んでいくと、交差点にあるガソリンスタンドの少し手前に、このサイフォンコーヒーの名店がある。ガラス製のサイフォンでコーヒーが抽出される一連の動きは、見ていてとても楽しい。一九五〇年代半ばに創業したこともあってか、年配の男性や熟年のタクシー運転手、そして私のようなやや年齢が高めの層のお気に入りになっているようである。カウンターの向こうにいるこの店の紳士（マスター）は、客に好みのタイプを尋ねてからコーヒーを淹れはじめる。店内に特別な演出などない。多くの人がこのシンプルな空間に、居心地のよさを感じている。

〒六〇六－八三三二　京都市左京区岡崎東天王町四三－五　レジデンス岡崎　一F●電話〇七五－七五一－九六一〇

喫茶ソワレ（河原町）

京都中心部を流れる鴨川近くの西木屋町通を、四条通から北へと少し進んだ先にある。著名な画家、東郷青児の作品が目を引く、この独特な雰囲気のある店がオープンしたのは一九四八年だが、テーブルや椅子などの調度品は、より古い大正時代を思わせるデザインである。青色の灯りに照らされた店内の壁には東郷の描いた絵が飾られていて、コーヒーを提供するカップにも彼の絵があしらわれている。

〒六〇〇－八〇〇一　京都市下京区西木屋町四条上ル真町九五●電話〇七五－二二一－〇三五一●http://www.soiree-kyoto.com

フランソア喫茶室（河原町）

四条通から西木屋町通を南に向かって進んですぐの場所にあるこの店は、一九三四年に、一九二〇年代のヨーロッパのカフェ文化に影響を受けた立野正一が開いた。美術学生であり労働運動家でもあった立野は、芸術の普及と社会主義の啓蒙を目的に店を開いたのである。店名はフランスの画家、ジャン＝フランソワ・ミレーにちなんでつけられた。店内には古いレコードのクラシック音楽が流れていて、窓にはめ込まれたステンドグラスは教会を彷彿とさせる。

〒六〇〇―八〇一九　京都市下京区西木屋町通四条下ル船頭町一八四●電話〇七五―三五一―四〇四二●https://www.francois1934.com

アンビエントカフェモール（京都市役所前）

京都市の中心部を走る、御幸町通沿いにある。店内では、多くの鉢植えの木や植物に囲まれて、森の中にいるような雰囲気を味わえる。オーナーの右近は、「知る人ぞ知る店でありたい」と語る。店は、緑が目立つので見つけやすく、初めて訪れた人でも心から歓迎される。ブラジリアン、ジャズ、スウィングの「アンビエント」・ミュージックが流れる中で飲むマスターの淹れたコーヒーやチャイは、実に味わい深い。飲み物は、オーガニックを中心に提供している。

〒六〇四―〇九三三　京都市中京区御幸町二条下ル山本町四二四●電話〇七五―二五六―二〇三八●http://cafemole.web.fc2.com

ラッシュライフ（出町柳）

小さなカウンターしかないこのジャズ喫茶は、出町柳駅を背にして南東側すぐの、何軒か小さな飲食店が並ぶ一角にある。長年にわたって京都市内でジャズ喫茶を経営してきたオーナーの茶木《さき》哲也と妻の三千代は、一九八八年からこの場所で経営を続けている。コーヒーはもちろんのこと、カレーも実においしい。コーヒーとカレーは、ロンドンの波止場付近の船乗りが集まるコーヒーハウスでは、戦前から親しまれてきた組み合わせである。夏には、店頭のテラス席を利用するのもよい。ただ、そこでは音楽を聴くことはできない。

〒六〇六―八二〇四　京都市左京区田中下柳町二〇●電話〇九〇―一九〇九―〇一九九●http://www.lushlife.jp

築地（四条河原町）

言うまでもないが、「築地」という店名と世界最大の魚市場として知られていた東京の築地市場は、何の関係もない。四条通から河原町を北に進み、最初の路地を東に入ったところにひっそりと佇む店である。開業は一九三四年で、ウィーンのカフェを彷彿とさせる赤いベルベットの椅子は、谷崎潤一郎などの知識人たちをもてなしてきた。モーツァルトなどのクラシック音楽に耳を傾けながら、ウィンナーコーヒーとケーキを堪能できる。

〒六〇四―八〇二六　京都市中京区米屋町三八四―二●電話〇七五―二二一―一〇五三

御多福珈琲（河原町）

高島屋京都店のほど近く、四条通からほんの少し南に行くと、左手におたふく女性の看板絵が見えてくる。そこの階段を地下へと下りていくと入口がある。カウンター席に座ると、マスターの野田さんから常連客を紹介されるかもしれない。野田さんのコーヒーは、綺麗な螺旋を描きながら注がれるお湯で一杯ずつ丁寧に淹れられる。コーヒー豆は、田中さんのコーヒー豆専門店「珈琲茶館」から仕入れている。マスターのコーヒーを淹れる緻密な動きには、一見の価値がある。彼のコーヒーは、京都の知恩寺で毎月十五日に開催されている手作り市で飲めることもある。

〒六〇〇―八〇三一　京都市下京区寺町四条下ル貞安前之町六〇九●電話〇七五―二五六―六七八八

バンビ（元田中）

タクシー運転手を魅了してやまない、モーニングが人気の店である。マスターが焙煎したコーヒーと、彼の息子夫婦がつくるメープルトーストや小豆を添えたトーストは絶品で、モーニングのメニューはどれも食べ応えがある。銀閣寺に向かう道沿いにあることもあって、ツアーバスの運転手にもよく利用されている。

〒六〇六―八四〇六　京都市左京区浄土寺石橋町三―一●電話〇七五―七五一―九六〇〇

柳月堂（出町柳）

一九五三年創業のこの名曲喫茶は、比叡電鉄出町柳駅から道をはさんだ向かい側にある。コンサートホールのように設えられた店内には、数千枚のレコードが並び、リクエストされるのを待っている。一階のベーカリーで購入したパンを持ち込む場合は、ほかの客の迷惑にならないよう、席に案内される前に袋から出しておく必要がある。

〒六〇六―八二〇四　京都市左京区田中下柳町五―一　柳月堂ビル2F●電話〇七五―七八一―五一六二

はちはち インフィニティカフェ（西陣）　※二〇一六年六月二十四日に下鴨へ移転し、現在はテイクアウトのみ。現店名は「自家製酵母のパンの店　はちはち」

マイケル・ラムの京都を紹介するウェブサイト「Deep Kyoto」にも掲載されたことがあり、一度は足を運んでみる価値のある店である。店主の横田さんがつくる本格的なドイツパンは、京都一おいしいと言っても過言ではない。彼のつくる自家製天然酵母のパンは、一般的なパンと比べると値段は高いけれども、時間が経っても味が落ちない。

〒六〇六―〇八一五　京都市左京区下鴨膳部町八―一二●電話〇七五―七〇六―七八八六●http://www.hachihachi.org

参考文献

※原書に掲載されている参考文献のうち、日本語の書籍および邦訳のあるもののみ収載した。発行年の特定できない文献は、発行年と出版社を省略した。

アーリ、J著、吉原直樹・大澤善信監訳／武田篤志ほか訳『叢書・ウニベルシタス769　場所を消費する』法政大学出版局、二〇〇三

井上誠『珈琲の書』柴田書店、一九七二

石川弘義ほか編『大衆文化事典』弘文堂、一九九一

ウィリアムズ、R著、加藤洋介訳「メトロポリスの認識とモダニズムの出現」『モダニズムの政治学――新順応主義者たちへの対抗』九州大学出版会、二〇一〇

オルデンバーグ、R著／忠平美幸訳『サードプレイス――コミュニティの核になる「とびきり居心地よい場所」』みすず書房、二〇一三

加藤秀俊『シリーズ食文化の発見1　明治・大正・昭和食生活世相史』柴田書店、一九七七

柄沢和雄監修『珈琲――もっと美味しいコーヒーが飲みたい』ナツメ社、一九九八

川端康成『浅草紅団』Berkeley: University of California Press, 2005

神崎宣武『盛り場の民俗史』岩波書店、一九九三

北沢楽天『楽天全集　（世態人情風俗漫畫集）』アトリエ社、一九三〇

木之内誠編著『上海歴史ガイドマップ』大修館書店、一九九九

木村隆吉「戦後日本のコーヒー飲用」（ＵＣＣコーヒー博物館編『コーヒーという文化――国際コーヒー文化会議からの報告』柴田書店、一九九四　所収）

クラマー、J著／橋本和孝ほか訳『都市と消費の社会学――現代都市・日本』ミネルヴァ書房、二〇〇一

ケネス、D著／圓尾修三ほか訳『コーヒー――その賢い買い方、選び方、焙煎、粉砕、抽出、そしてコーヒー全ての楽しみ方』いなほ書房、二〇一〇

古波蔵保好『料理沖縄物語』作品社、一九八三

小柳輝一『〈食〉の昭和史10　甘辛の間食文化――嗜好品』日本経済評論社、一九八七

コンドリー、I著／上野俊哉監訳／田中東子・山本敦久訳『日本のヒップホップ――文化グローバリゼーションの〈現場〉』ＮＴＴ出版、二〇〇九

サイデンステッカー、E著／安西徹雄訳『立ちあがる東京――廃墟、復興、そして喧騒の都市へ』早川書房、一九九二

サイデンステッカー、E著／安西徹雄訳『東京下町山の手1867-1923』ティビーエス・ブリタニカ、一九八六

サイモン、B著／宮田伊知郎訳『お望みなのは、コーヒーですか？――スターバックスからアメリカを知る』岩波書店、二〇一三

サッセン、S著／伊豫谷登士翁監訳／大井由紀・高橋華生

子訳『グローバル・シティ――ニューヨーク・ロンドン・東京から世界を読む』筑摩書房、二〇〇八
沢村貞子『私の浅草』
塩澤幸登『Tokyo & Kyoto　隠れ家喫茶店案内』マーブルトロン発行、中央公論新社発売、二〇〇五
重田忠保『風俗警察の理論と実際』南郊社、一九三四
シェルトン、B著／片木篤訳『日本の都市から学ぶこと――西洋から見た日本の都市デザイン』鹿島出版会、二〇一四
陣内秀信『東京の空間人類学』筑摩書房、一九八五
ストリブラス、P・ホワイト、A著／本橋哲也訳『境界侵犯――その詩学と政治学』ありな書房、一九九五
関口一郎『コーヒー伝播史』いなほ書房、一九九二
セネット、R著／北山克彦・高階悟訳『公共性の喪失』晶文社、一九九一
高田公理「缶コーヒー文化論」（UCCコーヒー博物館編『コーヒーという文化――国際コーヒー文化会議からの報告』柴田書店、一九九四　所収）
谷崎潤一郎『蓼喰う虫』
谷崎潤一郎『痴人の愛』
ダルビー、L著／入江恭子訳『芸者――ライザと先斗町の女たち』TBSブリタニカ、一九八五
円谷弘『カフェー文化の諸現象』社会学徒社、一九二八
ドーア、R・P著／青井和夫・塚本哲人訳『都市の日本人』岩波書店、一九六二
徳田秋声『あらくれ』
永井荷風『日和下駄』籾山書店、一九一五
夏目漱石『三四郎』
日本経済新聞社編／フルー、G・本田和美訳『美しき日本の絵はがき展――ボストン美術館所蔵　ローダー・コレクション』日本経済新聞社、二〇〇四
バック＝モース、S著／高井宏子訳『ベンヤミンとパサージュ論――見ることの弁証法』勁草書房、二〇一四
初田亨『カフェーと喫茶店――モダン都市のたまり場』INAX、一九九三
初田亨『繁華街の近代――都市・東京の消費空間』東京大学出版会、二〇〇四
初田亨『モダン都市の空間博物学――東京』彰国社、一九九五
ハトックス、R・S著／斎藤富美子・田村愛理訳『コーヒーとコーヒーハウス――中世中東における社交飲料の起源』同文館出版、一九九三
広津和郎『女給』
福富太郎『昭和キャバレー秘史』文藝春秋、二〇〇四
ブルデュー、P著、石井洋二郎訳『ディスタンクシオン――社会的判断力批判1・2』藤原書店、一九九〇
ベルク、A著／宮原信・荒木亨訳『都市の日本――所作から共同体へ』筑摩書房、一九九六
ペンダーグラスト、M著／樋口幸子訳『コーヒーの歴史』河出書房新社、二〇〇二
ヴォーゲル、E・F著／佐々木徹郎訳編『日本の新中間階級――サラリーマンとその家族』誠信書房、一九六八

ヘインズ、J・E著／宮本憲一監訳『主体としての都市――関一と近代大阪の再構築』勁草書房、二〇〇七
星田宏司『日本最初の珈琲店――「可否茶館」の歴史』いなほ書房、一九八八
ホスキング・H『外国人のための日本料理事典（和英・英和）』チャールズ・イー・タトル出版、二〇一〇
ポチエ、J著／山内彰・西川隆訳『りぶらりあ選書　食糧確保の人類学――フード・セキュリティー』法政大学出版局、二〇〇三
堀眞琴「現代女給論」『中央公論』四六（七）、一九一―一九六頁、一九三一
槇文彦「日本の都市空間と『奥』」『世界』三九七、一四六―一六二頁、一九七八
マキァーネル、D著／安村克己ほか訳『ザ・ツーリスト――高度近代社会の構造分析』学文社、二〇一二
松崎天民『銀座』
南博編『現代のエスプリ一八八　日本モダニズム――エロ・グロ・ナンセンス』、至文堂、一九八三
村島帰之『カフェー――歓楽の王宮』一九二九（南博編『近代庶民生活史10　享楽・性』三一書房、一九八八所収）
村田孝子編著『近代の女性美――ハイカラモダン・化粧・髪型』ポーラ文化研究所、二〇〇三
ムルタトゥーリ著／佐藤弘幸訳『マックス・ハーフェラール――もしくはオランダ商事会社のコーヒー競売』めこん、二〇〇三
モーリス＝スズキ、T著／伊藤茂訳『日本を再発明する――時間、空間、ネーション』以文社、二〇一四
モラスキー、M『戦後日本のジャズ文化――映画・文学・アングラ』青土社、二〇〇五
森鷗外『舞姫』
ユーカーズ、U・H著／UCC上島珈琲監訳『オール・アバウト・コーヒー――コーヒー文化の集大成』TBSブリタニカ、一九九五
横光利一『上海』
リチー、D著／山本喜久男訳『日本人への旅』TBSブリタニカ、一九八一
ワイスマン、M著／旦部幸博監修・解説／久保尚子訳『スペシャルティコーヒー物語――最高品質コーヒーを世界に広めた人々』楽工社、二〇一八
ワインバーグ、B・A&ビーラー、B・K著／別宮貞徳監訳／真崎美恵子ほか訳『カフェイン大全――コーヒー・茶・チョコレートの歴史から、ダイエット・ドーピング・依存症の現状まで』八坂書房、二〇〇六

索引

項目頭に*の付いているのはカフェ・喫茶店

著者紹介

メリー・ホワイト Merry White

ワシントンDC生まれ。ボストン大学教授・文化人類学者。ハーバード大学卒業、同大学大学院修士・博士課程修了。主な研究対象は日本社会、都市空間、教育、食文化。一九六三年に初来日して以降、訪日を重ねて現地フィールドワークを続け、二〇〇二年から一年間、京都アメリカ大学コンソーシアムの客員教授として京都に在住。二〇一二年にアメリカ最古の日本協会The Japan Society of Bostonより、日米相互理解に貢献したとしてJohn E. Thayer III Awardを受賞。二〇一三年には、内閣府よりアメリカにおける日本研究の発展および日本紹介への貢献から、旭日中綬章を受章。日本の教育、国際化、食文化に関する著作・論文を多数執筆し、邦訳書『ママ、どうしてあんなに勉強しなくちゃいけないの』『マテリアル・チャイルド　超消費世代』など著書多数。新聞、雑誌、講演会を通じて日本のコーヒー文化や喫茶店の紹介をするなど、コーヒーエキスパートとしても精力的に活躍中。

訳者略歴

有泉芙美代 ありいずみ・ふみよ

神戸市生まれ。中部大学国際関係学部卒業、南山大学大学院国際地域文化研究科博士前期課程修了。アメリカ文学専攻。『アリーナ』（中部大学出版）に書評を多数執筆するかたわら、翻訳業に従事。

改訂新版《かいていしんばん》　コーヒーと日本人《にほんじん》の文化誌《ぶんかし》
――世界最高《せかいさいこう》のコーヒーが生《う》まれる場所《ばしょ》

二〇二三年八月二〇日　第一版第一刷発行

〈著　者〉メリー・ホワイト
〈訳　者〉有泉芙美代
〈発行者〉矢部敬一
〈発行所〉株式会社　創元社
本　社　〒五四一―〇〇四七　大阪市中央区淡路町四―三―六
電　話　〇六―六二三一―九〇一〇(代)
ＦＡＸ　〇六―六二三三―三一一一(代)
東京支店　〒一〇一―〇〇五一
東京都千代田区神田神保町一―二　田辺ビル
電　話　〇三―六八一一―〇六六二(代)
https://www.sogensha.co.jp/
〈印刷所〉図書印刷株式会社

ISBN978-4-422-21020-9 C0020